古代歷史文化研究輯刊

十九編

王明蓀 主編

第19冊

明清陝蒙交界地區土地利用的空間分佈與變化過程(下)

舒時光 著

國家圖書館出版品預行編目資料

明清陝蒙交界地區土地利用的空間分佈與變化過程（下）／舒
時光 著 — 初版 — 新北市：花木蘭文化事業有限公司，2018
〔民107〕
目 4+246 面；19×26 公分
（古代歷史文化研究輯刊 十九編；第 19 冊）
ISBN 978-986-485-415-8（精裝）
1. 土地利用 2. 明代 3. 清代
618   107002318

ISBN-978-986-485-415-8

古代歷史文化研究輯刊
十九編　第十九冊
ISBN：978-986-485-415-8

明清陝蒙交界地區土地利用的空間分佈與變化過程（下）

作　　者　舒時光
主　　編　王明蓀
總 編 輯　杜潔祥
副總編輯　楊嘉樂
編　　輯　許郁翎、王筑　美術編輯　陳逸婷
出　　版　花木蘭文化事業有限公司
發 行 人　高小娟
聯絡地址　235 新北市中和區中安街七二號十三樓
　　　　　電話：02-2923-1455／傳真：02-2923-1452
網　　址　http://www.huamulan.tw 信箱 hml810518@gmail.com
印　　刷　普羅文化出版廣告事業
初　　版　2018 年 3 月
全書字數　418614 字
定　　價　十九編 39 冊（精裝）台幣 100,000 元

明清陝蒙交界地區土地利用的
空間分佈與變化過程（下）

舒時光 著

目

次

下　冊

第五章 清代陝蒙交界地區土地利用
——以夥盤地的擴展爲中心

　　清代近三百年中，漢民進入蒙地開墾有一個發展過程〔註1〕，在土地使用上表現爲農業用地的北上擴展和牧業用地的向北退縮。農業的作用越來越重要，成爲蒙旗重要的經濟部門。筆者認爲：在此過程中，對於蒙旗而言，面臨著三大抉擇：一是從思維上，如何協調蒙古部落傳統的對農業排斥的心理和發展農業能夠帶來現實經濟收益（能夠解決財稅困窘和獲得更大的利益）之間的矛盾。二是在政策法律層面上，如何遵守法律和傳統法（如入誓、甘結等形式）與突破既有的禁令以獲取經濟利益。三是在具體生產方式上，如何協調傳統牧業生產的慣性和學習新興農墾技術的矛盾。在此過程中，充滿了思維意識、政治、經濟以及生產方式等內容、傳統和現實等方面的激蕩。歸根到底，其實質就是蒙旗如何確定傳統牧業經濟和

〔註1〕　傳統的劃分方法是：順治、康熙、雍正三朝爲早期限墾階段；乾隆之後屬於中期禁墾階段；光緒末年是晚期放墾階段；邢亦塵從清墾殖政策著手分爲：禁墾時期 1634～1857 年；限墾時期 1858～1901 年；放墾時期 1902～1911 年；劉龍雨認爲邢亦塵所分的前兩個階段政府政策沒有實質變化，根據清代墾殖的歷史背景和陝蒙交界實際墾殖活動的規模分爲：墾殖規模不大時期 1634～1901 年；墾殖高潮時期 1902～1911 年。筆者認爲邢亦塵三階段的區分著眼於全國，但對陝蒙邊界不適用；而劉雨龍的劃分顯然沒有注意前兩個階段規模的巨大變化。參見邢亦塵：《關於蒙墾分期問題的思考》，《內蒙古社會科學》，1989 年第 3 期，第 57～62 頁；劉龍雨：「清代至民國時期鄂爾多斯的墾殖與環境變遷」，西安：西北大學碩士論文，2003 年，第 6 頁；劉龍雨、呂卓民：《清代鄂爾多斯地區的墾殖活動》，《中國歷史地理論叢》，2006 年 7 月，第152～160 頁。

新興農業經濟的比例問題。從現有史料看，鄂爾多斯七旗中，達拉特旗、準格爾旗、郡王旗和札薩克旗農業化最早，在乾隆中期農業就開始取代牧業成爲決定性的經濟部門；而杭錦旗、烏審旗和鄂托克旗在有清一代，牧業一直佔據著決定性地位。

對漢族而言，同樣面臨著三大抉擇：一是從思維上，如何協調「安土重遷」的傳統思維和外出蒙地「雁行漂泊」甚至可能客死他鄉的矛盾。費孝通曾經說過：「以農爲主的人，世代定居是常態，遷徙是變態。」〔註2〕一般來說，在沒有發生嚴重的自然災害、社會動亂或戰爭的情況下，不會出現大規模的、長距離的和集中進行的移民〔註3〕。二是在法律層面上，如何遵守既有的法律禁令、嚴密的監管、徵稽體系和冒著鞭、枷等刑罰和沒收全部私墾所得等政治、法律和經濟風險去私墾蒙地。三是從具體生產方式上，如何在官方允許開墾的蒙地上通過改進生產工具、提供生產技能獲得更大的經濟效益與通過私墾（蒙漢合夥、漢蒙佃雇、強行私墾）實現最重要的土地資源——蒙旗土地資源和漢族人力資源（農業生產人數、生產技能等方面）、生產工具和種子等生產資料的有效的、經濟的結合。同樣，這樣的抉擇過程也極其複雜，充滿著既有土地所有制流轉、生產技能提高等方面的激蕩。總而言之，其實質即漢族究竟採取集約化農業還是擴張型農業的問題。

漢民採取春出冬回的「雁行」方式，夥盤地即漢族到蒙地開墾時暫時夥聚之地。所以廣義的夥盤地包括兩種形態。一種是民人私墾的蒙地，包括蒙旗官員、普通蒙古自有耕地的私放和民人偷耕、搶耕等形式。因違背法律開墾，其發展過程和數量無法具體衡量。另一種形式就是朝廷允許開墾的土地，即狹義的夥盤地，主要位於長城以北的土地。其過程能夠通過幾次大的放墾具體衡量。爲了研究方便，下文的夥盤地指狹義的夥盤地。

夥盤地的衡量標準是農民的有無「定居意識」和「定居可能性」，後者更具有研究上的意義。在夥盤地發展的過程中，起初農民「安土重遷」沒有定居意識，「春來冬回」，但是這種形態畢竟是不經濟的。後來隨著夥盤地的發展，農民也許有定居意識，但是法律上禁止、稽查上嚴格，所以沒有定居的可能性。面對人性的自私和經濟的誘惑，每個「經濟人」——無論蒙漢，僅從意識、觀念上、文化上研究並定性，意義實在有限，而制度能夠抑制這種

〔註2〕 費孝通：《鄉土中國》，河北教育出版社，1999年，第51頁。
〔註3〕 葛劍雄：《中國移民史》第一卷，福建人民出版社，1997年，第47頁。

意識的變遷，所以法律上「定居可能性」更具有現實意義。它能排除個別定居的不具有標本意義的個例，同時消除「雁行」到「定居」過渡的模糊狀態給研究帶來的不確定性。

　　按照現有的檔案記載，光緒三年（1877 年）以前，定居夥盤地在法律上是嚴禁的、查緝是嚴格的、定居情況是零星的個例。私墾地更多是夥盤地相鄰黑界地以及更北的蒙古自有土地，貽谷放墾實際上是對所有蒙旗私墾土地的官方化，所以可以通過放墾的結果觀察整個清代私墾地的發展。夥盤地緊鄰長城，貽谷放墾時改變了土地所有制，民國初年基本上全部劃歸今榆林市。從現有史料看，至少在道光三年前，這種夥盤地耕種的產權（蒙旗共有的土地所有權、漢族永佃權）固定、地點固定、監管體系固定、稅收徵稽方式固定，甚至筆者認為這種夥盤地從康熙三十六年（1679 年）允許開墾到 1949 年，即官方夥盤地開墾的始終，都是處於一種有序的、固定的狀態。

　　「清代，鄂爾多斯農牧交錯帶蒙漢關係的焦點是土地問題。」〔註4〕陝蒙交界地區的蒙地開墾可以用夥盤地的範圍和數量表徵，這種蒙墾形態是一種真實開墾狀態，能夠融合私墾和官墾，實際量度開墾的規模和質量。面對利益錯綜複雜、過程波瀾跌宕的蒙旗土地開墾問題，以夥盤地為切入點進行研究，不僅能夠抓住「土地問題」這個焦點，而且能夠串起蒙墾過程中的思維、經濟、政治、人口遷徙等諸方面的問題，管窺蒙墾開墾的動因和機制。同時，根據民法原理，物權最重要兩大分類是所有權和用益物權，其中最重要的不動產所有權是土地所有權，最重要的用益物權是土地使用權。夥盤地最大的特點是土地所有權和使用權的分離和變化，這裡面又包含夥盤地土地所有權和使用權各自的發展。在陝蒙交界蒙墾發展過程中，夥盤地權屬變更過程是：清初國有完全的土地所有權──清中期蒙旗限制土地所用權、民人獲得土地使用權並發展到永佃制──清末國有限制土地所有權、蒙古百姓土地使用權。基於封禁政策變遷、陝蒙交界夥盤地的變遷（實際開墾的規模）以及夥盤地的權屬形態，試分為三個階段：禁墾時期 1634～1696 年，限墾時期 1697～1901 年；放墾時期 1902～1911 年。下文以此展開研究〔註5〕。

────────────────

〔註4〕　N・哈斯巴根：《18～20 世紀前期鄂爾多斯農牧交錯區域研究──以伊克昭盟準格爾旗為中心》，第 63 頁。

〔註5〕　本章部份內容已發表，詳見吳承忠、鄧輝、舒時光：《清代陝蒙交界地區的土地開墾過程》，《地理研究》，2014 年 8 月，第 1579～1592 頁。

5.1　漢族取得夥盤地永佃權

　　清廷最早明文禁止口外開墾是在順治十二年（1655 年），「各邊口內曠土，聽兵墾種，不得往墾口外牧地。」〔註6〕較早出現「封禁」一詞，是雍正元年（1723 年）的一道命令：「現在各處之礦皆令封禁，雅圖溝等處鉛礦，一例禁止開採。」〔註7〕現存史料最早出現陝蒙交界 50 里「禁留地」一詞的是乾隆八年（1743 年）六月川陝總督馬爾泰的奏摺，「口外五十里，原係禁留之地」〔註8〕。隨著康熙三十六年（1697 年）的禁令鬆弛，夥盤地開始出現。所以清初夥盤地的開墾實際上是禁留地的開墾過程，於是禁留地產生以及以後的發展，成爲本節研究的重點。同時，研究夥盤地的開墾不得不研究延綏鎮農業的發展和蒙旗自有農業的發展，在此過程中，禁留地不斷開墾，夥盤地向北不斷延伸。下文，筆者以時間爲序，介紹夥盤地的產生與向北推移。

5.1.1　清初農墾的發展及禁留地的開放

　　清初，爲了防範內地反清勢力延及口外，尤其是防範蒙漢勾結，清廷採取了封禁政策，在陝蒙交界地區設立了 50 里禁留地。從清初的政策看，整個長城沿線設置禁留地，作爲蒙漢的緩衝地帶，應非陝蒙交界獨有〔註9〕。以距

〔註6〕　《大清會典》卷 166，《戶部・田土一・開墾》。馬汝珩、馬大正認爲此禁令從來沒有頒佈過。見馬汝珩、馬大正：《清代邊疆開發研究》，中國社會科學出版社，1990 年，第 185 頁。

〔註7〕　昆岡：《大清會典理藩院事例》卷 933《禁令・內蒙古部落禁令》，中國藏學出版社，1991 年，第 404 頁。

〔註8〕　《署川陝總督馬爾泰揭請酌定榆林邊境民人種地收租事宜並越界私墾治罪之例》（乾隆八年六月二十六日之四），《明清檔案》A123-94。

〔註9〕　從現有史料看，溫浩堅第一次研究了禁留地的寬度。他認爲清廷以長城爲基準點，劃定禁留緩衝地的目的是：嚴防蒙古入侵內地，增加應變反映的時間。緩衝地的寬度，是隨著蒙古與清廷關係的親疏以及清廷對全國控制力的強弱而有所不同。他利用《蒙古游牧記》分析了柳條邊外蒙古各部的距離，最遠的有五百五十里，最近的則是三十里，歸化城距離殺虎口二百里；利用《清史稿》僅能確知察哈爾八旗總管駐地到長城關口的距離；利用《親征平定朔漠方略》等文獻確知康熙二十五年，劃定寧夏、甘州等長城外六十里作爲阿拉善與額濟納兩旗的游牧場所，而甘州府及肅州邊外，雖然無法說明寬度，但基本上是以大山與戈壁來區隔。詳見：《清代蒙古的封禁隔離政策》，第 122 ～126 頁。筆者對禁留地的緩衝性質以及寬度劃定的原則表示贊同，但應嚴格區分蒙旗王公駐地到長城的里距與禁留地寬度，同時要注意柳條邊外遼東地區作爲清廷龍興之地的特殊性。

邊牆「五十里」爲限，筆者認爲可能是基於步兵一日的行程，五十里範圍內，長城守邊官兵能有效控制〔註10〕。在五十里內外，陝蒙農業各自發展，並沒有發生聯繫。

（一）清初鄂爾多斯及邊緣地帶的農業發展

由於沒有清初鄂爾多斯農業的任何記載，我們不得不擴大研究時段和範圍，從明中期鄂爾多斯及相鄰地段的農業發展情況說起，進行對比研究。

從明代開始，鄂爾多斯及周邊地區就有農業出現並達到一定的規模。嘉靖二十五年（1546 年），曾銑上書：「近據歸人供稱達虜每一帳家小，不止四五人，虜去人口，反有五六人，是虜之中，被虜之人半之。」〔註11〕由此估計，戰爭中被擄及逃往河套的漢人高達數萬。嘉靖二十六年，俺答汗求貢書中有「乞給耕具，欲於塞外墾耕」的要求〔註12〕。日本學者和田清甚至認爲：嘉靖十二、三年的大同兵變後，蒙古部落就開始有了農耕〔註13〕。隆慶議和

〔註10〕 前文中有延綏鎮 37 城堡中相鄰的城堡相距都大概有 40～50 里。《明實錄》中有，「馬兵原有馱馬，步兵日行五十里，何得擅用驛馬？」（《明熹宗實錄》，天啓元年七月戊辰）；而雍正三年（1725 年），針對在關內任職的旗民，如被調補、革除，需要限時回旗報導，「嗣後歸旗人員，有驛站之大路，日行一站。紆遠無驛之處，限每日行七十里，遲延者查參議處」，雍正皇帝認爲，「一日行七十里，未免緊迫，著改爲五十里」（《清世宗實錄》卷 33，雍正三年六月癸巳）。可見，五十里是步行一日的距離。同時，周圍五十里也是有效防禦和管理的範圍，提供了合適的應變反應時間。雍正元年（1723 年），吳爾占、色亨圖等人犯事，雍正將他們發往盛京看管，「到盛京時，無論城內城外，令其在五十里內居住」（《清世宗實錄》卷 5，雍正元年三月壬辰）。所以，禁留地寬度五十里左右的設定，是合適的。如康熙二十五年（1686 年）劃定的寧夏、甘州等長城外「六十里」禁留地（《清代藩部要略稿本》，卷 9，厄魯特要略一，第 138 頁）。至於清初殺虎口邊地外是否存在禁留地以及寬度，筆者認爲是存在的，寬度同爲「五十里」。如康熙三十一年（1692 年）廷議歸化城附近地區駐軍，朝臣提議「殺虎口外迤北五十里、東西五十里內、所有熟荒地畝近者給兵遠者給大臣官員」，綏遠城將軍以下官員，「口糧及馬之草料一概停給，以口外五十里以內荒地給之自力開墾」（《清聖祖實錄》卷 157，康熙三十一年十二月壬寅。此爲朝臣廷議內容，後康熙都不認可，現在很多學者對此條理解不準確，認爲已經開設了屯田），也是「五十里」範圍。爲何偏偏開墾殺虎口邊外的距離爲五十里，想必不是偶然的。可見，「五十里」禁墾地非陝蒙獨有。

〔註11〕 〔明〕曾銑：《復套條議》，《明經世文編》卷 240。

〔註12〕 〔明〕嚴從簡：《殊域周諮錄》卷 21《北狄・韃靼》。

〔註13〕 〔日〕和田清著，潘世憲譯：《俺答汗的霸業》，《明代蒙古史論集》，北京：商務印書館，1984 年，第 599 頁。〔日〕安齋庫治：《清末土默特的土地整理──附土默特關係的發展》（原載《滿鐵調查月報》第 19 卷第 12 號，那木雲

時，王崇古認爲「板升農業，亦虜中食物所資」〔註14〕，農業生產已在蒙古中佔據相當地位；議和後，俺答汗大力經營豐州灘「板升」農業、興建歸化城及寺廟，這些都少不了漢族農民和手工業者的參與，「開雲田豐州地萬頃，連村數百，驅華人耕田輸粟，反資虜用。所居爲城郭宮室，極壯麗」〔註15〕。萬曆中明人出境所見蒙古麥、穀、豆、粟齊全，牛、犁具備〔註16〕，寺廟周圍的「板升」農業發展興盛〔註17〕。筆者認爲河套農墾應是嘉靖中開始的，主要集中於河套北、歸化城附近。而河套內的農耕地應在蒙古各部駐地附近有足夠水源的地方，便於開墾和管理。但延綏鎮近邊的蒙古河套部落，駐地多距明邊境二三百里以上〔註18〕，又蒙古退居大漠，重回游牧，由於生產方式的慣性，嘉靖以後，河套內農業的規模當遠遠小於牧業。

明末清初戰亂紛爭，必然對河套及周邊地區大規模的農業發展產生毀滅性的影響。俺答汗死後，由於汗位之爭，「宰制無人」〔註19〕，土默特部「內部自相仇殺，盜賊並興，水草枯落，遂至衰弱。」〔註20〕天啓年後，歸化城土默特又受到林丹汗和後金的攻伐，難以自保，損失慘重。如天聰六年（1632年）後金西征林丹汗屠掠歸化城一役，後金將東到宣府、西到黃河木納漢山，從歸化城南到明長城範圍內逃匿的男子殺光，婦女俘虜，投降蒙古編爲戶口，大掠過後，焚盡廬舍和帶不走的糧草，殺死老幼及強悍難驅者〔註21〕，僅擄

漢譯文載《蒙古史研究參考資料》七輯》）對明代歸化城土默特附近農業發展進行了初步研究。

〔註14〕〔明〕王崇古《散逆黨說》，王鳴鶴《登壇必究》卷37，《奏疏一》，明萬曆刻本。

〔註15〕〔明〕瞿九思：《萬曆武功錄》卷8《中三邊二·俺答列傳下》，薄音湖點校《明代蒙古漢籍史料彙編》第四輯，內蒙古大學出版社，2006年，第43頁。

〔註16〕〔明〕蕭大亨：《北虜風俗》，《明代蒙古漢籍史料彙編》第二輯，第238～270頁。

〔註17〕〔明〕馮瑗：《開原圖說》載：「緣各虜近皆敬佛，每□□□□□（缺）建寺起樓供佛，其磚瓦木石皆所擄中國匠役爲之造作，寺觀有甚華麗者。亦有僧，多內地人，皆與酋首抗客禮，有番僧至則酋首羅拜，謂之樓子。房營帳多在樓子傍，其左右前後三四十里即其板升，板升者夷人之佃戶也。」《明代蒙古漢籍史料彙編》第二輯，第288頁。

〔註18〕〔明〕張雨：《邊政考》卷2《榆林衛·榆林鎮圖》；〔明〕茅元儀輯《武備志》卷207《延綏》；萬曆《延綏鎮志》卷1《建制沿革》。

〔註19〕〔明〕吳震元：《三娘子》，《明代蒙古漢籍史料彙編》第二輯，據明刊本校點。

〔註20〕〔清〕貽谷、高賡恩纂修《土默特旗志》卷1《輿地》，清光緒年間印本。

〔註21〕《清朝太祖太宗世祖朝實錄蒙古史史料抄》，天聰六年五月甲子、乙丑、丙寅，第204～205頁。

走的牲畜即高達十餘萬，人口定大量損失〔註22〕，農墾受到巨大影響。之后土默特被迫編佐，招納漢族流民。《土默特沿革》講到俄木布不論蒙漢和出身，收納漢族流民，迅速編齊十二參領、六十佐領、九千個正戶〔註23〕。入關後清廷下令禁止漢族收留蒙人，「有蓄養蒙古人，或有雜居編氓蒙古人，著令各該地方官總督、巡撫、巡按、總兵等官詳細確查，悉行護送爾部。」〔註24〕順治十二年（1655年），清廷明文禁止口外開墾，「各邊口內曠士，聽兵墾種，不得往墾口外牧地」〔註25〕。當然隨著戰爭的擄掠漢人〔註26〕、歸附的蒙旗中的漢人〔註27〕可能從事農業生產，但是綏遠城土默特地區地處入京孔道，又較早設立驛站〔註28〕，監控較嚴，所以農業生產的規模不是很大。

　　明末清初，鄂爾多斯部相對安寧，農業是否發展，史料中沒有記載。但是需要說明的是，此時鄂爾多斯兵丁並沒有隨軍征伐的義務（這一點後文詳述），所以戰爭擄掠漢人的概率較少。日本學者安齋庫治認爲：「明末鼎革之際，籍隸山陝之官紳，起兵抗拒清軍。兵敗後無所爲，則挈家至塞外避禍。荒山僻野，耕稼其中，或有搶捕急而入蒙籍者」〔註29〕。這種情形必然存在，

〔註22〕《滿文老檔》，中華書局，1990年，第1257～1319頁。

〔註23〕榮祥、榮廣麟：《土默特沿革》（徵求意見稿），内蒙古土默特左旗文化局編，1981年。各史料對清初土默特旗編戶數量記載不同，參見：白初一：《清代歸化城土默特兩旗職官及戶口初探》，《昭烏達蒙族師專學報》（漢文哲社版），1992年第1期，第74～80頁。

〔註24〕《清朝太祖太宗世祖朝實錄蒙古史史料抄》，第733頁，順治七年二月庚寅。

〔註25〕《大清會典》卷166，《戶部・田土一・開墾》；

〔註26〕康熙二十七年（1688年）錢良擇、張鵬翮等人奉命出使俄羅斯，路過歸化城時見到一名40多歲的僧人，該僧12歲由湖南擄來，有蒙古妻子（見清錢良擇：《出塞紀略》，全1卷，據（道光七年吳江沈楙惪）世揩堂藏板重印本，光緒二年（1876年）；〔清〕張鵬翮：《漠北日記》（亦名《奉使俄羅斯行程錄》），何秋濤輯《北徼彙編北徼彙編》，京都龍威閣同治四年（1865年）刊本。）

〔註27〕布爾尼亂平後，未附逆的察哈爾札薩克旗托尹部由歸化城土默特管轄（《清聖祖實錄》卷55，康熙十四年閏五月乙巳），按察哈爾札薩克旗游牧地是義州（今遼寧義縣）邊外的孫島、習爾哈地方，該地一直農業較發達，理應有入籍漢民。

〔註28〕康熙二十二年，清廷在古北口外鞍匠屯、西巴爾泰、喜峰口外王霸垸三處設置驛站（《清聖祖實錄》卷113，康熙二十二年十一月丁丑），康熙二十八年殺虎口至歸化城已經設有「呼齊特口之四十戶驛站」（乾隆抄本《理藩院則例・錄勳清吏司下・驛站》（第55～57頁）。

〔註29〕〔日〕安齋庫治：《清末綏遠的開墾》，原載《滿鐵調查月報》第18卷第12號、19卷第1、2、12號。田山茂的《清代蒙古社會制度》（潘世憲譯，第258頁）中說《綏遠通志稿》引安的《清末綏遠的開墾》，但是筆者在《綏遠通志

但是筆者認為隨著順治年間各種出關禁令的頒佈和蒙旗的初步建立，能夠進入鄂爾多斯各部耕種的漢民並不多，農業發展的規模理應不大。但是，安齋庫治的話卻是對明末清初陝北社會的真實寫照。

（一）明末至清順治年間清初延綏鎮農業荒廢

明末至清順治年間，延綏鎮天災連連，戰火不斷，農地拋荒嚴重。

從崇禎元年（1628 年）至康熙十二年（1673 年）45 年時間內，共有 16 年全鎮範圍內的旱、雨、蝗、地震、饑荒等災害〔註 30〕，延安府的民屯也大略如此。馬懋才的《備陳大饑疏》詳細記錄了崇禎元年（1628 年）延安府地區災荒的悲慘情形〔註 31〕後說，「總秦地而言，慶陽、延安以北，饑荒至十分之極，而盜則稍次之。」〔註 32〕郭沫若對延安地區的災情評價到，「現在讀起來，都覺得有點令人不寒而慄。」崇禎二年（1629 年）閏四月，「查秦中災荒惟延、慶最慘。延、慶災荒又惟安塞、安定、膚施、甘泉、清澗、綏德、米脂、府谷、合水十州縣最慘。」〔註 33〕清朝順治、康熙初年，天災稍微減少，但是作為明末農民起義的根據地，這一地區人民的反清意識一直強烈，明將王永疆、高有才復叛，至順治八年初步安定。

明末清初戰爭殺戮致使農墾不興。順治二年（1645 年）正月，清軍攻克延綏鎮，時任陝西巡撫趙兆麟向朝廷要求賑濟，他描述到：「榆林雖昔為大鎮，然四面沙磧，一毛不產，……惟恃轉輸腹裏州縣京民二餉，以續其命而已」，經過明末戰爭後，「軍民率皆傷亡，存者不過十之二三」，入清後「賊又盤踞年餘」，致使「家家戶戶物力盡竭」，百姓「赤身膚無完木者，地方為之一空，慘不忍言！」〔註 34〕「向以延鎮苦，罹凋殘城闊人稀，議留官兵四百五十名

稿》中未發現此句，可見此句的漢譯當為潘。那木雲漢譯文中無與該句相近意思的句子，《中國近代農業史資料》（第 816～817 頁）亦無。

〔註 30〕康熙《延綏鎮志》卷 5《大事紀》。

〔註 31〕郭沫若：《甲申三百年祭》，《郭沫若全集・歷史編》，第四卷，人民出版社，1982 年 9 月第 1 版。

〔註 32〕〔清〕計六奇：《明季北略》，卷五，中華書局，1984 年版；同時雍正《陝西通志・藝文志》、嘉慶《延安府志》都有節錄。

〔註 33〕《明崇禎長編》卷 21，崇禎二年閏四月。

〔註 34〕《陝西巡撫趙兆麟題報榆林遭賊殘破請速酌議賑濟（順治二年四月八日之一）（A2-165），《陝西巡撫趙兆麟啟報榆林遭賊殘破請速酌議賑濟》（啟本）（陝西巡撫趙兆麟啟報榆林遭賊殘破請速酌議賑濟）（A2-166 順治二年四月八日之一），《明清檔案》第二冊。

駐防榆城」，因爲缺餉，官兵「無計資生，哀呼乞討」〔註35〕。昔日重鎮如此殘破，不由讓人噓唏不已。延安府民屯也是這樣，順治四年（1647年），前來陝西督餉的王來用發現：除西安附近少數州縣外，其他州縣大略人口「十存其一」，耕地荒蕪，無餉可徵，「皆無益濟」。其中延安府彙報，早在崇禎四、五年（1632～1633年）因荒並且民亂，錢糧早已停徵；五年後才以剩餘人丁、熟地起徵，當時安定縣有9600餘丁，但是時至今日僅存5000餘丁，而其他州縣「至今屢遭殺戮，十缺六七」。靠近河套的慶陽府環縣報稱：「人民殺餓殆盡，城野丘墟，閭里絕煙。」王來用感歎道：「看得秦中地方，自明季以來，數十年兵劫奇荒，流毒之慘，蓋無一塊乾淨土也。在賊殺不盡而苦凶荒餓殺，餓殺不盡又苦傳染病殺，所以人民死亡過半，以致田園荒蕪，⋯⋯田則滿目荒草，莊則徒存破壁，人煙幾斷，觸目傷心，眞天老地荒之象！」〔註36〕。

　　爲了迅速恢復秩序，清廷對延綏鎮採取「綏輯爲先」的政策，但是收效甚微。對衛所制度進行了一定的改革，仍採取明代體制整肅軍隊，恢復墾田〔註37〕。具體而言：在屯田方面，裁撤老軍、查清屯田，收歸軍有〔註38〕；在互市上，禁止私自開口交易〔註39〕；在民墾上，大力提倡農墾，「順治元年（戶部）議准：州縣衛所荒地無主者，分給流民及官兵屯種；有主者令原主開墾；

〔註35〕《陝西延綏巡撫趙兆麟啓報收解逆將遺下銀兩以充兵餉》（順治二年五月十日之一）（A2-195），《陝西延綏巡撫趙兆麟啓報收解逆將遺下牛雙屯糧以充兵餉》（順治二年五月十日之二）（A2-196），《明清檔案》第二冊。

〔註36〕《總督山陝四川等處根餉戶部右侍郎王來用揭》（順治四年三月╳日），《戶部抄檔：地丁題小一陝西（三）。

〔註37〕《皇帝敕命焦安民爲陝西巡撫》（順治二年四月九日之一）（A2-167），《皇帝敕命焦安民爲寧夏巡撫》（順治二年四月九日之二）（A2-168）。另外，《皇帝敕命孫光宗管延綏皇甫營游擊事》（順治九年四月二十一日之一）（A14-74），《皇帝敕命鄭友柏管延綏神木營游擊事》（順治九年四月二十一日之十三）（A14-86），《皇帝敕命張玉管延綏靖邊營游擊事》（順治九年四月二十一日之十五）（A14-88），《皇帝敕命高宗管延綏中協副將事》（順治九年四月二十一日之十七）（A14-90）《皇帝敕命吳登科管寧夏花馬池營副將事》（順治九年四月二十一日之十九）（A14-92）都有：「統領經制官兵，駐劄ＸＸＸ，該管營堡邊界及所屬守備操守等官，俱察照舊例管轄，地方初定，收拾人心，操練兵馬，修濬城池。」，《明清檔案》第二冊。

〔註38〕《陝西道監察御史許弘祚題請清除隱匿屯地並冒領邊餉諸弊》（順治二年九月六日），《明清檔案》第二冊A3-61。

〔註39〕《延綏巡撫王正志揭參武弁私開市口》（順治四年六月之十三（日不詳），《明清檔案》第二冊A6-8。

無力者官給牛具籽種」〔註40〕。在順治六年（1649年），全面推行農墾，將流民就地編戶，「察本地方無主荒田，州縣官給以印信執照，開墾耕種，永准爲業」，並且六年內免租。〔註41〕但此時延綏鎮又發生了蝗災和王永疆叛亂，「人民顛連十室九空」、「人民之殺戮，廬舍之焚毀，城垣之傾頹，所在蕭然，蓋非昔比」、「兵疲困極矣」，屯墾荒廢更甚，需要「從頭料理」〔註42〕。順治八年（1651年）延綏鎮盡收祭典銀僅12兩，不到明代的1%〔註43〕。從數據看，整個陝西民田也荒蕪甚多，「勘報（陝西）八府州無土荒田共256 295頃零，有主荒田共64 250頃有零。」〔註44〕面對困境，順治十二年（1655年）底朝臣又議裁綠營軍、改軍屯丁爲屯民。

事實上，在順治九年（1652年）朝廷就議裁撤陝西綠營軍，當時被三邊總督孟喬芳勸止〔註45〕。隨之，清廷設立興屯衙門，嘗試改正軍屯田，繼續推行興屯政策。「將未墾荒地交付守巡各道，督令有司力開墾」〔註46〕，「將所在流民編其戶口，量撥屯地，給以牛種，使之盡力開墾」〔註47〕。從順治九年始至十三年，戶部「撥過屯本銀510503兩。」〔註48〕陝西也做了一些嘗

〔註40〕《欽定大清會典事例》卷166，《田賦‧開墾》。該奏則是《山東巡撫方大猷條議開荒勸墾辦法經戶部奏請，照所議實行》（順治元年八月二十日戶部尚書英古代題）（原載《中國第一歷史檔案館：歷史檔案》，1981年第2期，第9～10頁）。

〔註41〕《清世祖實錄》卷43，順治六年四月壬子。《清朝通志》卷81，《食貨略一》志7233爲「三年起科」。

〔註42〕《延綏巡撫王正志揭爲道廳官員》（順治五年三月（日未詳）之十）（A7-190），《延綏巡撫董宗聖揭明榆鎮兵餉應免搭錢情由》（順治十一年一月（日不詳）之七）（A18-131），《延綏巡撫董宗聖揭報節年修過城工及官民進城復業情形》（順治十一年三月（日不詳）之十七）（A19-62），《明清檔案》第二冊。

〔註43〕《延綏巡撫董宗聖揭報榆鎮祭典銀兩無項動支請旨設處》（順治八年七月（日不詳）之四），《明清檔案》第二冊A13-54。

〔註44〕《總督陝西三邊軍務兼理糧餉孟喬芳題》（順治八年七月十九日），《戶部抄檔：地丁題本——陝西（三）。

〔註45〕《順治九年總督陝西三邊四川等處軍務孟喬芳在陝西舉辦屯政簡》，《碑傳集》卷5《孟喬芳碑銘》，《清代奏摺彙編：農業‧環境》。

〔註46〕《大學士車克題覆李蔭祖條陳裁屯事裁屯後屯糧歸併大糧四項建議》（順治十三年六月二十五日），《清代土地開墾史資料彙編》。

〔註47〕《兵部主事李倩揭各地興屯衙門多強迫百姓報墾》（順治十二年正月×日），《戶部抄檔：地丁題本一一般（六）》，同上。

〔註48〕《戶部尚書車克題興屯期間戶部拔過屯本銀51萬兩》（順治十三年九月），《戶部抄檔：地丁題本——江西（三）》，同上。

試，儘管部份地區取得了一些成績，如「白士麟等五人分屯延、慶、平固及西安、鳳翔諸郡，兵屯歲收糧米 26 000 石有奇，民屯歲收糧米 16 000 石有奇，省協餉無算」〔註49〕，延綏鎮也選派 800 名正規軍由「閒任將官」率領，實行軍墾，當年由於「雨暘時若，嚴霜降晚」，收穫了糜菽 6 022 石，「雖爲數不多，事屬刱始」〔註50〕。順治十二年又定：「各邊口內曠土，聽兵墾種，不得往墾口外牧地」〔註51〕。

　　清廷大力推行屯墾解決財稅危機，總體而言收效甚小。順治十三年（1656年），朝廷嚴令清查土地，防止土地集中、包賠漏稅等現象，延綏巡撫馮聖兆彙報：榆林道所屬的綏、米、清三州縣、榆綏二衛的丁糧，「自荒殘之後，成熟拋荒歲有考成，屢經編查，絕無隱漏，包賠之弊，屯田受成屯道廳開報有年，蕘而土田，無難釐別」；神木道：「葭、吳、神、府四州縣，皆彈丸之區，一按籍而稽，可無逐情。今奉文逐一清釐，照地納糧，實無包賠隱漏等弊，至興屯道廳開墾之地，俱係荒蕪」；靖邊道：「地糧丁徭，惟安定縣有里加減之數，而保安、安塞兩縣俱仍舊例，擴充開荒。惟安塞縣有發地四千五百餘畝，派民包納之，而保安、安定兩縣俱無。」分巡河西道：「看得延屬州縣，屢罹兵荒，逃亡者八九，所存殘黎寥寥一二，滿目荒山，即自己田地，尚苦無力耕耘，安有餘力侵佔他人？其地糧丁徭，若有隱漏包賠之弊，誰肯甘心不鳴，而忍受不均之累哉？即中部延川二縣所報推之，其無隱漏包賠之情明矣。再照屯田道廳開荒緣由，有中部、宜君等縣、衛報過開荒地畝，似無別情。」馮聖兆最後總結說：「延綏係流賊發難之所，地丁荒亡較他處爲甚，年來雖節，經蠲豁其間，甘苦不均之弊，亦不能保其必無也。」〔註52〕這則檔案說明了兩個問題：一是延綏鎮徵稽制度十分嚴格，「歲有考成，屢經編查」；二是說明了延綏鎮及延安府在清初屯墾並無較大發展，「屢罹兵荒，逃亡者八九，所存殘黎寥寥一二，滿目荒山，即自己田地，尚苦無力耕耘」。

〔註49〕《順治九年總督陝西三邊四川等處軍務孟喬芳在陝西舉辦屯政簡》，《碑傳集》卷 5《孟喬芳碑銘》，《清代奏摺彙編：農業・環境》。

〔註50〕《延綏巡撫董宗聖題報榆林等道墾荒動支朋合銀事》（順治十一年正月十九日），《戶部抄檔：地丁題本一陝西（四）》，《清代土地開墾史資料彙編》。

〔註51〕《清文獻通考》卷 1《田賦 1・田賦之制》，互見《清史稿》卷 120《志 95・食貨 1・田制》。

〔註52〕《延綏巡撫馮聖兆題報清釐田賦情形》（順治十三年二月九日之一），《明清檔案》A25-136。

　　順治十六年（1659年），延綏巡撫張中弟從綏德入境，前往延綏鎮上任，他將路途中見到的情形上奏：「伏見延鎮地瘠沙漠，迭經凋殘，溪壑綿亙，隨坡耕種，荒蕪極多。」〔註53〕這種情況也存在於與延綏鎮相鄰的寧夏鎮花馬池等地，寧夏后衛千總彭康運看到後衛「因花馬池地方沙漠荒涼」，於是擅離職守，常駐靈州（今寧夏靈武市西南）〔註54〕。

　　清初大力推行屯墾，但是傚果並不明顯的原因有二：一是屯、民分治，體制不順，弊端太多。「緣地分民屯，官分考成，屯官欲官墾之多，以優殿最，有司欲民地之廣，以實縣治，勢之所極不但屯丁與民相水火，而有司與屯官且成藩籬，因之諸弊滋生。」〔註55〕二是正軍沒有耕種經驗等原因，並不盡力。如固原選派了 1000 名兵丁赴環縣等地屯田，「一年所獲雜糧，不及月餉之半，……兵不借其半力，餉歲費其過萬」〔註 56〕。改與不改，裁與不裁，都是兩難，「若單留屯道，裁去屯廳，猶米裁也。若以屯道歸併守巡，職掌既分，責成不力，彼稽我核，未免為奉行之故事，又非我朝專官重屯之至意也。」順治於是裁撤興屯道歸併守巡各道，但是屯田仍留；屯糧劃歸民糧正賦一同徵收，一切「有資實效為言」，即「無論官地民地，惟以招墾為主，民屯歸之州縣，衛屯歸之衛所，嚴令多方招來，量民力之厚薄，照例起科」〔註57〕

（二）康熙年間延綏鎮農業恢復及禁留地的開墾

1、康熙中期延綏鎮農業的恢復

　　康熙登基後，正式確立了衛所屯田的各項原則。順治十八年（1679年），雲南巡撫袁懋功疏言：「衛所屯田，與府州縣同城者，宜歸併有司官催徵，其

〔註53〕《延綏巡撫張中弟揭報入境受事日期》（順治十六年六月（日不詳），《明清檔案》A34-75。

〔註54〕《陝西巡撫王繼文揭報武弁廢務科斂審實徒追家產入官》（順治十四年一月二十四日），《明清檔案》A30-38。

〔註55〕《總督陝西三邊四川等處軍務金礪議裁屯道屯廳仍歸州縣官負責勸墾》（順治十二年八月二十九日）《戶部抄檔：地丁題本一一般（六）》，《清代土地開墾史資料彙編》。

〔註56〕《大學士車克等題陝西軍屯收效甚少議改屯兵為屯民》（順治十三年四月十五日），《戶部抄檔：地丁題本一陝西（四）》，《清代土地開墾史資料彙編》。

〔註57〕《總督陝西三邊四川等處軍務金礪議裁屯道屯廳仍歸州縣官負責勸墾》（順治十二年八月二十九日）《戶部抄檔：地丁題本一一般（六）》，《清代土地開墾史資料彙編》。

不同城，……山阻路遙，難以兼攝，應照舊設衛所官管理。」〔註58〕康熙八年（1669年）定：「令各省衛所錢糧併入民糧，一體考成巡撫。」〔註59〕這樣，與州縣同城的衛所撤銷並歸入州縣，延安衛歸省入膚施縣，至康熙二十七年，「裁陝西綏德衛，歸併綏德州管理。」〔註60〕而榆林衛則一直保留到雍正八年。

　　延綏鎭及相鄰地區農墾恢復是緩慢的。康熙十二年（1673年）前後，延安府知府王延弼言：「延、榆、綏三衛現荒屯地四萬二千一百餘頃」〔註61〕。據成書於康熙十二年的《延綏鎭志》〔註62〕記載：萬曆除荒後三衛屯地總額爲45825.958頃，則僅開墾了3725.958頃。其中，綏德衛、延安衛近邊地和榆林衛實在屯地數共有3451.525頃，萬曆中後期榆林衛、綏德衛、延安衛近邊屯地三者總和爲44274.39頃，前者僅占後者的7.8%。其中，榆林衛康熙三年實有熟地1820.835頃，恢復到萬曆中的5%；延安衛近邊屯地91.065頃，是萬曆後期延安衛近邊屯地總數的6%；綏德衛上下屯恢復到萬曆後期的23%，其中，上三屯400.461頃，恢復到萬曆後期的8%。城堡糜穀地，康熙《延綏鎭志》僅僅記載了鎭靖堡、靖邊堡、磚井堡和高家堡四堡。從康熙初年分別恢復到萬曆中後期的10%、9.5%、1.6%和31%。高家堡靠近神木縣，有較好水利條件，理應恢復較快。夾道糜穀地，「熟者百不存一」，康熙初年中西二路共實熟地316.487頃，占明中後期原額的6.9%。界北新增地：康熙初年，界石迤北新增地（界北地）僅龍州、靖邊二堡尚存，總額僅爲36.91頃，恢復到明中後期原額的8.3%。由以上分析可見，經過順治年間的不斷努力，至康熙十二年，延綏鎭近邊軍墾地已經僅恢復到萬曆中後期的6～7%。

　　之後隨著吳三桂的叛亂延及延綏鎭，屯墾又一次廢棄。至康熙三十二年（1693年），延綏鎭等陝西各地才逐步穩定下來，「內閣學士德珠疏言，陝西流民已復田，皆耕種收穫，米價平賤，百姓得所。應交陝西督撫十萬石之米……運米著停止，其運到龍駒寨西安之米著交與該督撫收貯」〔註63〕。同年，「戶

〔註58〕《清聖祖實錄》卷4，順治十八年八月丁卯。

〔註59〕《清聖祖實錄》卷29，康熙八年五月己酉。

〔註60〕《清聖祖實錄》卷71，康熙十七年二月乙卯。

〔註61〕〔清〕王廷弼：《屯政議》，康熙《延綏鎭志》卷6《藝文志》。該文成於康熙十二年前後。

〔註62〕康熙《延綏鎭志》卷2《食志·屯田》。

〔註63〕《清世祖實錄》卷160，康熙三十二年八月庚子。

部議覆，陝西巡撫吳赫疏言，招徠流民有地者，既給與牛種銀兩，以爲耕種之資。無地之民，更爲堪憐，請與有地之民，一例給銀安插。」〔註64〕事實上，至禁留地開墾前，包括延綏鎮在內的陝西各地，才慢慢安頓下來，逐步恢復生產。

　　至康熙三十六年（1697年）禁留地開墾前，延綏鎮三路都在恢復墾種原有的屯地。以懷遠縣所在的綏德衛和榆林衛爲例，乾隆《懷遠縣志》記載，乾隆年間，綏德衛上三屯中有16個百戶分佈在仍未出「二邊」〔註65〕，除孫隆百戶越出「二邊」、在今橫山縣白界鄉境分佈外，15個百戶都位於界石以北、「二邊」以南；而榆林衛皆是如此。（見圖5-1）。

　　賦稅較重，徵緝較嚴。趙兆麟不得不將闖將高一功敗亡時遺留在延綏鎮各庫的1046兩銀上繳解送，僅留下1769石米穀作爲延綏鎮官兵軍餉，他說，「向以延鎮苦，罷凋殘城闊人稀，議留官兵四百五十名駐防榆城」，昔日重鎮的延綏鎮城竟然如此慘象；因爲缺餉，官兵「無計資生，哀呼乞討」〔註66〕。聖旨要求查緝，同時延綏鎮人口相對較少、地域不大，比較好查緝，以延綏鎮所轄的東面四州縣爲例，「查葭、吳、神、府四州縣，皆彈丸之區，一按籍而稽，可無遁情」。在此過程中，「安塞縣的張汝平等五十丁及其該丁銀一百四十四兩二錢六分九釐零」被查出。「即自己田地，尚苦無力耕耘，安有餘力侵佔他人。其地糧丁徭，若有隱漏包賠之弊，誰肯甘心不鳴，而忍受不均之累哉？」可見，由於荒地較多、稅收查緝制度過嚴，在延綏鎮及相鄰地區，隱漏包賠現象僅是極其小的事件。這種嚴格的稅收查緝制度，延綏鎮巡撫馮聖兆在給朝廷的奏報中說的很詳細，「據榆林道副使王延諫稱，催據所屬榆

〔註64〕《清世祖實錄》卷160，康熙三十二年十月戊寅。

〔註65〕它們是：（上下）柳奇（據民國《橫山縣志》卷2《村莊》，民國時轄43村，能找到今地名有37村）、孫隆（13村，13村）、劉九思（31村，29村）、王一林（23村，21村）、王璽（19村，18村）、黃臣（9村，8村）、戴洪（9村，6村）、馬昂（36村，31村）、陳鎮（9村，7村），（上下）李潮（32村，24村）、趙世相（32村，28村）、馮宣（26村，25村）、宋安（22村，22村）、白堂（18村，16村）、湯全（金）（30村，29村）、翟賢（18村，18村）。百戶名能與乾隆《綏德州志》卷2《人事門·戶口》一一對應，而且與乾隆《懷遠縣志·圖譜》僅繪的「白堂、馮宣、湯全（金）、趙世相、宋安、翟賢」地址能一一對應。

〔註66〕《陝西延綏巡撫趙兆麟啓報收解逆將遺下銀兩以充兵餉》（順治二年五月十日之一）（A2-195），《陝西延綏巡撫趙兆麟啓報收解逆將遺下牛雙屯糧以充兵餉》（順治二年五月十日之二）（A2-196），《明清檔案》第二冊。

林、綏德二衛各呈報坐落響水、波羅、清平、龍州、靖邊各營堡並綏德衛屯
牆外新增各糧草，俱已通完等因，七月十六日，又據延安衛掌印守備馬雲龍
呈稱，本衛十二年分未完屯糧四分，嚴行催徵，於本年閏五月內俱已找數通
完訖等因。又據布政司呈報相同。」顯然，這種自巡撫到榆林道、衛所掌印
守備三級稅收徵繳機構的「嚴限、督催、造冊」〔註67〕，已經構築起嚴密的
稅收網絡。

2、禁留地的開放

第一，烏審旗旗首次提出「暫借」禁留地。康熙二十一至二十二年（1682
～1683年），張家口、大同、榆林長城內外各地發生了一場規模較大的災荒，
「大同迭罹飢饉，而邊外蒙古，亦復凶荒」〔註68〕，朝廷開始賑濟、蒙旗也
向朝廷申請越邊暫借游牧地〔註69〕。康熙二十一年，鄂爾多斯右翼前旗（烏
審旗）貝勒達爾札「因伊等游牧處，蔓生藥草，不宜牧畜」，請求「近邊四十
里之外」借牧〔註70〕，此事經副盟長、鄂托克旗札薩克奏上〔註71〕。

《清實錄》卻有康熙二十二年三月（1683年），鄂爾多斯右翼中旗（俗稱
鄂托克旗）多羅貝勒松阿喇布以「游牧地方狹小，應令於定邊界外、暫行游
牧」。大學士明珠等人表示反對，「若此地暫予游牧，將來撤還，彼必謂久許
游牧，又何撤爲？如此，則日後似有未便！」康熙認爲，「理藩院甚爲含糊、
並未詳加揆度」，令理藩院覆勘後奏報〔註72〕。經查實：暫借之地係「邊外蘇
海、阿魯諸地，離定邊（今定邊縣城）、興武營（今寧夏鹽池高沙窩鎮二步坑

〔註67〕《延綏巡撫馮聖兆題報延屬拖欠本折屯糧已完續完各數》（順治十三年十一月
　　　　十五日），《明清檔案》A29-86。
〔註68〕《清聖祖實錄》卷96，康熙二十年五月壬戌。同時參見《清聖祖實錄》卷96，
　　　　康熙二十年五月癸酉；卷96，康熙二十年五月戊寅；卷96，康熙二十年六月丙
　　　　戌；卷96，康熙二十年六月壬申；卷96，康熙二十年六月丙子；卷97，康熙二
　　　　十年八月甲申；卷97，康熙二十年八月庚寅；卷97，康熙二十年八月己亥。
〔註69〕《清聖祖實錄》卷96，康熙二十年六月辛未。
〔註70〕榆林現有史志中的乾隆《懷遠縣志·邊外》、道光《懷遠縣志·邊外》、道光
　　　　《榆林府志·疆域附邊界》、道光《神木縣志·建置上·邊維》對此都予以記
　　　　載，時間都是康熙二十一年（1682年）。同時，《署川陝總督馬爾泰揭請酌定
　　　　榆林邊境民人種地收租事宜並越界私墾治罪之例》（乾隆八年六月，《明清檔
　　　　案》A123-94）檔案中也予以記載，時間上用的是「康熙二十一、二年間」。
〔註71〕根據《蒙古回部王公表傳》等文獻考證，根據達爾札和松阿喇布的年齡和爵
　　　　位以及借牧的理由、時間看：達爾札可能是副盟長，他代鄂托克旗札薩克松
　　　　阿喇布代奏近邊暫借牧地。
〔註72〕《清聖祖實錄》卷108，康熙二十二年三月甲子。

村興武營）等邊、或五六十里、或百里不等，並非邊內耕種之地等語。應如松阿喇布所請，暫給游牧」〔註73〕。因不在 50 里禁留地範圍，所以朝廷允行，但仍是「暫給游牧」。通過以上事件的分析，我們認識到兩點：一是清初，蒙旗明確認識到禁留地的國家所有性質。如果因災想利用，必須向朝廷提出申請，要求「暫借」。同時，禁留地並沒有明確的北界，「五十里」只是觀念中的，所以才發生了蒙旗提出「四十里近邊」的地方借牧、實際上卻離邊至少六十里的錯誤。第二，清初，朝廷上下對五十里禁留地禁墾禁牧令執行得十分嚴格，對蒙旗的借牧禁留地的行為處理得十分謹慎。

　　第二，禁留地的首次開放。康熙三十五年（1696 年），貝勒松阿喇布獲准正式進入寧陝禁留地耕種放牧。《清實錄》和《蒙古游牧記》〔註74〕對此進程都予以了記載。《清實錄》記載：「諭理藩院鄂爾多斯多羅貝勒松阿喇布奏請於察罕托灰（今寧夏平羅縣、惠農區境黃河西岸的大片灘地）以外地方，准其部人捕獵、耕種，著如所請行。」〔註75〕《蒙古游牧記》認為是「察漢托輝（查汗拖灰）外地多獸，乞免狩禁，並請由黃河造船渡，允之。」因此是暫借游牧狩獵，並未開墾，所以不久後退出該地。康熙四十七年（1708 年），松阿喇布再次奏請暫行游牧察罕托灰地方，朝廷派出尚書穆和倫等前往勘察，定以黃河西和之間柳墩等四臺為界，同時專設寧夏理事司員二名稽察，使樵採民人和蒙古相安無事〔註76〕。這個階段，《蒙古游牧記》記載仍是「暫令駐牧」。兵部認為，「察罕托灰、本屬版圖內地」〔註77〕，可見蒙旗在康熙三十五年正式進入禁留地放牧樵採。

　　至雍正四年（1726 年），漢族獲得了寧蒙交界地區部份禁留地的所有權。之前，隆科多等探勘寧夏賀蘭山前等地，認為：「插漢拖輝（今寧夏平羅縣附近）、至石嘴子（今石嘴上市區）等處寬闊一百里，曠野而平，其土肥潤，籽種俱皆發生。其地尚暖，易於引水。……兩岸可以耕種萬頃地畝等語。」甘肅巡撫石文焯等稱：察罕托灰，「其地平衍，可以開墾。自鄂爾多斯遷移之後十餘年來，小民亦有私墾者必得開渠通水，築堤建閘，以時啓閉，以資灌溉，則曠土盡成膏壤。今相度地勢。……統計墾田六十餘萬畝等語。」當年二月，議正王大臣等會議討論隆科多和石文焯關於察罕托灰開渠事宜：「查插漢拖輝，……明時，套夷渡河

〔註73〕《清聖祖實錄》卷 110，康熙二十二年閏六月己巳。
〔註74〕〔清〕張穆：《蒙古游牧記》卷 6。
〔註75〕《清聖祖實錄》卷 178，康熙三十五年十一月丁巳。
〔註76〕《清聖祖實錄》卷 233，康熙四十七年七月庚辰。
〔註77〕《清聖祖實錄》卷 256，康熙五十二年八月丁丑。

而西，侵佔內地。葫蘆河之東，居民不得耕種，遂致廢棄。我朝德洋恩溥。
番夷臣服，鄂爾多斯移歸套內，以河為界，插漢拖輝之地久屬版圖。……但
隆科多、石文焯等所奏建閘築堤等處，情形互異，事關久遠。臣等難以懸定。」
〔註78〕於是，朝廷派出川陝總督岳鍾琪、大理寺卿通智繼續探勘。雍正六年
（1728年）十一月，正式設寶豐縣，設官派兵，招民開墾〔註79〕。

　　第三，陝蒙交界禁留地的首次開墾

　　鄂爾多斯旗地和陝蒙交界黑界地的首次開墾。康熙三十六年（1697年）三
月，康熙帝親征噶爾丹，途經陝蒙邊界至寧夏橫城，鄂爾多斯右翼中旗（鄂托克
旗）貝勒松阿喇布奏准開放今鄂托克前旗地。「向准臣等於橫城貿易，今乞於定
邊、花馬池、平羅城三處，令諸蒙古就近貿易（則諸蒙古各就近地行商，大為利
便）。又（去歲貝勒汪舒克公杜棱及我眾蒙古等奏請）邊外<u>車林他拉、蘇海、阿
魯</u>等處，乞發邊內漢人，與蒙古人一同耕種（皆漢人、蒙古皆有利益。命問之漢
人再諭。今當耕種之時，謹奏請旨）。上命大學士、戶部及理藩院會同議奏。尋
議覆，應俱如所請，令貝勒松阿喇布等及地方官，各自約束其人，勿致爭鬥。得
旨，依議，如後倘有爭鬥，蒙古欺凌漢人之事，即令停止。」〔註80〕分析地名，
此時的開墾地段「車林他拉、蘇海、阿魯等處」，是康熙二十一年（1682年）所
奏的暫行放牧的地段，字面上雖不在禁留地範圍內，但從後來的文獻看，這些地
區事實上也包括禁留地，即諸多文獻中記載的「開墾之始也」〔註81〕。從這裡，
我們能夠看出，在康熙三十五年，鄂爾多斯六旗全部奏請開放禁留地，但是未許。
而此次欣然應允，主要原因是：康熙和諸大臣剛剛路過延綏，在此期間困苦不堪，
加之松阿喇布侍駕殷勤，純屬康熙和大臣的喜樂而為（後文詳述）。同年，六、
七月間，時任榆林道官員的佟沛年認為，「議<u>以榆神府懷各邊牆外地土饒廣，可
令百姓開墾耕種</u>，以補內地之不足。詔准行之。是年秋，星使至榆林，會勘於各
邊牆外，展界石五十里，得沙灘田數千頃」，同時，沛年還開鑿了榆林城北的紅
石峽石渠，引榆溪水溉田〔註82〕。

〔註78〕《清世宗實錄》卷41，雍正四年二月乙亥。
〔註79〕《清世宗實錄》卷75，雍正六年十一月壬戌。
〔註80〕《清聖祖實錄》卷181，康熙三十六年三月乙亥。括號內文字為《親征平定朔
　　　　漢方略》卷37的內容，見溫達等撰：《西藏學漢文文獻叢刊》第4輯，中國
　　　　藏學出版社，1994年。
〔註81〕道光《榆林府志》卷3，《建置志・上・附邊界》。
〔註82〕道光《榆林府志》卷26名宦志。民國《榆林縣鄉土志》之《政績錄・興利》
　　　　錄該條。

　　從上面兩則史料看出松阿喇布所奏請的不僅僅是「車林他拉、蘇海、阿魯等處」，而是陝北長城外沿線所有的地段。允許耕種的地段包括所有的禁留地以及禁留地外的部份土地。此時康熙皇帝對蒙漢開墾禁留地的態度是謹愼的、嘗試性的。他更注意的是蒙漢交界的治安，「日後倘有爭鬥、蒙古欺凌漢人之事，即令停止」。所以，此時禁留地開墾屬於「暫借」性質，朝廷仍擁有禁留地實質的土地所有權。

　　康熙五十八年（1719年），貝勒達錫卜坦（時為鄂托克札薩克）因隨著民人北進，「民人有出口墾種者，由地方官查明人數，照例給票照，准令春季出口，秋收後照例查點進口，不准擅留口外過多」，但是「耕種之地不曾定界」，「內地民人有越界前去種地者，蒙古之眾隨意收取地租，致起爭端」，請求定界。康熙皇帝於是命侍郎拉都渾踏勘，「即於五十里界內，有沙者，以三十里立界；無沙者，以二十里為界；界內之地准人民租種，每牛一犋準蒙古徵粟一石、草四束，折銀五錢四分」〔註83〕此次勘界第一次勘定了陝蒙農墾範圍，即長城外二三十里的地方允許農墾。從這裡我們可以看出，康熙三十六年開始放墾的土地只是採取出票出關耕種形式按牛犋收租，主要出在禁留地範圍內，但是沒有固定的地點。雖然不能排除蒙旗也隨之進入禁留地放牧，但是可以肯定的是，由於蒙古私自招租等原因，有部份漢民已經突破了禁留地，進入蒙旗地界，於是蒙漢矛盾增多。這也是達錫卜坦請求定界的原因。

　　康熙六十一年（1722），為了便捷處理神木、榆林等處的蒙古事務，將寧夏理事官二員中選一人分駐神木〔註84〕。從一個側面說明，延綏鎮東、中路即「榆、神、府、懷」的「大邊」外民墾激增，致使漢蒙矛盾增多。

5.1.2　清中期農墾的發展及夥盤地的拓展

1、榆林府的設立及夥盤地權屬確定

　　雍正二年（1724年），「今除邊衛、無州縣可歸、與漕運之衛所、民軍各有徭役，仍舊分隸外。其餘內地所有衛所、悉令歸併州縣。」〔註85〕作為邊衛的榆林衛及近邊36城堡仍然沒有改屬內地。這固然有防範蒙古的現實原

〔註83〕《鄂爾泰檔》、道光《榆林府志》卷3「建置志上・疆界附邊界」，《馬爾泰檔1》、《馬爾泰檔2》、《班第檔》、都有相類似的記載。
〔註84〕《清會典事例》卷976《理藩院・設官》。乾隆《理藩院則例》，《錄勳清史司上・設官》，第19頁。
〔註85〕《清世宗實錄》卷19，雍正二年閏四月甲申。

因，但是對屯民而言，軍管相對於縣管自然嚴苛很多，「榆林宜改衞爲縣，靖邊亦宜改爲縣。今榆林轄十堡，無文官主之，而一切皆決於守備、千總，魚肉小民，枉法受賕，嚴刑以逞，去延安府七八百里，雖有冤抑不得上達，太守亦不得過而問焉。若改設文吏，雖至貪之縣官，亦勝於武夫，況太守可以持其短長，有所稟畏」〔註86〕。民意進而推動起榆林衞改屬內地的進程，同年十一月，「裁陝西潼關、榆林、靖邊等衞所守備、千總、及教職等缺。移華陰縣縣丞駐潼關。各衞所錢糧、歸併附近州縣管理。」〔註87〕之後，延綏鎮所管近邊城堡及榆林衞不斷調整，直至雍正八年（1730年），裁榆林衞設榆林府〔註88〕，榆林內地化進程初步完成〔註89〕。

雍正八年（1730年），理藩院以禁留地爲中國土地，要求收回蒙旗的收租權。理藩院尙書特古忒奏，邊牆外「五十里禁留之地，何得蒙古收租？奏請收賦，廷議准行！」〔註90〕《馬爾泰檔1》、《馬爾泰檔2》和《淸實錄》中記載與之相同：《馬爾泰檔2》多處記載：先是雍正八年（1730年），議政大臣議覆理藩院條奏：「口外五十里原係禁留之地，蒙古何得收取地租？委地方大員會同夷漢衙門，仍插立五十里定界折徵糧草」〔註91〕。《淸實錄》記載更爲詳細：雍正九年九月，雍正諭：「寧夏橫城口、及黃甫川邊外閒地，與鄂爾多斯接壤。內地民人、越界耕種，而蒙古等私索租價。每至生事互爭，經該部堂官奏請，照例定界。朕遂降上日（有誤，疑爲：「下昭」）：交與該督撫確查定議。今據該地方官、派員與鄂爾多斯之札薩克等會勘，請照原定之例分界。經大學士議政大臣

〔註86〕　汪景琪：《讀書堂西征隨筆》，《榆林三廳》，上海書店，1984年。

〔註87〕　《淸世宗實錄》卷26，雍正二年十月壬子、乙丑；卷50，雍正四年十一月癸丑；卷79，雍正七年三月乙卯，卷116，雍正十年三月丙寅。

〔註88〕　《淸世宗實錄》卷100，雍正八年十一月壬午。

〔註89〕　延綏鎮內地化在乾隆時期仍繼續深化。雍正十三年，「陝西巡撫碩色奏，榆林府屬之靖邊定邊二縣，距府六七百里，距省千九百餘里，請改隸延安府管轄，榆林一府，僅轄榆林懷遠二縣，請將直隸葭州，及葭州所屬之神木府谷二縣，歸榆林府管轄，無庸更設直隸州，惟向隸葭州之吳堡，地在葭州之南，距榆林稍遠，請就近歸直隸綏德州管轄，下部行之」（《淸高宗實錄》卷2，雍正十三年九月戊申）；乾隆六年，「戶部議准陝西進撫張楷奏、綏德、米脂、分隸榆林衞地畝。即在榆林縣城內外。離綏德二百五十里。離米脂一百七十里。納糧不便。請統歸榆林管理。從之」（《淸高宗實錄》卷137，乾隆六年二月壬戌）。

〔註90〕　乾隆《靖邊縣志》卷1「中外和耕」。

〔註91〕　《署川陝總督馬爾泰揭請酌定榆林邊境民人種地收租事宜並越界私墾治罪之例》，乾隆八年六月二十六日之四，《明淸檔案》A123-94。

等、議覆准行。……若照廷議立界，俾民人蒙古、各守疆址，彼此無爭，揆之
事勢，似屬有益……。」〔註92〕雍正十年（1732年），「鄂爾多斯地方荒旱，世
宗憲皇帝特頒諭旨，照侍郎拉都渾酌定二十里舊界，仍令給租」〔註93〕。

　　從上面的文獻看，雍正八年至九年間，雍正皇帝及大臣們都認為，禁留
地是內地的土地，通過劃新界五十里，確定蒙漢土地的範圍，將禁留地的所
有權變成農民土地所有權。這一點與上文雍正四至六年（1726～1728年）朝
廷劃定寧蒙交界的禁留地——察漢托灰地段一樣，通過劃界，將察漢托輝地
段由原來的朝廷的實際所有權變成農民實際土地所有權，何其相似。正因為
是朝廷認為禁留地是朝廷的，所以蒙旗不能收租；也正是朝廷認為五十里禁
留地是朝廷的，所以才將夥盤地的範圍擴展到五十里。隨後，由於蒙旗發生
饑荒，雍正帝才重新讓蒙旗獲得收租權，但是將夥盤地的範圍又回撤到康熙
五十八年「二三十里」舊界。可見，朝廷對禁留地所有權把控之嚴，對蒙古
防範之嚴，對收租權控制之嚴。

　　乾隆元年至乾隆七年期間（1736～1742年），禁留地土地使用權仍屬於農
民個人私有。「乾隆元年，和碩莊親王議准總兵米國正條奏蒙古情願招民人越
界種地收租取利者，聽其自便」〔註94〕。事實上，米國正的奏摺中還有定邊
界問題，即按照雍正九年（1731年）各大臣議定的「新界」——邊牆外五十
里設定邊界。《馬爾泰檔2》也予以記載：「乾隆元年（1736年），莊親王議覆
米國正條奏邊界照議設立，民人越界種地，蒙古情願收租取利者，聽其自便
各等因在案。」可見，雍正十年（1732年）至乾隆元年（1736年）間，舊界
至新界之間，法定上是不允許民人耕種的。僅是民人「越界」私墾過多，米
國正方重新要求按照雍正九年（1731年）新界定界，並規定舊界至新界之間
的賦稅問題，使越界私墾合法化。對此，《清實錄》予以記載：乾隆元年（1736
年），和碩莊親王議覆延綏總兵米國正條奏，「榆林、神木等處邊口，越種蒙
古餘閒套地，約三四千頃，歲得糧十萬石。邊民獲糧，蒙古得租，彼此兩便，
事屬可行。其強種勒索者禁止。應如所請。從之」〔註95〕。我們通過以上史

〔註92〕《清世宗實錄》卷110，雍正九年九月乙丑。
〔註93〕《署川陝總督馬爾泰揭請酌定榆林邊境民人種地收租事宜並越界私墾治罪之
　　　　例》，乾隆八年六月二十六日之四，《明清檔案》A123-94。
〔註94〕道光《榆林府志》卷3「建置志・上・附邊界」。乾隆《靖邊縣志》卷1「中
　　　　外和耕」也有此條，較略。
〔註95〕《清高宗實錄》卷15，乾隆元年三月丁巳。

實，我們可以確知：

第一，朝廷確定了康熙五十八年「二三十里」舊界的收租權。雍正十年（1732 年）雍正皇帝迫於蒙旗災荒暫時將舊界的收租權重新給予蒙旗，到此時已經完全固定爲蒙旗的收租權，而非「暫給」性質了。第二，對舊界至雍正「五十里」新界之間的私墾的土地合法化，主要原因是基於「蒙漢兩利」的經濟原因。第三，加強對「二三十里」舊界範圍內的農民土地所有權的保護。第四，朝廷上下對舊界至新界之間土地所有權，甚至是整個禁留地的土地所有權處於沒有明確的認識。一方面米國正、和碩莊親王等朝廷官員保護舊界內農民土地所有權以及蒙旗的收租權；一方面又認爲蒙漢私墾舊界至新界的土地，屬於「越種蒙古餘閒套地」，該段土地是蒙古的，而非朝廷所有或農民個人實際所有。結合乾隆四、五年（1739～1740 年）伊克昭盟七旗劃界的並呈報給理藩院的地圖中（圖 4-1），蒙旗南界均以「邊牆」爲界〔註96〕這一事實，我們發現朝廷上下對禁留地所有權認識問題十分混亂。此時，榆林地方官需要的是漢民的開墾利益，朝廷上下關注的重點仍是蒙漢的經濟利益。究其緣由，估計與乾隆皇帝「天下一統，蒙漢一家」的觀念有關。這一點，上文已經論述過，乾隆五十一年（1786 年）乾隆帝追議察罕托灰蒙漢劃界的評價：「內地之鄉里小民，貪得便宜，控爭阡陌，無關緊要。而總兵范時捷張大其詞，形諸章疏，遂若有越界爭占之事」，「我朝中外一家，蒙古各札薩克，俱爲臣僕，效悃抒忱，歷有年所。」〔註97〕

乾隆七、八年（1742～1743 年）陝蒙劃界，蒙旗正式獲得禁留地所有權。上文已言，這一段歷史，《馬爾泰檔 1》和《班第檔》以及陝西現存事實對此都予以了相同的記載，下文僅就當時對禁留地所有權問題進行論述。由於農民越出舊界私墾較遠，深入了蒙旗腹地，蒙旗游牧地狹窄等原因，蒙旗提出以康熙五十八年「二三十里」舊界爲限，收縮民人，「以民人種地越出界外，游牧窄狹等情，呈報理藩院，行文川陝總督，飭司核議，覆奏」〔註98〕。當時馬爾泰、陝西地方等官員要求以雍正「五十里」新界爲界，按新、舊界分

〔註96〕〔日〕田清波：《關於鄂爾多斯蒙古七旗地圖》；《神木理事司員劉智、巴雅爾、伊克昭盟盟長齊旺班珠爾等爲勘界存檔之事札札薩克協理臺宙札布、華興文》（乾隆五年十二月十五日 p4～6）；《理藩院爲勘定鄂爾多斯七旗地界札飭伊克昭盟長文》（乾隆六年二月十二日 p123～131）。

〔註97〕《清高宗實錄》卷1252，乾隆五十一年四月丙申。

〔註98〕道光《神木縣志》卷2《輿地下·蒙地》，卷3《建制上·疆域附牌界》。

段收租，他們的理由在《馬爾泰檔2》中記載得十分詳細，因關乎禁留地土地所有權，筆者詳細摘錄主要論述：

> 「查榆林一帶邊外五十里，原爲中國禁留之地，本非鄂爾多斯游牧之所。」

> 「查原定之界即侍郎拉都渾所定二十里、三十里之界限，其所稱界內、界外，均在五十里禁留地內。原係中國版圖，暫借蒙古游牧，恩給地租，今若將二十里、三十里之外種地民人盡行收回，此數萬窮民必致失所。而界內又焉有殷寔之家，得將餘地分給。況以中國禁留暫借之地，永棄爲蒙古游牧之場，寔於體統攸關，殊覺未宜，似應照舊二十里、三十里以外五十里以內仍聽民人耕種。」

> 「至於蒙古等遷移游牧河套地方，寬綽有餘，即在雍正六年未出大兵以前鄂爾多斯之駝馬牛羊滋生繁衍，未聞游牧窄狹，自出兵之後，屢次採買牲畜，不下百萬，滋生未必過前，豈反有牧放不敷之慮，不過藉詞驅逐以爲加租之計耳，惟是加租之處，尤宜區別。」

> 「查二十里三十里之界內，原係蒙古不得游牧，寔同內地，又墾種多年，已成瘠薄。……至若禁留五十里之外，本爲蒙古之地，從前不無越界耕種者，皆由漢人覬覦沃壤，夷目勾引私肥以致該王札薩克等，有其地而不得其利，心不能平。」

> 「查榆林一帶向來邊外五十里以內皆係禁留之地，並非鄂爾多斯游牧之所，蒙聖祖仁皇帝恩允所請暫行借給」。

從上文馬爾泰、陝西地方等官員對禁留地劃界的理由看：

一是五十里禁留地是內地的土地，後來暫借給蒙古收租，不能將禁留地劃給蒙古，此關於國體。其中，「二三十里」舊界「原係蒙古不得游牧，寔同內地」，農民已經獲得了土地所有權。

二是五十里禁留地外是蒙古的放牧地，「本爲蒙古之地」，一律禁止開墾。

三是蒙旗以游牧地過於狹窄爲由要求以「二三十里」舊界劃界理由不充分。「游牧地過於狹窄」這個理由僅是蒙旗「藉詞驅逐以爲加租之計耳」；「五十里」之外的土地，蒙旗下層官員與漢民私墾，札薩克王公「有其地而不得其利，心不能平」。

四是舊界「墾種多年，已成瘠薄」，於是農民擴界至「五十里」新界開墾，這是朝廷允許的。舊界至新界內的漢民，不能撤回，否則「數萬窮民必致失

所。而界內又焉有殷寔之家，得將餘地分給？」

可見，馬爾泰、陝西地方等官員堅決認為禁留地是朝廷的土地，絕非蒙古土地；而且，舊界範圍內土地，農民已經擁有土地所有權。

因為事體重大，朝廷派出理藩院尚書班第、川陝總督慶復與榆林地方官員去蒙地與蒙旗官員協商，最後達成《永遠租地章程》，乾隆對此予以批准，「依議。欽此」。章程事實上確認了禁留地蒙旗所有制。《班第檔》對此也記載得十分詳細，上文已經有所論述。

2、榆林府農墾恢復

（1）榆林府屯地恢復

延綏鎮屯田和民田在清代一直是分立的。「凡地之墾者曰田。田亦曰地。凡田地之別，有民田者，有更名，地有屯田，有灶地，有旗地，有莊田，有恩賞地，有牧地，有監地，有公田，有學田，有賑田，有蘆田，皆丈而實其頃畝之數以書與冊。」〔註99〕在榆林檔案館所藏地契中，有契文：「陝西西安布政使司為遵旨議事奉准戶部諮開，貴州清史司案呈所有本部議覆雲貴中毒（字跡不清），今升大學士郭條奏：凡有均田授受，<u>悉照民田之例報稅</u>，<u>按軍田之例納糧</u>，所有從前私相典當至軍田以准首明，照常稅契，永為己業等因一摺。於雍正十年六月十八日題。本具二十二日奉旨依議欽此。相應抄錄原奏行文陝西巡撫欽遵辦理，可也等因。到院行司……乾隆四十年十月初十日。」〔註100〕從這裡，我們能夠看出，延綏鎮原來的屯田，按照民田來報稅，但是仍按照軍田納糧，徵收制度仍然沒有改變。

陝西所屬各衛原額屯地 89112.82 頃，至道光二十四年（1844 年），實熟並新墾及自首退回共地 39364.15 頃〔註101〕，恢復到原額的 44.2%，較延綏鎮恢復到原額的 9%～10%好得多。其中，《陝西賦役全書・陝西屯總》還專門記載了：乾隆十五年榆林縣開墾地 1.47 頃。〔註102〕

〔註99〕沈師徐、席裕福輯：《皇朝政典類纂》卷1，引《清會典》，文海出版社。
〔註100〕《榆林地契》不分卷，榆林檔案館藏。
〔註101〕雍正《陝西通志》卷24～25，對清順治至雍正十三年陝西布政使司原額民地及開墾情況也有記載，與《賦役全書》相關記載略同：「陝西布政使司所屬原額民地共 389843 頃 77 畝，內除荒並包賠折正永豁沖崩外，實熟地 255306.56 頃。歷年開墾地 1867.806 頃。外新收續收勳田等項共地 431.39 頃。額外清丈自首開墾河灘、沙淤、溝坡共地 1123.18 頃。除沖決並荒免外，實在地 802.82 頃。」
〔註102〕《陝西賦役全書》《陝西屯總》，道光二十四年編，轉引自《清代土地開墾史》。

現存榆林地區的各縣縣志也是這樣記載的。乾隆《府谷縣志》這樣說：劃歸府谷的皇甫川等「五堡糜糧皆係定額，並無此堡開推彼堡接收之例，故過撥只在本堡，其徵收時之考核較民糧為易焉。又查賦役全書開載糜糧即屯衛，今此項地畝坐落皆傍邊牆，亦係四里百姓耕種，輸糧非若他屬屯衛之另有軍籍戶口也，每年徵收錢糧分設糜總十數人專理督催」、「原額上等糜地每畝科折色糧二升；中等糜地科折色糧一升五合」。〔註103〕神木縣「民地之外即有所糜屯，更屬無幾。至糜地之傍縣城、永興堡邊牆者，猶歸營中租種納銀，遂舊制也。民地原額……；糜地原額……，乾隆二十七年……，接受葭州高家堡糜地五十四頃二十五畝五分……；屯地，原額無，乾隆二十七年……內接受高家堡屯地一十五頃八十一畝五分。」〔註104〕乾隆《懷遠縣志‧賦役》：懷遠縣「有綏德衛、榆林衛、延安衛、（城堡）糜糧、（界石迤北）增糧、養廉等項之分」，同時還分門別類講到三衛各自屯地、5 堡糜糧及養廉地。而嘉慶《定邊縣志‧田賦志》記載了雍正九年（1731 年）設立定邊縣接受土地的情況「榆林衛原額屯地……；原額糜地……」，將屯地和糜地分門別類。

可見，雖然清朝將延綏鎮的屯丁變為屯民，但是屯地和民地始終是分立的，屯地的徵收制度、賦稅一直仍舊。清朝還專門對屯地數量及徵收分別載冊，是為《賦役全書》。下文中，筆者以雍正十三年（1735 年）修的《陝西通志》及道光二十四年（1844 年）成書的《陝西省二十七府州縣屯衛賦役全書》，輔以縣志、府志等對原延綏鎮屯地的發展進行分析。

表 5-1　雍正五年（1727 年）榆林府屯地及本色糧草徵收情況

屯　地	畝數（頃）	實徵銀	本色糧（石）	本色草（束）
歷年開墾地	182.536	——	300.893（該徵）	218
邊牆外原報新增實熟地〔註105〕	3.3	——	7.9	10

　　　　該書即上文道光《陝西省二十七府州縣屯衛賦役全書》，但筆者對除延綏鎮屯地進行深入研究外，其他衛屯和整個陝西的屯衛整體情況，直接摘錄《清代土地開墾史》。

〔註103〕乾隆《府谷縣志》卷2《田賦》。

〔註104〕道光《神木縣志》卷4《建制下‧地畝》。

〔註105〕位於響水、波羅、清平、龍州、靖邊各營堡，屬於今橫山縣綏德衛屯牆外，開墾時間為順治十二至十三年。參見《延綏巡撫馮聖兆題報延屬拖欠本折屯糧已完續各數》（順治十三年十一月十五日），《明清檔案》A29-86。

原額糜地新開墾地	640.928	614.578		
額外延綏等處養廉地	22.3	34.74		
接收饒陽等處新開墾地	10.2	3.06	10.29	
總計	859.264			

資料來源：雍正《陝西通志》卷37～38《屯運》等

表5-2　清初至道光中期原延綏鎮屯地復墾數

（單位：頃）

府州縣	各項地畝	原　額	除荒並節年開墾	實　熟	人丁（名）
榆林府	府屬原額共屯、糜餘地	6999.81215	298.765	1726.60	順治10年225；康熙元年至50年間新收571；又至乾隆36年編出105
	東路9城堡城堡糜糧地	711.2487	86.82	798.0687	
	高家堡糜、屯地	59.952	略	15.815	
	中路城堡糜穀地	549.15326	73.016	396.2098	
	延鎮養廉地	8.80	略	8.80	
	榆林城南及西門邊塘	──	43.1752	43.1752	
	榆林衛沙草灣養廉地	──	2.20	2.20	
總計				2990.96845	實在 364
延安衛	原額屯糜地	41699.193	295.615	2555.7877	順10年342，康熙元年至50年增351，又至乾隆36年新增80
	安邊堡養廉地	31.20	──	13.40	
	饒陽水堡	──	10.20	10.20	
總計				2579.3877	實在 528
葭州	建安葭州二堡	81.06	──	81.06	
	綏德衛方連百戶	78.70	──	24.60	
總計				105.66	
綏德州	原額綏德衛腹裏山坡下等地	1719.60	略	579.54634	順治10年有69；後編新收98，至乾隆36新增42
	接收綏德衛	1535.8986	略	518.02654	
總計				1097.57288	實在 123

資料來源：乾隆《府谷縣志・地畝》、道光《神木縣志・地畝》、道光《陝西省二十七府州縣屯衛賦役全書》等

表 5-3 清初至道光中期原延綏鎮屯地分縣復墾數

（單位：頃）

府州縣	各項地畝	原　額	除荒並節年開墾	實　熟	人丁（名）
府谷	5 堡城堡糜穀地	499.6282	82.82	586.4482	
神木縣	神木堡 4 堡城堡糜穀地	130.5555	——	184.7605	
	葭州轉高家堡屯地	54.205	——		
	高家堡城堡糜地	50.962	——	15.815	
	總計			200.5755	
榆林縣	榆林縣接收綏德衛	2710.80	——	864.8385	順治 10 年 153，康熙元年至 40 年新編 339，又至乾隆 36 年編審 85
	綏德衛界北新增屯地	165.32	略	78.05	
	邊牆外新增實熟地	——	3.30	3.30	
	雙山堡界北新增屯地	32.60	略	4.40	
	綏德改歸榆林衛屯地	260		63.625	
	米脂縣改歸榆林衛	16.363	略	159.8518	
	榆林衛沙草灣養廉地	2.20	略		
	榆林衛原額城堡糜地	287.42186	略		
	響水堡荒地	——	3.70		
	葭州改歸建安堡	26.88	略	26.88	
	養廉地	6.40	略	6.40	
	榆林城南及西門自首地	——	43.1752	43.1752	
	總計			1331.81675	實在 224
懷遠縣	五堡城堡糜穀地	270.728466	略	236.358	順治 10 年 72，康熙元年至 50 年新編出 232，又至乾隆 36 年新編 19
	接收綏德衛屯地	2205.60	略	482.3	
	響水 4 堡界北新增屯地	209.11	略	73.92	
	清平堡界北新增屯地	51.365	略	12.865	
	清平堡接榆林衛屯地	1185	略	29.295	
	接收延安衛屯地	97.60	略	11.56	
	延綏鎮養廉地	2.50	——	2.50	
	總計			847.528	實在 140

靖邊縣	接收榆林衛屯地	10867.11	略	290.09	順治 10 年 26，康熙元年至 50 年新增 76，至乾隆 36 新增 35
	龍州、靖邊 2 堡界北新增	443.79	略	40.06	
	鎮靖堡南關夾道	5.50	略	2.44	
	續報界石迤北新增	58.63	────	────	
	城堡糜穀地、餘地	903.2573	略	75.81	
	接收延安衛屯地	1423.84	略	81.93	
	接收膚施縣改隸延安衛實熟	────	────	0.14	
	總計			490.48298	實在 92
定邊縣	接收榆林衛屯地	23805.18	略	1708.671	順治 10 年 195，康熙元年至 50 年新增 109，至乾隆 36 年 15
	原額城堡糜穀地、餘地	2604.95	略	176.10	
	安邊堡外養廉地	31.20	略	13.40	
	開墾饒陽水堡無主荒地	────	10.20	10.20	
	合計			1909.378	實在 293
清澗	接收綏德衛腹裏屯地	81.804	略	27.268	實在 4
米脂	接收綏德衛腹裏屯地	101.9034	略	33.9678	
	綏德州改隸綏德衛屯地	0.82	略	0.284	
	總計			34.2518	實在 9
綏德州屬	接收綏德衛	1535.8986	略	518.02654	實在 110
膚施	接收延安衛腹裏屯地	1551.22	略	162.7288491	實在 140
宜川	改隸膚施延安衛屯地	140.64729	略	16.382929	實在 5
保安	接收膚施縣改隸延安衛	1.41783	略	1.41783	實在 2

資料來源：乾隆《府谷縣志・地畝》、道光《神木縣志・地畝》、道光《陝西省二十七府州縣屯衛賦役全書》等

　　上章中，我們對明萬曆除荒後延綏鎮的軍墾地進行了系統分類，統計城堡糜穀地、餘地、屯地等名目的軍墾地共計 58221.82 頃，清初至雍正末年復墾 859.264 頃，復墾率為 1.4%，顯然，上文中康熙十二年根據《延綏鎮志》榆林衛、部份城堡的糜穀地得出的復墾率為 5% 的數據偏高。從表 5-1、5-2、5-3 中我們得知，直到道光二十四（1844 年）年原延綏鎮軍墾地總和為 6773.59 頃，復墾率為 11.63%。

（2）榆林府民地的恢復

整個清代，陝西民地、屯地復墾任務較為艱巨。清初至道光二十四年（1844年）《陝西賦役全書・西安布政司》〔註106〕記載陝西民地的復墾情況如下：陝西省西安布政司分轄西安府、延安府、鳳翔府、漢中府、同州府、榆林府、興安府邠州、乾州、商州、鄜州、綏德州。所管轄的民地原額389842.75頃，稅糧1253015.981石，歷年免荒及其他豁免159134.02頃、424340.37石，歷年開墾及徵收26657.08頃、72766.41石，至道光二十四年（1844年）實有民地及稅糧257365.81頃、糧901442.02石，各恢復到原額的66%和72%。其中，在乾隆十二年前，「前墾並興屯及節年開墾清查丈首共地 25006.0081頃，該糧83225.2976石。」在乾隆十二年後至嘉慶年間，共開墾「地4067.2881頃，該糧6998.0726石」，至道光二十四年，歷年開墾、清查、起科等共「地26657.08頃，糧72766.41石」。

延安府及所轄各州縣至雍正末年，原額地和雍正末年復墾及比例列表（表5-4）如下：

表5-4　延安府及所轄州縣清初至雍正末民地復墾情況

延安府及所轄州縣	原額（頃）	實有（頃）	復墾率（%）
延安府	12 858.22	1834.5	14.3
膚施縣	1049.47	122.80	11.7
安塞縣	難以丈量，後清查527.21	133.44	25.3
甘泉縣	3 635.37	208.73	5.7
安定縣	924.47	140.89	15.2
保安縣	322.40	56.56	17.5
宜川縣	2 625.26	360.66	13.7
延川縣	955.02	221.54	23.2
延長縣	2419.02	589.92	24.4
鄜州及屬縣〔註107〕	16 098.43	2 792.63	17.3
綏德州及屬縣	3953.26	1352.658	34.2
葭州及屬縣	2 213.10	1 508.88	68.2

資料來源：雍正《陝西通志》卷24～25

〔註106〕《陝西省民總賦役全書》，《西安布政司》，道光二十四年，轉引自《清代土地開墾史》。

〔註107〕無報墾額，所屬各縣具體數據略，下同。其中鄜州和葭州無報墾額。

　　下文，我們將榆林府屬州縣及相鄰州縣的民地情況進行系統介紹。

　　府谷的民地：乾隆《府谷縣志・田賦》〔註108〕記載：原額一等共地民地共 552.153 頃，乾隆 48 年實熟地 469.0932 頃，道光《榆林府志》〔註109〕記載民糜地實熟地共 1055.54 頃有奇。除去《賦役全書》中的軍墾地 586.4482 頃，民地實熟地 469.0918 頃。可見，在乾隆 48 年至道光 24 年間，府谷縣的民地沒有任何增加。

　　神木縣民地：道光《神木縣志・地畝》〔註110〕載：原額民地 381.30004 頃，糜地和屯地兩種軍墾地總數爲 200.5755 頃，軍墾地和民地共 581.87554 頃。道光《榆林府志》記載：神木縣民屯糜實熟地 527.60 頃。道光《賦役全書》神木縣軍墾地實熟地有 200.5755 頃，那麼，實熟民地 327.02 頃。可見，從清初至道光 24 年，神木縣民地拋荒 54.28 頃。

　　葭州民地：嘉慶《葭州志》記載：原額一等地民地 993.93 頃，歷年拋荒開墾，至嘉慶十年實在地 399.37 畝，改隸方連百戶熟地 24.60〔註111〕，共地 423.97 頃。道光《榆林府志》載：實熟民糜屯地實熟地 428.57 頃，道光《賦役全書》載方連百戶實熟地 24.60 頃，則民地爲 403.97 頃。雖然較嘉慶十年略有增加，復墾率爲 40.6%，遠遠達不到原額。

　　綏德州民地：萬曆年間民地 1233.98 頃，至乾隆 51 年實熟地 486.54 頃〔註112〕；清澗縣舊額民地 1907.68 頃，至道光十年實有民地 575.25 頃，復墾率爲屯地原額 81.80 頃，實有 27.268 頃〔註113〕；米脂縣民地，洪武初原額地 1909.638 頃，土兵免糧及拋荒，至康熙年間實官民地 1194.57 畝〔註114〕。

　　通過表 5-4，結合表 5-1、2、3 及上文榆林府所轄州縣的民地開墾情況，陝西尤其是陝北地區在清代存在著大量的荒地，至道光二十四年，陝西省民地復墾率爲 66%，屯地復墾率爲 44.2%。從現有數據看，陝北延安府至雍正末延安府民地復墾率僅 14.3%，榆林府至道光二十四年，民地復墾率大略爲40%，同期延綏鎮屯地的復墾率爲 10% 左右。在某種程度上，復墾應該成爲整

〔註108〕乾隆《府谷縣志》卷 2《田賦》。
〔註109〕道光《榆林府志》卷 22《食志》。
〔註110〕道光《神木縣志》卷 4《建制下・地畝》
〔註111〕嘉慶《葭州志》卷 5《田賦》。
〔註112〕乾隆《綏德州直隸州志》卷 2《田賦》。
〔註113〕道光《清澗縣志》卷 4《田賦志》。
〔註114〕康熙《米脂縣志》卷 4《田賦志》。

個清代陝北地區的重要任務，外出耕種夥盤地的動力應該很小，尤其是雍正末年前。

（3）清中期榆林屯政收效甚微

在乾隆以前，清政府也極力在陝西推行復墾政策：

第一，陝北甘泉五縣的「折正」賦稅徵收政策。所謂「折正」政策就是將幾畝地折成一畝收租，這樣就能大大減輕農民的負擔。《陝西賦役全書·西安布政司》記載：「於順治十六年、康熙七年膚施、甘泉、延州、宜川、洛川五縣在於秦地折正等事案內奉旨俞允，准令地畝折正，應在前項前墾並興屯及節年開墾清查丈首地內除去虛報溢額地 2416.8042 頃，應除糧 17457.3898 石」〔註115〕。五縣的折正政策，各有不同，其中膚施縣為「依官尺二百四十步計畝，無分荒熟，通融丈量」，「每五畝六分四毫折正一畝」；甘泉縣「每三畝一釐七毫折正一畝」，洛川「照例每八畝四分四釐五毫折正一畝」。折正後稅收也不同，「膚施縣每畝起科，本折糧直至七升四勺八抄零，是與西安之金地同等矣。甘泉縣每畝起科本折糧二升二合二抄零」。〔註116〕而且從現有檔案看，清廷對折正的數目、折正後的稅收等規定得十分詳細，徵稽措施非常嚴格。「為照延屬地土各有定額，全書載『折正』二字，已『折正』幹則壞定賦之日矣。該府及各該州縣身親民事，原係幾畝折為一畝，一查自是明白。年來止照入單見耕熟地納糧，不無隱熟作荒之弊。」〔註117〕

乾隆六年（1741年），陝西省八旗馬場餘地也實行折正政策，「請照陝省瘠地五畝折徵一畝之例徵糧，召民墾種」。〔註118〕陝西貧地各縣折正的標準是不一樣的。大略腹裏統一以五畝折成一畝，這是乾隆六、七年確定的，「遵照乾隆七年題定五畝折徵一畝之例」，在乾隆十三年時，陝西咸寧、吳堡兩縣折

〔註115〕《陝西省民總賦役全書》，《西安布政司》，道光二十四年，轉引自《清代土地開墾史資料彙編》。

〔註116〕《巡撫張綏等地馮聖兆題陝西膚施等縣清出隱匿田畝折正納糧》（順治十四年十二月二十六日），《清代土地開墾史資料彙編》。

〔註117〕《巡撫張綏等地馮聖兆題陝西膚施等縣清出隱匿田畝折正納糧》（順治十四年十二月二十六日），《大學士兼管戶部于敏中題西洛川縣新墾地畝每八畝四分折徵一畝》（乾隆三十九年十二月初一日），《巡撫陝西秦承思題關於報墾給照、磽薄地折算畝額》（乾隆五十六年二月初五日），《戶部抄檔：地丁題本——陝西（四）》。

〔註118〕《巡撫陝西等地張楷題陝省八旗馬廠餘地可墾地畝以五畝折一畝徵糧》（乾隆六年四月二十七日），《戶部抄檔：地丁題本——陝西（四）》。

正徵收〔註119〕。乾隆二十四年，同州府屬之郃陽縣折正〔註120〕；乾隆三十九年，順治、雍正年間已經折正的洛川縣新開民地仍「每八畝四分折徵一畝」〔註121〕。

但是需要說明的是，折正政策僅是賦稅的徵收政策，而與實際復墾沒有多大關係。同時，從折正制度的實施看，需要嚴格的審批程序。從現有史料看，榆林所屬州縣沒有折正。

第二，嚴肅徵稽制度。乾隆六年（1741年），陝西張楷報稱：「除榆林府及興、乾、商、鄜四州並無虛報不實地畝外」，其他府州縣的隱匿土地一一查清，延安府僅有安定縣「開除雍正七年自首不實民地共二頃四畝六分」〔註122〕；乾隆三十年，查出陝西狄道州里民人隱匿開墾未報的土地不到二頃，其他的「地畝糧銀數目墾戶花名並督墾各官職名造冊，覆查無異」〔註123〕。從這裡看，乾隆年間之後加強了復墾土地的徵稽，但是榆林府沒有發生過隱匿不報事件，延安府也很少。

第三，鼓勵墾荒政策。實際上，從清初至乾隆初期，清朝政府一直在陝西推行墾荒政策並嚴查墾荒後的地畝。乾隆五年（1740年）諭：「凡邊省內地零星地土可以開墾者，嗣後悉聽該地民夷墾種，免其升科，並嚴禁豪強首告爭奪。……其在何等以上仍令照例升科，何等以下免升科之處，各省督撫悉心定議具奏。」〔註124〕乾隆六年戶部覆准：「陝省無主荒地，設法勸墾，宥爲插標招墾，給照爲業；俟升科之年，核明等則，酌定糧額題報。若本地人力無餘，准令鄰近無業之人承墾，給照之後，即編入土著保甲之內，令該籬保長等稽查。再，地廣民稠，若不定以額數，易啓包占之弊。其平衍易收之地，每一壯丁，定以五十畝爲率；山岡沙石難收之地，每一壯丁定以百畝爲率。

〔註119〕《戶部尚書陳大受題陝西咸寧等縣開墾磽瘠地畝以五畝折一畝起科》（乾隆十三年十一月十一日），《戶部抄檔：地丁題本——陝西（四）》。

〔註120〕《戶部尚書李元亮題郃陽縣濱河居民開墾灘地折畝升科》（乾隆二十四年九月二十一日），《戶部抄檔：地丁題本——陝西（四）》。

〔註121〕《大學士兼管戶部于敏中題西洛川縣新墾地畝每八畝四分折徵一畝》（乾隆三十九年十二月初一日），《戶部抄檔：地丁題本——陝西（四）》。

〔註122〕《陝西巡撫張楷題陝西雍正末期報墾地畝經覆查豁除不實部份》（乾隆六年二月二十九日），《戶部抄檔：地丁題小——陝西（三）》。

〔註123〕《巡撫陝西等處和其衷題自首墾地升科實例》（乾隆三十年十二月十一日），《戶部抄檔：地丁題小——陝西（四）》。

〔註124〕《吏部尚書訥親等題本》（乾隆六年七月初八日），《戶部抄檔：地丁題本——陝西（四）》。

其父子兄弟，如均係壯丁，再行酌量加增。」〔註125〕

從乾隆六年陝西商州的屯墾安排〔註126〕看，民地復墾有著嚴格的程序和政策，這對研究榆林府屬縣及周圍各縣民地復墾較低的原因有著重要的意義：

在乾隆六年時，地處偏僻的商州有隙地 30000 餘畝可以開墾。但荒地一經墾熟，即有豪強告爭，愚民畏慎爭訟，則預行退縮，是以長年拋棄。令地方官逐一確查，內原係無主及有主而自認無力開墾者，俱開明畝數四至，官為插標招墾。如果無主之地，即給與墾戶為業。如果有主土地，地主情願自墾，限以一年為期；倘一年後仍不能墾，亦官為招墾。招墾之時，地方官即量地之高下，每畝自五分起至三錢止，並頒發戶部執照〔註127〕，等三年之後地果成熟，照原定之價，令墾戶分兩年給還地主，其地永給墾戶為業，不許地主告爭額外索價。

一是凡地形平正，土宜稼穡，可以每歲種植者，該撫請照商州山坡約租種籽之例，每畝科糧三升一合五勺；

二是本地人沒有人力和精力進行墾種的，招鄰近州縣無業之人開墾，並根據數量，編立戶長、什長、保長、總查，以便稽查。平衍易收之地；

三是每一個壯丁耕種五十畝，山岡沙石難收之地，每一個壯丁耕種一百畝，有父子兄弟俱係壯丁者酌量加增。

四是借給牛種、口糧。「雍正七年奉有上諭：勸導開墾，酌借牛種、口糧。今除墾戶有力者令自出資本外，其無力者，酌動公用銀兩及常、社倉穀，每畝借給牛具銀一錢，籽種穀一斗。認地多者亦不得過三兩及三石之數。如在深山，應搭蓋草房者，每戶再借蓋房銀二兩。所借銀穀，於開種之次年起分三年交還。如領借後有逃亡者，著落原保之人賠完。」

〔註125〕光緒《大清會典事例》卷 166，《戶部・田賦・開墾一》。

〔註126〕《吏部尚書訥親等題本》（乾隆六年七月初八日），《戶部抄檔：地丁題本——陝西（四）》。

〔註127〕「乾隆十八年四月二十三日准戶部諮開：嗣後凡民間報墾領照，亦照頒發契尾之例，令布政司刊發執照，編列字號於騎縫處鈐蓋印信，查明應發各州縣，預行鬮鬮，俟墾戶呈報勘明即將業戶姓名、畝分數目、及弓口四至填明照內，子騎縫處對半截開，前幅給業戶收執，後幅同冊詳送藩司查核，照例匯諮題升。其州縣給照之處，永行停止；倘仍有私自濫給，察出查參議處。其墾戶不請司照者即以私墾治罪。」見《巡撫陝西秦承恩題關於報墾給照、磽薄地折算畝額》（乾隆五十六年二月初五日），《戶部抄檔：地丁題本——陝西（四）》。

　　通過乾隆初期商州開墾的安排，我們發現政府對復墾荒地，可謂計劃周密、對復墾的土地的地權保障可謂完備。但是陝西全省以及榆林府直至道光二十四年，民地復墾效果並不明顯。

5.1.3　清後期榆林農業的發展

　　同治年間，陝甘回民暴動。接著，光緒丁戊奇荒，陝北許多州縣在經歷這兩次天災和人禍的打擊後，人口下降幅度顯著，至民國初年仍然沒有恢復。

　　同治四年（1865 年）前，戰火未燒入境內，鄂爾多斯各旗派兵防守邊地，軍費開支較大。之後，回兵沿著鄂爾多斯蒙旗邊緣地帶活動，榆林府軍民遭到洗劫。六年，守邊蒙兵統帶扎那葛爾迪堵截回民東進道路，隨之引發回民報復，戰火延燒到蒙境夥盤地。回軍「馬家拉拉等，率領馬步萬餘，竄陷寧條梁之後」，又向伊克昭盟境內發動進攻，於是「南自依克沙巴爾、北至固爾本柴達木，焚掠殆遍」；位處夥盤地範圍內的重要戰略要地和商貿集散地，如「古城、哈拉寨、十里長灘諸處皆不守，蒙兵不能戰，屢請撤退」〔註 128〕。常駐準格爾旗古城、十里長灘、巴漢圖等地的回軍與黃河對岸包頭、綏遠等對峙並搶掠蒙古。僅烏審旗的一次劫掠就「燒毀房舍五百餘間，虜掠蒙漢人之牲畜六千餘隻」，郡王旗先後摧毀了大小寺廟 27 座，烏審旗札薩克不得不北渡黃河逃避兵荒〔註 129〕。

　　光緒光緒二年至五年（1876～1879 年），冀、魯、豫、晉、陝五省發生了罕見的特大旱災，史稱「光緒丁戊奇荒」。陝西自光緒二年立夏之後，數月乾旱無雨，致使秋季顆粒無收，「糧價騰湧，饑民嗷嗷待哺」，陝北地區「北山旱災以榆林之懷遠、葭州、府谷，綏德之米脂、清澗、吳堡爲重。神木、靖邊本望有秋，又爲嚴霜所侵，次則延安所屬，又次則鄜州，既無存糧，又鮮富戶，此凶災情殊可憫已」〔註 130〕。

　　陝蒙交界地帶人口損失慘重，直到民國初年仍未恢復。「神木自同治七年回匪蹂躪縣城及高家堡兩處，屠戮居民十之八九，存者十之一二，其餘存者亦僅十之五六」，至民國初年，「元氣猶未盡復，較之道咸年間之戶口，尚遠不逮焉」，「生齒猶未見其繁，回匪之荼毒甚矣哉！」〔註 131〕靖邊縣至回民暴

〔註 128〕《清史稿》卷 52《藩部三・鄂爾多斯部》。
〔註 129〕蘇德：《陝甘回民起義期間的伊克昭盟》，《內蒙古師範大學學報》（哲社版），1998 年第 5 期，第 63～68 頁。
〔註 130〕民國《續修陝西省志稿》卷 127《荒政・賑恤》。
〔註 131〕民國《神木縣鄉土志》卷 2《戶口》。

動後的三四十年中，仍是「人煙凋散，往往行一、二十里或三、四十里，崖臺澗谷中偶見一、二人家，多則三、五人家不成村落，並無市鎮，寥寥殘黎，十分可憫」〔註132〕。而道光二十一年（1841）懷遠縣全縣有 13731 戶、89031 人；而民國 18 年，共 13423 戶、74569 人〔註133〕，不升反降了。如「道光咸豐年間，葛家圪坮全莊計三十多戶，同治六年，回軍進貢陝北，村民逃亡一空……又遇光緒三年大旱，全年顆粒無收。光緒四年，死人不斷，本村失戶一半左右，鎮川堡北郊孤魂灘，挖萬人坑，集中掩埋屍體。」〔註134〕

為了籌集軍費、賑濟蒙兵、建築焚燒的寺廟，蒙旗不得不私開夥盤地，但是直到貽谷放墾前，夥盤地仍恢復不到從前。如靖邊縣「所接蒙地沙多土少，草場不往，往往夏月飛霜，水亦絕少，行百數里偶見一水，其味苦城，不能灌田，蒙民漢民均屬奇少。惟現在蒙漢洋人和耕無事。……前因兵荒，人民逃亡，雖經承平年久，而居民甚屬寥落，口裏迭經招墾無人，口外更恐難行」〔註135〕。但無論如何，大規模私墾的大門已經打開，隨著戰爭創傷的恢復，各旗夥盤地又重新發展起來。

5.2　陝蒙交界地區夥盤地的拓展

自乾隆八年（1743 年）陝蒙定界後，夥盤地權屬固定，但是私墾不斷。本節重點研究夥盤地產生後的變遷情況，同時清末貽谷放墾時，事實上並沒有對夥盤地進行放墾。因下節重點介紹貽谷放墾成功的蒙旗土地，所以本節順便對一些未丈放成功的蒙旗土地進行簡略介紹。

本節大量復原了清中後期的口外村莊地名，並結合縣志、府志及相關檔案對各縣夥盤地進行系統分析。本節大量運用《清末內蒙古墾務檔案彙編》（綏遠、察哈爾部份），下文引用時直接用題名、時間及在該書中的頁碼，不再注明書籍，謹此說明。

〔註132〕光緒《靖邊志稿》卷 4《藝文志》。

〔註133〕民國《橫山縣志》卷 2《村莊》。道光中期的數據，道光《榆林府志》、道光《懷遠縣志》都有記載。

〔註134〕《葛氏總譜鎮川葛家圪坮村》，2006 年 7 月據《榆林葛氏族譜》（光緒二十二年五月初五撰）改撰。

〔註135〕〔清〕丁錫奎：《詳報查勘蒙地並繪圖貼說由》，光緒《靖邊志稿》卷 4《藝文志》。

5.2.1　府谷縣、神木縣夥盤地的擴展

1、府谷縣夥盤地

　　府谷縣夥盤地租用的是準格爾旗和郡王旗的蒙地。上文已經言明，準格爾旗在乾隆八年（1743 年）除孤山堡以距長城 20 里劃界外，皇甫堡、清水營堡、木瓜堡以 30 里劃界，而鎮羌堡則以 50 里劃界。乾隆二十七年（1762年）前後，隨著蒙古農業的發展和漢族農業的北移，五堡開始劃定 10 里黑界地。但是 10 里黑界地至嘉慶初便已墾殖殆盡，其中鎮羌堡僅剩下 1～2 里。道光十九年（1839 年），準格爾旗重新劃定黑界地，事實上承認了準格爾旗南界 10 里黑界地被墾殖的事實。新劃定的黑界地寬「10～15 里」，其南界大約爲古城（今府谷縣古城鄉駐地）、堡卜兔溝門（府谷縣趙五家灣後溝門村）、姬家窯子（今址不詳）、塔兒把（塔兒貝，今神木縣大昌汗鄉他壩村）一線。光緒三年（1877 年），此段黑界地事實上已全部放墾，但屬於私墾，不納入本節探討。

表 5-5　清中後期府谷五堡口外夥盤地變化

府谷縣五堡外夥盤地情況（乾隆四十八年 1783 年）						各年份夥盤數（處）			
區位	租種畝數（觔）（旗）	租銀（兩）		租糜（石）		1783	1841	1902前	1909
		兩／觔	場銀	石／觔	總額				
皇甫口外	452（準）	2.5	1131.25	1	452.5	95	94	84	88
清水口外	383（準）	2	767	1	383.5	77	68	76	86
木瓜口外	325（準）	2	651	1	325.5	60	60	71	71
孤山口外	358（準 212，郡 146）	0.54～0.95	206.44	0.3～0.866	186.612	72	75	98〔註136〕	106
鎮羌口外	706（郡）	1～2.5	1110.75	0.5～1.5	623	145	144	86	128
總計	2224		3866.44		1971.112	449	441	413	478

資料來源：乾隆《府谷縣志》卷 3《田賦》；道光《榆林府志》卷 6《村莊》；民國《陝綏劃界紀要》卷 3～8

〔註136〕《陝綏劃界紀要》府谷縣口外「黑界地」中部份村莊是錯誤的，「乾隆八年」放墾 44 村應爲咸豐十年放墾的且以 50 里爲限，「黑界地」中位於 50 里之內的有 36 個，補入該數據。

　　光緒十年（1884年）準旗因災放墾孤山牌界地外的部份黑界地，該地「東西八十餘里，南北十里、五里寬窄不一，除山石水渠之外，可耕之地六百餘𡎺。原有設立封堆，成爲界限，係閒曠牧場，實與游牧無礙。」〔註137〕原來的黑界地的北界稱爲新的黑界地的南界，並正式納入官方允許的夥盤地。但這次開墾範圍不大，僅「八十餘里」。

　　此後，私墾不斷，至貽谷放墾時，續設的黑界地已經墾殖殆盡（見圖5-2，表5-5）。

　　從表5-5中，我們發現從乾隆四十八年（1783年）到貽谷放墾，甚至到民國八年（1919年）共136年內，府谷縣的夥盤地數量變化不大。其中，準格爾旗所屬的夥盤地爲1518𡎺。尤其是道光九年（1829年）、十九年（1839年）郡王旗和準格爾旗先後將夥盤地向北推移了近10里，但是道光二十一年（1841年）夥盤地甚至減少了8個。在光緒三年（1877年）孤山夥盤地北側部份黑界地丈放了600餘𡎺，理應夥盤地有所增加，但是仍減少了28個。而至1909年夥盤地的增加了66個，屬於將夥盤地北側的黑界地全部納入計算的結果，但是增幅也不大。可以說自府谷縣夥盤地開放以來，夥盤地數量並沒有多大的增減。

　　府谷縣在道光二十一年（1841年）四鄉共有452村，夥盤地441村，數量相當。

　　同時，可以發現，孤山堡在乾隆八年劃界時以20里作爲界限的標準是沒有沙子，而相鄰的其他城堡都因有沙擴大種植面積而以距邊30里劃界。但是，其租銀稅率和總額以及租糜稅率和總額，都約是同爲準格爾旗的皇甫、清水、木瓜口外相應款項的20%～25%。從孤山和鎮羌兩堡租種的郡王旗土地看，郡王旗租賦也不低於皇甫口外。可見，從東至西五堡觀察，孤山堡的租賦在此成爲一個低谷。雖然按照乾隆八年定界時，界內「每牛一𡎺，準蒙古徵粟一石，草四束折銀五錢四分」，孤山堡租銀符合這個標準，但租糜（石）確少於這個標準。唯一能夠解釋的原因就是：從康熙五十八年至乾隆四十年，孤山堡口外的地利耗盡，蒙漢議租時，只能降低租賦。

　　貽谷放墾時，夥盤地於光緒二十九年雖經丈量，但事實上並沒有完成；

〔註137〕《綏遠城將軍豐紳光緒十年四月二十六日奏則》，見中國科學院地理科學與資源研究所、中國第一歷史檔案館：《清代奏摺彙編——農業・環境》，商務印書館，2005年8月。

清末丈量完畢，歸入府谷管理。下面簡敘以下府谷縣夥盤地在貽谷放墾時的情況〔註138〕。

第一，夥盤地的位置。夥盤地，又叫「牌界地」或「白界地」，在黑界地南，「原租給民人耕種、邊牆周圍四十里許寬牌栅內地」，具體而言，「東至黃河，西抵郡旗，南至河曲、府谷兩縣之邊牆，北與黑界接壤，東西二百餘里，南北四五十里不等。自康熙年間招內地民人租種」，「牌界數倍於黑界」。

第二，牌界地現實情況。一是「牌界耕種有年，地氣發洩，瘠腴等差亦判若天淵」，地力不濟。二是蒙收地租較低，從康熙年間始至清末相沿未變，「該旗收租爲數甚微，當時每銀一兩折錢八百文，至今不易其數，⋯⋯查蒙人舊租每頃不過數百文」。三是地權複雜，私賣成風，實際地價飆升，蒙古徵收不齊，「此地民人互相售賣，相沿日久，私費不資」，「轉相授受，價亦不貲」。

第三，丈放辦法。一是因「黑界地勢天然分爲五段」，「仍仿黑界地分五段辦理」，按照准格爾墾務情況分段辦理，「以地土人情而論，皆較他處爲難，牌界尤非可以造次」，「先從河曲境內兩段試辦，再以次遞推，期以三年可望有成」。二是因是熟地，不能使用「押荒」名目，而採取「牌照」即契稅，同時「該地向係招有民人承種，應仍準原種原領，另發部照，俾其永世爲業，誠爲安民起見」，如遇到「零星荒地及園地」，則由墾務公司收領，地價出售，除去辦公經費外，歸於蒙旗、府谷或墾務局官用。三是夥盤地內如果存在準旗「公產吃租之戶口地、廟地」，由準旗「按照向日蒙戶吃租之數」給予歲租或經費內撥發。

貽谷據林毓杜所稟開放白界地五條辦法，批示：「所擬辦法數則，具見情形熟悉，籌畫周詳，仰俟諮商晉陝撫部院會奏後，再行酌核辦理。事體重大，且界在兩省邊疆，不能不審愼以圖也。」以後，儘管準格爾旗年年拖欠賠教款，但在貽谷任內再未提及開放白界地一事。

2、準格爾旗黑界地

因爲準旗的黑界地在貽谷放墾期間，因丹丕爾抗墾並未丈放，未納入東勝轄區，故在此略作說明。

〔註138〕《墾務大臣札仰該局派員會同準旗派出交地人員前往該旗寬牌栅內驗明接收具報》（光緒二十九年十一月廿九日　p526）；《墾務大臣據詳查準旗所報地畝未經定局各將前案札知該局即便遵照》（光緒二十九年十二月初九日 p527）；《墾務大臣批林毓杜稟議覆開放準旗牌界地事分別批示附稟》（光緒三十三年四月 p537）。

　　黑界地區位：位於準旗南，南邊與牌界地連界（界牌溝〔註139〕），北與準旗的「游牧地與戶口地」（押林溝）相連，寬7～10里；西邊與水坑博羅鄂博、札薩克、郡王旗連界（討害臺），東到黃河，長210～220里。

　　區內環境：「其地甚多深溝大壑，亂石磴沙」，以古城川（十里長川）至水坑博羅鄂博之地，即府谷縣民耕種的黑界地，「梁峁山坡皆堪耕種，間亦有沙，尚屬無多」；古城川（十里長川）到黃河，即河曲縣民耕種的黑界地，「中間荒沙居多，未能樹藝，然坡溝窪熟地料復不少」。總計準旗黑界地，「墾熟之地約有三四成，計可放地三四千之譜」，黑界地內有「水澆園地一百數十頃，平川陸地百餘頃」。「黑界地畝沙梁地居多」。

　　丈放前地權：「光緒三年間因遭災歉，救養窮苦臺吉人等賠還債累，業將此地開放」〔註140〕，後丹丕爾專權，獨得黑界地租賦，「因黑界地早被丹丕勒盜放，民戶交租於蒙旗，盡為丹丕勒侵蝕，專擅利益已多年」。舉例來說，烏巴什老爺召，「光緒五年重放界地時，該旗貝子賞給該召地畝」，「每年地租十四兩，該召得其半，已革東協理丹丕勒得其半」〔註141〕。可見，丹丕勒實際控制了黑界地。

　　丈量辦法：設局暫分三分局，分段丈量：東局設置在「河曲縣牌記（牌界地）內地之十里長灘，丈放古城川迤東至黃河畔地段」；中局設在「哈拉寨川（皇甫川）黑界地小石拉塔（今哈鎮小石拉塔村）地方」，丈放「古城川迤西至哈拉寨（今哈拉寨）西梁馬海地土焉地段」；西局設在「府谷縣屬牌記（牌界地）內地之沙梁川」，丈放「馬海地土焉迤西至水坑博羅鄂博俗名崔巴子敖包地段」。「凡山河、道路及沙城，不堪耕種之地，丈明後由委員酌量拋除，以免民戶受累」〔註142〕

　　通過這則史料，我們發現，準旗的牌界地（即夥盤地）和黑界地十分清楚，今準格爾旗十里長灘以東是夥盤地；小石塔拉位於黑界地（見圖5-2）。這些點都位於乾隆線（即乾隆末期線）兩側，同時該線上還有「牌界塔」、「牌界五包」等村，這再次證明，筆者對準格爾旗黑界地和夥盤地的研究是正確的。

〔註139〕　《神木廳立剛查明準旗因開墾局派兵嚴拿槍斃人命燒房屋勘明大概情形》（光緒三十一年十二月初四 p1193）。

〔註140〕　《綏遠城將軍堃岫據準旗呈請將黑牌子地租發給該旗並墾轅前墊該旗銀兩是否還清請查核》（宣統三年九月初二 p556）。

〔註141〕　《墾務大臣批准旗分局詳遵飭查明廟地各情形分別批示諮行綏遠將軍查照辦理並札西盟局查照》（光緒三十二年閏四月初九日 p535）。

〔註142〕　《準格爾旗墾務分局謹將卑局示諭放地章程抄呈憲鑒》（光緒三十二年二月初九日 p584）。

　　由於放墾黑界地觸犯了丹丕爾群體的私利，「前此該貝子以旗地報墾，丹丕勒已多所阻撓，迨報及此地，尤所深忌，愚弄貝子，鉗制蒙民，百計敗之，務求中止而後快，及該貝子迫於大義，迫於賠款，卒以此地呈報，既發其復，又奪其利，丹丕勒銜之刺骨，而陰謀詭計無可復施，遂以鋌而走險出之。」〔註143〕丹丕爾群體發動武裝暴動，貽谷被參。

　　需要說明的是，在丈放之初，爲了推動開墾，前任準旗札薩克的兒媳、滿族貴族愛新覺羅氏報墾了「柳青梁地」戶口地，位於「河（清水河）西、旗下一帶」，大概位於今準旗沙圪堵鎮、西營子鄉境內。報稱「兩千頃」，實際「除城廢荒灘，尚不足千頃」。爲此，愛氏受到準旗貴族的追殺威脅，不得已逃回京城並再次報墾。貽谷爲了穩住準旗局勢，「命婦原租出之地，地租仍歸其自收」。

　　另外，準格爾旗內有郡王旗借牧的「阿吉爾瑪、石灰等處地畝」〔註144〕。該地自乾隆年間始借，供郡旗「三百餘戶臺吉閒散人等」游牧。長60餘里，寬10～20里不等，「梁地、溝地居多，地質則以哈拉沁梁爲上，木多合少納林梁次之，阿吉爾瑪地又次之」，「阿吉爾瑪者，地實非沃壤」，「次如蔓青梁、道勞岱梁等地，則觸目沙蒿」，「如全數開放，除溝渠及沙梁，淨地可得八百餘頃」。郡旗報墾，準旗「且匿其膏腴，滋其軔輔，又託求免放」，由於地權複雜，貽谷免放。

　　總共黑界地放墾了1588.255頃。「準旗黑界地段擬以仁義兩段隸晉，禮智信三段隸陝。」〔註145〕根據排列，筆者認爲府谷管轄的三段地段，大略爲「禮字段」分別對應皇甫川、清水、木瓜三堡口外黑界地。茲列表5-6，圖5-2如下：

〔註143〕《貽谷爲準格爾旗墾務甫經開辦，蒙員聚眾阻撓，攻搶局所，據實奏請嚴懲一摺》（光緒三十一年九月初八日附朱批於九月二十一日由驛遞回原摺，奉朱批：著照所請，該衙門知道p1076）；《丹丕勒臨刑前供單》（光緒三十二年（1906年）正月二十日，「此供是貽谷呈出，與本部調查理藩部供單相符」p1299）。

〔註144〕《墾務大臣札覆準旗貝子等速將阿吉爾瑪等地畝呈報開墾》（光緒三十三年四月初九日p539）。

〔註145〕《山西巡撫諮護理墾務大臣據河曲縣稟稱所有墾地分清界址諮請查照核覆飭遵》（光緒三十四年五月十一日p550）。

表 5-6　宣統元年至三年（1909～1911 年）準格爾旗位於府谷縣口外黑
　　　　界地開墾情況

府谷地段 地段各目	禮字段 皇甫口外	智字段 清水口外	信字段 木瓜口外	小　計	仁義兩段 河曲轄	總　計
放出荒地上則	117.773	22.944	8.146	148.863	75.159	224.058
中則	324.007	207.373	38.82	570.2	205.558	775.758
中下則	0	0	0	0	264.2055	409.709
下則	65.372	154.04	104.817	324.229		178.7255
總計	507.152	384.357	151.783	1043.292		1588.255
撥給香火地	0	0	0	0	33.222 〔註146〕	

注：區內所收銀兩無撥給蒙旗實收數目，即沒有昭廟

資料來源：《陝西府谷縣申大臣塾具申陝西省府谷縣荒價收入各款統計表》（宣統三年
　　　　　五月初四日報）；《墾務調查局謹將調查準格爾丈放地畝並徵收各款及報解
　　　　　銀兩數目開折呈核》（宣統元年三月十七日），《清末內蒙古墾務檔案彙編
　　　　　（綏遠、察哈爾部份）》，第 551～555 頁；貽谷《蒙墾供狀》（照抄法部訊
　　　　　本　光緒三十四年十二月初四日發），《蒙墾續供》，等

　　貽谷放墾準格爾的 1588.255 頃，現存史料都相同。在伊克昭盟七旗，貽
谷「約略放地一萬五六千頃」，靠近陝西的五旗，「均係旱地，非渠地。渠地
只有杭、達兩旗耳」〔註147〕。可見，府谷外的黑界地占其放墾黑界地總額的
65.7%，占鄂爾多斯七旗放墾總額的 1%。

　　根據貽谷改定的《準格爾旗放地章程》〔註148〕大概能夠看出：園子地為
上地，即水澆地；平川地畝為中地，沙梁地為下地。通過上表，我們能夠知
道，府谷口外的園子地約是河曲轄黑界地的 2 倍，占府谷口外三個地段全部
地畝總額的 14.3%，占整個黑界地的 9.4%。這與上文中府谷、河曲兩縣口外

〔註146〕香火地共計 33.222 頃，其中「仁」字段共有 3 廟淨地 10.772 頃，「義」字段
　　　　布爾噶圖阿貴召已耕地超過 7 頃，4 廟共有已耕地 19.5422 頃，可推測布爾噶
　　　　圖阿貴召已耕地 8.7702 頃。
〔註147〕《貽谷供狀》（照抄法部訊本　光緒三十四年十二月初四日發下），《蒙墾續
　　　　供》。
〔註148〕《西盟墾務總局頒發準格爾旗放地章程》（光緒三十二年二月初九日，西盟墾
　　　　務總局頒發準格爾旗放地章程 p584）。

黑界地的地理條件符合。府谷口外的園子地中，皇甫口外最多；而皇甫口外放墾的黑界地占到了府谷口外全部黑界地總額的 50%；而且府谷口外，沙梁地僅有 12.9%。這足夠說明，無論是黑界地，還是夥盤地，主要分佈的區域仍是沿著大河谷兩岸。

可見，民人報地領地的主要地段首先集中在地利比較好的川谷地帶，然後向周圍的山峁地，接著向沙灘地擴展。儘管靠近黃河、擁有皇甫川等大川水利，準旗的黑界地內的沙梁地仍有 588.43 頃占總數的 45.37%。可見，貽谷放墾鄂爾多斯靠近陝北的五縣中，沙梁地至少占全部放墾數的 50%以上。

3、神木縣夥盤地

神木縣夥盤地租用的是準格爾旗、郡王旗和札薩克旗的蒙地，其中後兩旗佔據絕大多數。上文研究得出：在康熙五十八年劃界時，神木縣夥盤地以距邊 20～30 里劃界；在乾隆八年劃界時，以 50 里劃界；到了嘉慶初，夥盤地外 10 里黑界地已被墾殖一部份，僅剩下 1～2 里。這個時期夥盤地的範圍爲：東北界孫家梁、房子溝兩岸、石板太溝村南面小河、至㭶牛川匯合處、孫家岔鎮駐地、喬家火盤及相鄰的排界村和黑界村、肯鐵令河、塔鎮沙溝掌、大保當鎮索令井子村、小保當村南。

札薩克旗於咸豐十年（1860 年）將自己所轄的從今孫家岔的超海梁村至今神木縣大保當鎮的小保當村以北的蒙地放墾，新的北界爲活雞兔溝，爲今陝蒙交界處。

郡王旗在光緒十八年（1892 年）也將烏蘭木倫河以西的、與札薩克旗接壤的土地經官放墾，北界與札薩克旗同。郡王旗在烏蘭木倫河以東、夥盤地北界外的蒙地，雖在光緒初已被私墾，但至民國 9 年後才被放墾。當時，這也激發了陝西官員的反對，「此次勘收郡王旗舊草牌地畝，酌定押荒等則五種水地，每頃洋二百元，約地一百五十頃，其餘旱地每頃定爲三十元者⋯⋯夫以一旗得價，已賣之地無端動以十餘萬元之重利，與之平均享受」〔註149〕。所以，烏蘭木倫河以東的土地、即嘉慶初的夥盤地北界外的蒙地都是私墾的結果。（見圖 5-3，表 5-7）。

〔註149〕《陝北榆橫府神靖定沿邊六縣爭存會呈文》（中華民國十年二月二十二日），《陝綏劃界紀要》。

表 5-7　道光二十一年（1841 年）神木縣關廂及四鄉村莊、夥盤地及夥盤地甲牌統計

縣村莊	縣城關廂	東鄉	南鄉	西鄉	北鄉	合計
	約 198〔註 150〕	138	198	218	124	678
	0	251	0	222	114	587
口外牌甲	區位	甲數	牌數	區位	甲數	牌數
	永興口外	1	4	縣城西路口外	1	4
	縣城東路三塘外	1	4	大柏油口外	1	4
	縣城東中路口外	1	4	柏林堡口外	1	4
	縣城西中路口外	1	4	高家堡口外	1	4

資料來源：道光《神木縣志》卷 4《建制下》；《榆林府志》卷 6《村莊》

通過上表 5-7 和圖 5-3，我們發現，神木縣所轄的夥盤地總數已經接近口內村莊數，尤其以東鄉永興口外最多。永興口外的夥盤地已是口內村莊的 2 倍，這是神木縣口外開墾的重心。

（1）郡王旗轄夥盤地

在貽谷放墾時，札薩克旗和郡王旗先後報墾夥盤地，其中郡王旗夥盤地因地權複雜、欠債較多，故未放墾。按照郡王旗夥盤地放墾情況，以烏蘭木倫河為界，分為兩個地段〔註 151〕：

第一，兩段地整體情況：「東面準格爾界，西面札薩克旗界，此項地東西寬一百餘里，南北長一百六七十里不等」，因為係報部開放，「並非賣與民人」「非私墾可比」。徵收方式是：「按年每犋租銀並秋季所收之糧，差派管事章京辦理，有檔冊」，「因地戶居處散渙，包給民人催收轉交，名曰收頭，該收頭歷向租戶催收，並不令其蒂欠，交納旗下非用茶、布高價抵折，即設詞蒂欠不清，亦有經該管蒙人預借長支，以租抵息，間因地瘠逃租，無主承交者

〔註 150〕鎮城有 3265 戶 39506 口，但未設村。其人口與南鄉 198 村 3218 戶 27267 口最接近，所以用此數代替。同時，道光《榆林府志》將西鄉的 218 村錯抄為 118 村。

〔註 151〕《札薩克郡王為呈報黑牌子地歸入開墾辦理》（光緒三十二年閏四月初八日 p494）；《貽谷批西盟總局轉報郡旗報效黑牌子地分別批示附呈》（光緒三十二年閏四月廿七日 p490）；《姚學鏡稟西盟務總局為報郡王旗黑牌子地係乾隆年官放地取租不易屬收頭舞弊》（光緒三十二年九月十二日）。

均屬有之」。但是「嘉慶年起至今，該處民人等未交常年地租銀糧，當經雖諮催神木同知，民人等更以年久難抗」、「竟成白占」，「實係收頭從中舞弊，設詞蒂欠，非地戶拖欠該旗應取之租也。」

第二，兩段地的具體情況。烏蘭木倫河以東的土地，郡王旗「南面直至神木沙日噶城（永興堡）邊牆」蒙地，「曾於康熙、雍正年間報部兩次，放給民人租種」，「其地東段，南至邊牆，北至展界，東至準旗，西至烏蘭木倫川，山峰大而硬地多，尚不乏可耕之地」，「惟靠近邊牆左近一帶，地近陝邊府谷，耕種多年，地質較優」。該段地靠近府谷地段地質最好，開墾年限較長。烏蘭木倫河以東的土地，「東至烏蘭木倫川，西至札薩克界，南至邊牆，北至新展界，山峰小而沙磧多，無可耕之地」，即以活雞兔溝爲新的界牌。

因地權複雜，貽谷批覆：「著暫緩辦。至收租不易應由該旗自理」。

（2）札薩克旗轄夥盤地

貽谷放墾時，札薩克旗先報烏雞兔溝（活雞兔）以南夥盤地，接著奏報「黑界地迤北地」，即在夥盤地外（牌界外，札薩克旗黑界外寬度約 1～2 里，即下圖 5-9 中的「理」字段）。因爲都是靠近「新牌界」即活雞兔溝，離「舊牌界」較近，墾務局在阿退廟設局。貽谷只放墾了「黑界地迤北地」，並未丈放夥盤地，所以文獻中並沒有放墾的數據。

東勝縣設立，以活雞兔爲界，夥盤地歸陝西神木，「黑界地迤北地」歸東勝（下文詳述），並將「黑界地迤北地」簡稱爲「札薩克旗黑界地」，致使後世學者在未釐清黑界地、夥盤地以及札薩克旗夥盤地寬度很窄（1～2 里）的前提下，誤將「札薩克旗黑界地」當做整個札薩克旗的夥盤地和「黑界地迤北地」。對此，必須加以釐清。具體情況如下〔註152〕：

夥盤地範圍：東界至郡王旗止，西界至烏審旗（喀拉牌柵巴亥布拉克）

〔註152〕《頭等臺吉沙克都爾札布呈札薩克旗報墾長寬百餘里一塊，其餘留作游牧，懇請欽憲體恤貧蒙眾》（光緒二十九年六月二十二日 p558）；《墾務大臣貽谷批據董琨呈札旗報墾地界情形已驗收飭包局隨時詳度次第開辦光緒二十九年八月二十四日；光緒二十九年九月初五日 p561》；《墾務大臣貽谷批伊盟副盟長札薩克旗公沙克都爾札布呈報黑牌子地迤北地一段亦墾開墾札包局派員履勘查照》（光緒三十一年十二月初四日）；《烏審、札薩克墾務分局稟呈勘收札旗呈報黑牌子迤北之地並繪具圖說核轉》（光緒三十二年五月初一日）；《墾務調查局調查札薩克分局丈放地畝及徵收各款並開支報解等項數目清摺》（宣統元年閏二月二十三日 p581）；《烏審、札薩克墾務分局具文申報於四月十五日在阿退廟設局開辦》（光緒三十二年閏四月十五日 p568）等。

止，北界至喀拉牌界（喀拉牌柵達布速克托羅蓋，即活雞圖）止，南界至神木邊牆止。東西寬 70～100 里，南北長 120～150 里。

地理條件：「其間沙山極多，鮮有平壤，所收已墾成熟之地非灘即坡，土脈極次，內惟順乎溝水而成畝者較形沃饒，然皆畸零散落，方向不一，未便遽定畝數」，「而年久租給與民人耕種，成熟之地亦屬不少」。

放墾情況：「前經租給民人耕種，並未收過押荒，又無發給部照」。札旗所有報墾地「分爲兩項，一曰下地，一曰沙城下地」，姚學鏡再三詳請「將沙城下地押荒銀，每畝仍按一錢徵收，其常年歲租應予減免」，最後貽谷同意：「俟三年後查看情形再議徵租。」至宣統元年（1909 年）閏二月的調查：「南邊牆熟地曾派委員董珉勘收，迄今仍屬畫餅。」所以在貽谷任內並未丈量。民國時，這些夥盤地歸陝西管轄，「其如民之不便，何況清末時貽欽差奉旨開墾山陝，會辦委員履勘議定，以活雞兔爲鴻溝，北歸東勝，南歸神木，事經入奏，有案可稽」〔註 153〕。

5.2.2 榆林縣、懷遠縣夥盤地的拓展

1、榆林縣與懷遠縣的夥盤地

榆林縣與懷遠縣的夥盤地都是烏審旗蒙地。烏審旗土地沙化嚴重，「還有許多灌木（紅柳），烏審旗爲最多，該旗的沙丘中間，遍地皆是。又有一種所謂沙蒿隨處皆生……夏日遙望，遠地草原均爲黛色，那便是沙蒿的蔓生。」〔註 154〕因關於榆林縣夥盤地的資料較少，所以重點研究懷遠縣夥盤地。需要說明的是，道光二十一年，榆林縣口內四鄉共 574 村，而僅在雙山堡口外有 8 個夥盤地〔註 155〕。（見圖 5-4）。

烏審旗在乾隆八年劃界時，以實際耕種面積計算，即分舊界和實際耕種的新界。因爲當時越界不遠，所以可以以距邊 30 里的距離來衡量（見圖 5-4、表 5-8）。道光十八年（1838 年），烏審旗放墾 10 里黑界地，重新設立了 10 里黑界地。之後屢經丈放，在同治十一年（1872 年）前，烏審旗因債私放，雖然至光緒四年（1878 年）債務還清，當時民人卻無法驅逐。在光緒中期，烏審旗郡王捐官、享樂，欠下漢民債務無法還清，私賣抵債現象層出不窮，所

〔註 153〕《署神木縣知事李榮慶文》（民國八年六月五日），《陝綏劃界既要》。
〔註 154〕《伊克昭盟志》第 9 章《墾地商業》。
〔註 155〕《榆林府志》卷 6《村莊》。

以無法查清。「鄂旗土地的放墾，大多是旺王的父親噶王時，欠下了邊客們的債務，無法償還，不得以以旗地作押還債。邊客得了土地便招農墾耕，漸成田野。」〔註156〕甚至，還有鄰旗鄂托克盜賣給教堂的。1903年，鄂托克旗副都統等官盜賣了烏審旗「巴彥德日蘇、毛頓呼德、希拉塔拉等地，並堆起堆子」〔註157〕。

　　貽谷放墾時，烏審旗報墾靠近邊牆的屬地：「東界至札薩克旗，西界至鄂托克旗，北界至舊牌子，均以土堆爲記，南界至長城邊城，東西長約四百二三十里，南北寬約三四十里至七八十里不等；⋯⋯另有新牌子地一段一併報墾，計南界舊牌子，北界新牌子，東界至札薩克旗，西界至鄂托克旗，均以土堆爲記，南北寬約十餘里，東西長約四百二三十里」，即舊牌界地和新牌界地〔註158〕。舊牌界中有並未發放牌照的私墾土地，其中靠近長城的一部份屬於陝西管轄。光緒二十七年（1901年），烏審旗「南邊從東到西一、二十里的一長條地方，賣出去頂了賠教款」〔註159〕，應該是新的黑界地，即「新牌子地」。

　　以下圖表（圖5-4，表5-8）基本能夠反映橫山縣夥盤地的變遷。「在伊盟中，烏審旗放墾是最晚的了。直到現在（1933年），旗內大部份仍保持著游牧生活。並且有些放墾的旗的牧人還視爲游牧的樂土，僑居而來，依然營著舊日生活。這樣的遲遲不見進化的另一個原因是旗內的可耕地太少，遍處沙丘，不能墾殖。」〔註160〕地質較差和游牧慣性致使烏審旗的夥盤地發展不興。

〔註156〕《伊克昭盟志》第9章《墾地商業》。邊疆通訊社修纂，1931年。內蒙古圖書館編，《內蒙古歷史文獻叢書之六》，遠方出版社，2007年。

〔註157〕《行走乾清門副盟長貝勒札薩克固山貝子察克都爾色楞等人諮札薩克多羅貝勒嘎拉森如樂瑪等文》（光緒二十九年四月初八），《鄂托克旗衙門檔案》514-1-84；《呈行乾清門副盟長貝勒等札薩克貝子文》（光緒二十九年八月初六），《鄂托克旗衙門檔案》514-1-86。

〔註158〕《貽谷批胡懋鋮等呈烏審旗報墾新舊牌子地勘驗收竣札飭該局遵照》，光緒二十九年七月（日不詳），《清末內蒙古墾務檔案彙編》（綏遠、察哈爾部份），第586頁。清末及民國文獻多引此，如金天翮等輯：《河套新編》，民國十年；張鼎彝輯：《綏乘》卷10《略一・墾殖略》，上海泰東圖書局印行，民國九年；民國《綏遠通志稿》卷38（下）「墾務」。

〔註159〕查漢東編寫、艾吉姆漢譯：《烏審旗史》，轉載於《伊克昭文史資料》第11輯，2001年，第284～289頁。

〔註160〕《伊克昭盟志》第9章《墾地商業》。邊疆通訊社修纂，1931年；《內蒙古歷史文獻叢書之六》，內蒙古圖書館編，遠方出版社，2007年。

表 5-8　清中後懷遠縣夥盤地及相鄰城堡所轄村莊的比較

堡名	區位	道光 21 年〔註 161〕		民國 8 年	民國 18 年〔註 162〕	
		口外	全部	口外	口外	全部
懷遠堡	北鄉口外沙岕等村	131	259	62	—	77	173
波羅堡	北鄉口外王連圪堵等村	96	181	48	—	95	169
響水堡	北鄉口外小灘兒等村	33	142	25	—	40	215
威武堡	北鄉口外陽圿窯子等村	136	261	55	—	127	235
清平堡	北鄉口外梁（楊）鬍子臺等	41	252	40	—	47	177
總　計		473	1095	230	—	386	969

資料來源：道光《懷遠縣志》卷 1《鄉村》；民國《陝綏劃界紀要》卷 3～8；民國《橫
　　　　　山縣志》卷 2《村莊》

　　表 5-8 民國八年（1919 年）數據不是常態。因為同治七年回民起義以及
光緒三年的大災，人口損失巨大，而道光二十一年（1841）懷遠縣全縣有 13731
戶，89031 人；而民國 18 年，共 13423 戶，74569 人〔註 163〕。可見直到 1919
年，懷遠縣才恢復元氣，雖然人口數仍少 15000 多人，但是戶數已盡相同。
所以這兩個數據相對而言更有意義。

　　貼谷放墾後，懷遠縣各堡將私墾納入官方管理，各堡夥盤地都向外延伸
很多，理應夥盤地有所增加，但是看民國 18 年數據，除響水堡口外夥盤地略
微增加外，其他 4 堡都未達到道光時期水平。尤其是懷遠堡口外的夥盤地（見
表 5-8），民國 8 年數據顯示此處夥盤地減省了一半，但是到了民國 18 年其他
4 堡都相對恢復並遠遠超過民國 8 年數量，該堡口外夥盤地確仍與民國 18 年
增加無多。唯一能夠解釋的是，懷遠堡口外夥盤地的地利已經耗盡，承載不
了更多的夥盤地。而其他 4 堡口外能夠承受的夥盤地也相對固定。這同樣能
夠解釋為什麼榆林縣口外夥盤地僅為 8 個了。

〔註 161〕道光《榆林府志》卷 6《村莊》與此數略為不同。
〔註 162〕民國《橫山縣志》以 5 城堡為綱，下轄若干百戶，共 969 村。筆者找到今地
　　　　　名近 870 餘村。
〔註 163〕民國《橫山縣志》卷 2《村莊》。道光中期的數據，道光《榆林府志》、道光
　　　　　《懷遠縣志》都有記載。

2、貽谷放墾烏審旗情況

烏審旗先奏放舊夥盤地，因地質較差，續放新夥盤地，繼而提出全旗開墾，續放的新夥盤地外寬 35 里地，引發「獨貴龍」運動。與此同時，與札薩克旗合報萬壽地（祝嘏地，報效地）（後納入東勝縣）。貽谷派兵鎮壓，達成妥協，取消了新夥盤地外寬 35 里地的開墾，補紅柳河兩岸地（又分爲「奢納烏蘇河西十里寬生地」和「河畔地」），之後，又因萬壽地地質太差，報墾不足，補今依當灣一段地，情形十分複雜。萬壽地將在下節介紹，本節將貽谷放墾烏審旗的情況進行詳細介紹〔註164〕。

（1）夥盤地及放墾情況

舊夥盤地：南界邊牆起，北界舊牌柵止，寬 30～40 或 70～80 里，「均以土堆爲記」；東至札薩克旗界，西至鄂托克旗界，長 420～430 里。「此段地畝土脈極次」，「頗多不堪耕種」；「此段地東不如西，租資更屬寥寥，且西界內有賠教十犋牛地」，已由榆林贖回。舊夥盤地屬於陝西管轄，「照得烏審旗報墾地畝附近秦邊，皆係榆林府所轄」〔註165〕。

新夥盤地：南界舊牌子，北界新牌子，「均以土堆爲記」，南北寬 10 餘里；東界至札薩克旗，西界至鄂托克旗，東西長約 420～420 里。內有「賠教五犋牛地」，已由榆林贖回。新夥盤地中「除沙城道路外，可耕之地不少」，但都已被烏審旗臺吉等人招民私墾，「稍有生地，亦必盡行私賣」，或長租給漢人，「並無給與有印執照」〔註166〕，「私自租放，相沿日久，民戶侵佔益多，現早已報墾徵收押荒」〔註167〕。新夥盤地因私墾一直不能開辦，貽谷奏上，嚴懲烏審旗貝子，遂有「全旗報墾之請」，而這又激發了獨貴龍運動。

因烏審旗「地多沙阜」，新舊夥盤地及萬壽地和河南十里生地，「將近

〔註164〕《貽谷札飭烏審旗蒙員會同委員赴旗將報墾原文益印並將報地交該委員驗收》（光緒二十九年六月十七日 p586）；《貽谷批胡懋鋮等呈烏審旗報墾新舊牌子地勘驗收竣札飭該局遵照》（光緒二十九年七月 p586）。

〔註165〕《貽谷札委新授榆林府知府劉恩燾襄辦烏審旗墾務》（光緒三十一年五月十一日 p595）。

〔註166〕《貽谷札包頭墾務局迅即派員前往烏審旗會同差派委員將呈報地畝指明界址詳細勘驗》（光緒三十年六月二十九日 p587）。

〔註167〕《貽谷札派譚湧發選帶弁兵赴烏審旗西地彈壓並札包頭局暨該旗遵照》（光緒三十一年五月初八 p594）。

占去旗地一半」〔註168〕，「新舊兩牌，亦必不可開闢，由是言烏審報地雖多，其實無一處能辦者也」〔註169〕。放墾時，貽谷發布告示：放墾地段招民，「未報墾者仍留爲蒙人游牧，俾不相妨」〔註170〕，永遠封禁，不可混淆〔註171〕。

「蒙人不得謂之有礙游牧。新牌子熟地漢民雖私買出過價銀，懇請定章放地，照數劃實，漢民亦不得謂之有失財產」〔註172〕。

貽谷以海留兔河爲界，讓烏審旗東西協理分別負責東西兩段的開墾，到光緒三十二年，東邊靠近榆林的地段已經全部開墾，但未丈放；同時西段屬於懷遠地段，「所收不過北面一隅，又係磽薄不堪耕種，其餘均尚未收」，開辦三年，東西兩段放墾地中，「蒙官、蒙民、漢民串通盜賣者已屬不少」〔註173〕。其中「白河廟迤東，……實查得該漢民已種之地高低不平，純沙無土，間有下濕處即稱沃壤，其餘非流沙即赤墳，行犁不過二三年，勢必輟耕待荒，地質之薄於斯爲極」，不得不減低歲賦和押荒等級〔註174〕。（見圖5-5）。

〔註168〕貽谷批札薩克旗等稟墾將烏審旗續報地免予墾放批准照行曉諭蒙眾並分札該旗等處稟遵（光緒三十三年正月廿一日 P603）。

〔註169〕《貽谷札包頭墾務局迅即派員前往烏審旗會同差派委員將呈報地畝指明界址詳細勘驗》（光緒三十年六月二十九日 p587）。

〔註170〕《貽谷奏爲伊盟烏審、札薩克、郡王三旗報墾蒙地議收押荒請領部照並報效常年二成租銀歸公一摺》（光緒三十一年三月初九日 p177）。

〔註171〕《貽谷札飭該局一面先盡放烏旗所報地畝一面就近照所呈派員清理妥爲議辦即使稟核》（光緒三十一年二月十四日 p592）；《貽谷札飭烏審旗貝子將私賣報墾地畝臺吉額爾濟德勒格爾拿獲交出聽候懲辦》（光緒三十一年五月十一日 p594）。

〔註172〕《辦理烏札墾務委員吳申墾務大臣爲申明接鈐任事調集蒙員帶同勘界擬稟丈放烏旗地萬壽地界內蒙人聚眾阻墾滋事情形一併具報》（光緒三十三年十一月十二日 p609）。

〔註173〕《貽谷批延榆綏道稟烏審旗蒙民聚眾滋事請派鄭委員馳商妥辦以泯爭端分別批示札西墾局知照由》（光緒三十二年三月十九日 p597）；《貽谷批烏審黑留圖迤東地責成吉爾色朗西界地責成綽克圖瓦其爾協同收放札該旗飭遵並分行》（光緒三十三年九月十五日 p609）。

〔註174〕《辦理烏札墾務委員吳呈開放烏審旗報墾各地及擬分別徵收押荒歲租章程》（光緒三十三年十一月二十五日 p610）。

（2）薩拉烏蘇河（紅柳河）兩岸地

位於紅柳河（薩拉烏蘇河）兩岸地，分爲河東的「河畔地」和「河西十里寬之地」，是獨貴龍運動後，清廷與烏審旗妥協的產物。兩處地段都是「上好沃地」，「東邊阿哥（奇）鼐之庫特格起，至西邊鄂托克旗界止，寬八九十、一百不等；北邊仍由鄂托克旗界起，至南邊前已所報之地止，長百二三十里不等，此地內雖稍有沙石，大半尚有可種上好之地」〔註175〕。

河西十里寬之地，位於今烏審旗河南鄉，紅柳河西，小石阪灘內；河東的河畔地，是大石阪灘等地，位於今橫山縣。貽谷分令西、東協理臺吉辦理〔註176〕。兩塊地段，都是生地。

其中，河西十里寬之地，「自奢納烏蘇河南迤西至察罕對斯（察漢鄂博圪素，又稱察汗博羅圪素）」，「至察汗博羅圪素迤東漢民已種之地，從前該旗得過漢民價銀」。其中，靠近舊牌子的五里生地報墾，察罕對斯迤東，已由漢民耕種，蒙古收租；五里外的由蒙人自領，即「伊打目桃里並察罕對斯兩塊地免放」。

「河畔地」位於薩拉烏蘇河東，「二十里寬，南北一百里長」，「協理臺吉綽克圖瓦其爾前交過之地，亦一半報墾一半自領」，「議定應交一半之地，不拘南北，終期於地墾務有益於蒙民無礙爲要。」〔註177〕

餘外，烏審旗還有一些小的地段開放，光緒三十三年（1907年），「將奢納烏素河南並察罕博羅圪素迤東漢民已種之地一併報墾」〔註178〕。

（3）貽谷獲罪後烏審旗報墾地情況

至貽谷獲罪後的光緒三十四年（1908年），由於「獨貴龍」運動，烏審旗報墾地，「尚未能開一畝」，郡札萬壽地，「札薩克旗一半業已放竣，而該旗所報仍未開分毫」，「兩盟十三旗中，它旗皆已次第墾放，獨該旗至今梗阻，殊屬不成事

〔註175〕 《貽谷札包頭墾務局據伊盟長呈稱烏審旗又將該旗上好沃地呈報開墾祈請早爲派員丈辦仰該局查照》（光緒三十一年正月十二日 p591）；《貽谷派委員吳棣棻前往烏審旗勘收丈放該旗丈放該旗報墾地歑照會延榆綏道飭屬遵辦並札烏審貝子遵照》（光緒三十三年九月十三日 p608）；《辦理烏札墾務委員吳申墾務大臣爲申明接鈐任事調集蒙員帶同勘界擬稟丈放烏審地萬壽地界內蒙人聚眾阻墾滋事情形一併具報》（光緒三十三年十一月十二日 p609）。

〔註176〕 《貽谷札飭烏審旗貝子督飭札委各蒙員同心協力辦理該墾地並派各員趕緊招放》（光緒三十一年二月十五日 p593）。

〔註177〕 《貽谷示諭烏審旗蒙漢人等俟吳委員開辦烏審旗報墾地歑時早日赴局掛號領地》（光緒三十三年九月十二日 p607）。

〔註178〕 《貽谷札西盟總局轉飭鄭令速將札分局各項報行輾以清界限著呈令前赴烏審旗先收地後開局》（光緒三十三年十二月十一日 p577）。

體」〔註179〕。宣統元年（1909 年）十一月，在新任墾務大臣信勤的重壓下，伊克昭盟盟長、杭錦旗札薩克阿爾賓巴雅爾親赴烏審旗錫尼召主持會盟，解散了該旗的「獨貴龍」組織，並收繳了蒙民的槍械。烏審旗墾務局於宣統元年（1909 年）四月十一日在榆林城內修整考院正式設局，著手丈放該旗報墾地和一半萬壽地。

又因烏審旗一半萬壽地「多不堪耕種之地，」故將奢納烏蘇河生地一塊頂原報祝嘏地，南北寬十里，東西長七八十里，歸官放墾，位於今伊當灣一帶。宣統二年（1909 年）十二月，「除奢納烏蘇河南生地前已丈放完竣，……萬壽地畝旋據該委員等亦已一律丈完。」〔註180〕烏審旗一半萬壽地至宣統三年（1910年）十二月二十二日，還沒有招墾。次年正月撤局，「如有未經放竣地畝及未盡事宜，隸何縣即交何縣辦理。」烏旗墾務局撤局後，一半萬壽地的常年歲租移交榆林縣徵收，奢納烏蘇河南地的常年歲租移交懷遠縣和靖邊縣徵收。

但至民國初年，夥盤地都沒有丈放。《前套墾地圖》（1916 年）附文言：「烏審旗墾地凡兩段，一為什拉烏素河地，一為報效祝嘏地，共放地一千九百八十頃，其餘舊牌子、新牌子地、南邊地、西邊地均未丈放。」

5.2.3　靖邊縣、定邊縣夥盤地的拓展

1、靖邊、定邊兩縣夥盤地概述

靖邊縣以紅柳河為界，河東耕種的是烏審旗蒙地，河北及定邊縣都租用的是鄂托克旗的蒙地。嘉慶二十三年（1818 年）成書《定邊縣志》〔註181〕將兩縣口外夥盤地的範圍一併劃出，並在此線外側相對較遠處，注明「堆界」設置的地點，顯然之間是兩縣的黑界地，此「堆界」當為夥盤地的北界。光緒《靖邊志稿》〔註182〕較詳細劃出靖邊口外的夥盤地極其分佈，劃定了兩條

〔註179〕《信勤札委榆綏道穆特賀總辦烏審旗墾務，前侯選道陳政詩會辦烏審墾務》（光緒三十四年十一月十一日 p614）。
〔註180〕《總辦烏審旗務穆特賀稟所有烏審報墾之地業已放完裁減員司員書差俸節經費暨酌留委員應支薪工減定局費各銀數敬稟將軍》（宣統二年十二月二十二日 p619）。
〔註181〕嘉慶《定邊縣志》卷首《城堡疆域總圖》。
〔註182〕光緒《靖邊縣志》卷首《縣境總圖》、《邊外總圖》一說是《靖邊縣志》，筆者擁有兩個版本，一為《靖邊縣志》，一為《靖邊志稿》。後者確定為光緒二十五年（1899 年）刻本，是較常見的版本。而前者藏於上海圖書館，名為「乾隆抄本」，但是內容和光緒《靖邊志稿》相同。尤其是藝文志中有光緒二十五年查口外夥盤地並繪圖的情況，這與卷首各圖相同。有學者認為此書為乾隆八年版本並據

線，內一條與竟然和嘉慶《定邊縣志》一樣。外一條則有零星的村莊分佈，當為光緒後私墾的結果。

　　考慮到乾隆八年之前寧條梁就設立了驛站並在當年定界後，作為口外民人「造冊查驗」之地〔註183〕，在乾隆四十一年前設立了負責緝收商稅的官員，後移至靖邊縣。乾隆四十一年，寧夏司員玉柱因「寧條梁之貿易，雖不能與八溝相比，但不在三座塔、烏蘭哈達之下」等由撤去神木、寧夏兩司員，在寧條梁僅設一司員，購買房屋、設置衙門，經理藩院和戶部探勘上奏駁回，玉柱也因「莽撞報部」而被調離〔註184〕。從這裡看，寧條梁在乾隆八年後商業很發達，周圍的農墾想必也很興盛，而在嘉慶《定邊縣志》和光緒《靖邊志稿》中，寧條梁仍是夥盤地的北界之一，其北仍是黑界地。同時，兩書中都有寧條梁客民數量的記載。（見表5-9，圖5-6）。

表 5-9　乾隆八年（1743 年）至光緒二十五年（1899 年）靖邊縣口外夥盤地範圍

地界	四　至	計里	備　註
縣東北五盛旗地界	東南自縣屬五臺廠起，西北至懷遠縣之阿包探（阿包兔）	180	與鄂套地接壤
	東北自懷遠縣廟圳上起，西南至縣屬塘馬窯	120	與鄂套地接壤
	正東自懷遠縣許家沙畔起，正西至縣屬塘馬窯	120	與定邊蒙地接壤
	正北自榆林縣呵叨兔（阿叨兒兔）起，正南至縣屬鴿子灘	170	與鄂套地接壤
縣西北鄂套旗地界	東南自縣屬姬家峁起，西北至縣屬豬拉兔	150	與定邊蒙地接壤
	東北自五勝衣當灣（伊黨灣）起，西南至縣屬熊子梁	120	與定邊蒙地接壤
	正東自五勝地塘馬窯起，正西至縣牌子灘	80	與定邊蒙地接壤
	正北自五勝地胡拉狐梁起，正南至縣邊牆壕	140	與邊牆內地孤山澗接壤

資料來源：光緒《靖邊志稿》、乾隆抄本《靖邊縣志》

此研究，顯然這得出的結論是錯誤的。下文，統以光緒《靖邊縣志》為名。

〔註183〕《班第檔》。

〔註184〕《理藩院致伊克昭盟長鄂爾多斯札薩克旗貝子納木札勒多爾濟為札飭事》（乾隆四十一年八月二十八日　p291～298）；《理藩院為替換寧夏理事司員一事札伊克昭盟盟長納木札勒多爾濟文》（乾隆四十一年九月初八日 p279～281）。

　　上表中，對研究有用的地名為：許家沙畔（楊橋畔鎮許家沙畔），伊當灣（伊黨灣）。結合兩本縣志，我們可以判斷：靖邊縣清初至同治末，夥盤地北界為：懷遠縣黑河子（黑河則）、靖邊縣石渡口塘（十渡口塘）、丟哥井塘、小灘子（小灘子）、沙頭塘、紅柳灘塘、寧條梁（今寧條梁鎮駐地）、界牌（莊）子。定邊縣從四十里堡（四十里鋪）、陳家園、帳房梁（今倉房梁）、沿著今毛烏素沙地南沿，一直到定邊縣。該線以北、毛烏素沙地腹部，今烏審旗紅流河流域的河南鄉三岔河、大石砭、小石砭、城川鎮、堆子梁等沒有沙的平地，到光緒年初才紛紛賣給漢民和教堂，成為開墾的範圍。

　　在貽谷放墾時，多次奏報，「丈放者設少，惟平羅連接之五堆子、陶樂戶、廟灘、月牙湖數處先後丈放，計地二百零一頃，其餘東南、東北地及西南熟地均未丈放。」〔註185〕教堂地更是國中之國，也沒有放墾。

　　鄂托克旗夥盤地從清初到清末變化不大，其原因主要有兩點：

　　一是該旗面積廣大，地質不好，一直以游牧為生。宣統元年（1909年），鄂托克旗貝子報告：「我旗西南沿邊牆有熟地一塊」、「寬三、四十里不等。之前供漢人開墾，主要種糜穀、芝麻、蕎麥，我等無法丈量該熟地的面積」；光緒二十六年（1900年），「駐我旗城川一帶的洋堂受到破壞，我旗被迫賠款八萬四千兩銀子，無奈將旗一塊西至漢人耕種的熟田，北至白恩希勒、東至巴拉嘎順柴達木，南為阿木斯仁蘇布賠給洋堂」；「我旗境內無高山，無森林，無公共牧場，有些臺吉、蒙古一年四季隨水草放牧，若遇到災害，損失巨大。」〔註186〕這種游牧生活一直保持著，1937年「境內蒙人大多不諳國語」；同時，鄂托克地域廣大，地質不好，「鄂旗的面積十七萬六千八百餘方里，報墾地一萬餘頃」，未報墾地十萬餘頃，內可耕地約四萬頃，不堪耕種地約六萬頃，已放地七百二十九頃，已報未放地九千二百七十餘頃」〔註187〕，不能耕種的土地占到1/3，從貽谷放墾時丈放201頃，到民國1937年近三十年間，多丈放了528頃。與陝西接壤的夥盤地北側就有一道沙丘，無法逾越深入。

　　二、對邊境稽查過嚴。由於一直依靠游牧為生，所以鄂旗對漢族進入蒙旗保持高度警惕，一直對邊地地段稽查很嚴。乾隆四十五年（1780年），今平羅縣境內，黃河兩岸設立了堆子，河西住漢人，並且「禁止增加戶數」；河東是蒙古牧

〔註185〕潘復：《調查河套報告書》附圖《前套墾地圖》上的文字。

〔註186〕《鄂托克旗呈御前行走盟長札薩克貝子濟農文》（宣統初年六月初四），《鄂托克旗衙門檔案》514-1-87。

〔註187〕《伊克昭盟志》第9章《墾地商業》。

場，「交給東日布色楞管理，派蒙官居住在界限附近，查禁蒙漢，每年派人檢查界限，若有越界者嚴處。」〔註188〕這種嚴格的稽查制度，直到貽谷放墾前，仍未改變。如平羅縣的五堆子，「查得迤南東北適中，設立土堆三十二個，六十間房，民蒙並無爭奪情事。嗣因界址關係，派委張震會同平羅縣渡黃河迤東五堆子地方查勘。五堆子之名，即舊有墩臺五座之故，年久墩圮，形跡已無。由五堆子迤西，地接黃河，東南北三處，均與蒙地接壤。五堆子地居南北適中，民戶計有數十家。由五堆子迤南，有小土堆十五個，即係蒙漢舊立界堆。每年清明，蒙旗邊官、縣屬公正堡長，公同將界堆之土，加高培厚；今復加高，以清界限。由五堆子迤北，只有界堆二座，中有南北沙埂一道，計自由南而北，共有界碑三座，分爲南北中，年久碑已撲地，即飭照舊樹立，以杜日後爭奪」〔註189〕。

2、靖邊夥盤地拓展情況

從下表中（表5-10），我們能夠發現：

第一，口外的夥盤地規模較大。據《靖邊志稿》，1899 年靖邊縣共有戶 3171 口 18420，口外夥盤地戶數占到 42.9%口占到 45.5%。當時「雖經承平年久，而居民甚屬寥落，口裏迭經招墾無人，口外更恐難行」，口外「蒙民漢民均屬奇少」〔註190〕。1910 年，口外戶數較 1899 年增加了 626 戶，同時「靖邑邊外村戶之繁，已占全縣大半」〔註191〕。民國 10 年間，口外移民繼續增加，占全縣總戶數的比例大爲增加，尤其是寧條梁增加最爲明顯，達 500 戶，占此期間增加額的 80%。

表 5-10　清末民國初靖邊夥盤地戶數、地畝比較

五堡口外	1899 年			1910 年戶口、灘地、沙地				1889
					灘地	沙地及比例	總額		
	戶	口	村	戶		畝	畝	（垧）
鎮靖	527	3321	81	518	35094	44787（56%）	79881	24206	15810

〔註188〕《行走乾清門盟長札薩克固山貝子丹巴達日吉致副盟長札薩克多羅貝子東日布色楞》，《鄂托克旗衙門檔案》514-1-2。

〔註189〕周頌堯：《鄂托克富源調查記》，1923 年。

〔註190〕〔清〕丁錫奎：《詳報查勘蒙地並繪圖貼說由》，光緒《靖邊志稿》卷 4《藝文志》。

〔註191〕《查界委員、橫山縣知事會呈文》（中華民國八年十二月四日），《陝綏劃界紀要》。

龍州	95	539	22	110	10906	9906（48%）	20712	6276	3121
鎮羅	131	786	37	223	22590	31392（58%）	53982	16358	9240
新城	288	1707	78	307	25100	16070（39%）	41170	12475	8220
寧塞	185	1075	46	194	29730	27070（47%）	56800	17212	10632
寧鎮	133	944	12	633	29805	49254（62%）	79059	23957	9468
總計	1359	8372	276	1985	153125	178479（54%）	331604	100486	56491

注：1、《陝綏劃界紀要》靖邊縣口外戶數總數為 276 村 2111 戶，各堡統計估計有誤。

　　2、民國時榆林夥盤地 1 垧折成 3.3 畝，前文已說明。

資料來源：光緒《靖邊志稿》，民國《陝綏劃界紀要》

　　第二，五堡中租種蒙地主要集中在鎮靖、寧塞、寧條梁三處。三處夥盤地在 1899 年占靖邊縣夥盤地總數的 63.6%，1910 年占 65.1%，而且 10 年間增加了 178%。而這三堡夥盤地集中的主要地段有兩段〔註 192〕：一個是「石渡口塘至小灘子」一帶，「萬木蔥鬱」，是龍州堡和鎮靖堡的「肥美之田」；另一段是「紅柳塘西北至梁鎮、東南至西澗、長澗」，因為靠近無定河，能夠得到灌溉，「其地更豐腴」。這種情形從 1889 年甚至更早便形成。只是 1889 年，「梁鎮亂後無疇，昔阡陌百一，然分脈究勝他處」，到了 1909 年，新增的口外夥盤地竟 80%都集中於此。因為靖邊縣「沿邊牆一帶，具係土凌，靠牧之方，蜿蜒皆沙，中為平原」，所以，這也限制了夥盤地向北拓展而轉而集中在近便水利較好的平原地帶。在 1889 年時，「沙界外蒙民甚稀，惟靖、定界之城川略稠，餘不盡登。」

　　第三，整個靖邊縣各堡（鎮），耕種沙田的比例較高，除新城堡（靖邊堡）16070 垧（39%），其餘都占到 45%以上。按照《陝綏劃界紀要》記載：榆林縣各堡口外「凡沙地耕一二年必須停耕三四年然後復耕」，神木「邊外河山，地畝土質磽瘠，不能接年耕種」，懷遠「惟沙地面積雖廣而地質磽薄，又不能連年耕種，每耕一次，必須歇荒十餘年，以待風吹之塵土日積月累，明沙遮蔽淨盡，百草能生之時，始能再耕因之」〔註 193〕，靖邊「其餘下地均不能按年耕種」。這種休耕的方式僅限於固定沙丘，對當地環境的破壞是不言而喻的。

〔註 192〕《委員巫嵐峰　代理靖邊縣知事崔銘新》（中華民國九年二月十六日），《陝綏劃界紀要》；光緒《靖邊志稿》卷首《邊外總圖》附字。。

〔註 193〕《查界委員、橫山縣知事會呈文》（中華民國八年十二月四日），《陝綏劃界紀要》。

3、定邊夥盤地拓展情況

鄂托克旗夥盤地（熟地），「東界烏審旗相連之城，西至巴漢馬申，長二百里，南北寬三十里，四十五里不等」〔註 194〕，「地內並有蒙古人等各自耕種零星地址」〔註195〕，貽谷放墾時，初因離綏遠城較遠，後派人踏勘得〔註196〕：

一是該地自乾隆四年（1739 年）始放給民人開墾，劃界立堆，明定章程。「民人春耕冬歸，每年按大小牛對收租，大牛一對收租銀一兩二錢，小牛一對收租八錢。該處共有十城，蒙古官一達爾古，二甲喇，十章蓋，其達爾古不知其數，現時民人有寨堡鋪戶，安家種地至多不歸」。「初到其地，見民居密處，幾似內地」。

二是寧夏司員和安邊同知「分年秋巡」，但是供應車馬、糧草的鄂托克旗，「近來旗分窮苦，無力支應差事，且慮民人控告，求免秋巡」。

三是地權複雜，輾轕之深，挾教抵制。「定邊縣民地係一弓寬、一千二百弓長爲一牛對，其錢糧甚微，而鄂旗所報之四百里，係一里寬、二里長爲一牛對，每年每對租錢一千四百二十文，每年約共收四百餘串之譜，注載紅簿是安邊同知所管也」，又有黑簿，「其租錢多少不一，甚至二三百文，亦量一牛對者，是該處蒙人所私立也」。「甚至地易數姓，且有爭訟不休，挾教抵制，爲歷任地方官不能斷者」。

四是夥盤地北有教堂地，「東西長三十里左右，南北寬十餘里至十六七里不等，東北德勒蘇，西南白泥井堆子，東南黑梁子，西北察罕桃力果木東梁下，其地土性俱沙，中含下濕，餘皆枳機，其居蒙民十餘家，式若星羅，臺吉半之，俱掘井築房，聞已經多年」。

基於地權複雜、洋人勢力龐大、稅收較低等以上原因，定邊熟地及教堂地在貽谷放墾時，並未丈放。（見表 5-11，圖 5-7）。

〔註194〕《貽谷札飭托克梅楞額爾德尼等仰侯派員會同前往該旗勘驗報墾地畝》、《鄂托克旗札薩克懇請派委員前往勘驗所報兩段地選其中段》（光緒二十九年六月十三日 p621）。

〔註195〕《貽谷批鄂托克旗補呈報墾印文查與前用墨呈報墾各地四至相符札包局遵照》（光緒三十一年八月十一日 p629）。

〔註196〕《西盟墾務總局詳報常文俊驗收鄂托克旗報墾並呈圖說稿》（光緒三十一年十二月二十一日 p629）。

表 5-11　清中期至民國初定邊夥盤地比較

口外	項目	康乾年間	1907 年	1909 年	1910 總計
第一區	村（個，下同）	98	4	3	105
	戶	318	15	50	383
	灘地（畝，下同）	40470	2130	109540	152140
	沙地（畝，下同）	0	0	0	0
第三區	村	34	0	0	34
	戶	136	0	0	136
	灘地	15132	0	0	15132
	沙地	0	0	0	0
第四區	村	122	30	0	152
	戶	817	242	0	1059
	灘地	53930	16330	0	70260
	沙地	6530	2900	0	9430
第五區	村	61	0	0	61
	戶	601	0	0	601
	灘地	47270	0	0	47270
	沙地	6704	0	0	6704

資料來源：民國《陝綏劃界紀要》卷 3～8

　　上文已述，定邊縣夥盤地北面的流沙限制了夥盤地的擴展，這一點民國文獻已經說明，定邊「其沿邊牆一帶，雖屬平原，然以地勢乾燥，土質磽瘠。可耕之地尚不及十分之二，靠牧地之方，蜿蜒皆沙，中間可耕可牧之地爲數無多。」〔註 197〕

　　通過上表 5-11，我們能夠看出一下幾點：

　　一是正是由於流沙分佈，所以在靠近定邊縣城的第一區、磚井堡的第二區從康熙年間設立夥盤地始就沒有沙田可以耕種，而這兩個區域從明代中期以來就有流沙的記載。可見，和靖邊縣一樣，夥盤地的設置盡量避免流沙。

〔註 197〕《委員王嵐峰、署定邊縣知事劉迪裕民國八年九月二十日》。

民國八年（1919 年），第一區、第三區開設靠近鹽池縣的新地坑、車輪溝、五虎洞三處，共灘地 109540 頃，「土質尚可，但乏灌漑之利」，農業發展並不興盛。其北不遠處的「三道泉、二道川地方，雖耕地無多，實爲漢民天然牧場，採薪撿糞土，皆在於此」，成爲漢族蓄養牲畜的地方。第三區火盤數自清初至民國初，一直沒有增加，而且一直占全部夥盤地的 5.0～8.9%左右。第五區夥盤地同樣如此，但是佔據的比重爲 17.9～31.7%。

　　二是第四區、第五區一直佔據 1907 年前定邊所有夥盤地（除去民國新開的第一區的新地坑等三地共 109540 頃）的 57.2～64.4%。其中，第四區八里河流域一直是定邊農墾的重心。「惟第四邊地沿八里河流域，土地肥美，樹木蔥鬱，畎田宅宅，碁布星羅，昔爲絕塞草茅之域，今化爲人煙雞犬之場，再北至城川口、蓆箕灘，接近地方，亦係膏腴之田，惜爲洋人買去」〔註 198〕。「八里河，水的來源有兩處，在陝西定邊縣東南陰陽山澗，至邊裏梁家莊二歸爲一，流入鄂旗堆子梁教堂地東南十餘里。河身寬一丈二尺，深約八尺，水色與黃河相同，環繞境內長約四十餘里，可以澆灌地畝一千餘頃」，八里河流域成爲定邊的農業發展的重心，在清初成爲教堂地和私墾地發展的重要地段〔註 199〕。

4、定邊教堂地的拓展

　　《前套墾地圖》附文言：「鄂托克旗墾地，鄂托克地多沙磧，雖屢經報墾，丈放者甚少，惟平羅連界之五堆子、陶樂湖、廟灘、月牙湖數處，先後丈放，計地二百零一頃，其餘東南、東北地及西南熟地均未丈放。」從準格爾旗放墾的相關檔案看〔註 200〕，對因「地多沙磧」而放墾較少的評價是符合事實的。在夥盤地北的沙丘外，有定邊教堂地，下面重點介紹。

　　至 1923 年，鄂托克旗共有村莊 34 村，共 2711 戶 8640 口。「村落大點的，就是寧條梁、小橋畔、城川、黑梁頭、堆子梁、石屯溝、白泥井；西南方面，就是新舊地坑、陶樂湖灘、五堆子，這些地爲大。西北、東北兩方面，人煙很是稀少的」。共有教堂 11 處，教民 1270 戶 4900 口。全旗共有回漢 3441 戶，13540 口。「人煙不能繁盛的原因，確因交通不便」〔註 201〕。

〔註 198〕《委員王嵐峰、署定邊縣知事劉迪裕民國八年九月二十日》。
〔註 199〕周頌堯：《鄂托克富源調查記》，1923 年。
〔註 200〕周頌堯的《鄂托克富源調查記》大量抄錄了清末貽谷放墾時的檔案。
〔註 201〕周頌堯：《鄂托克富源調查記》，1923 年。

從大的村莊分佈看，都處於教堂地和靠近寧夏黃河附近，陝蒙交界地區大的村莊很少。

至 1935 年，鄂旗擬收回地權，最後與教堂簽訂了《整理三邊天主教堂教產協定》，其中規定：「所有劃分漢蒙界限以南可耕之地，由天主堂讓賣與當地漢族農民，其非可耕地與可耕地之無人承買者均無償交各縣政府作為官荒招民領買。」〔註202〕至此，除城川教堂附近的土地外，其餘的都劃入陝西地界〔註203〕（見表 5-12，圖 5-8）。

表 5-12　1923 年鄂托克旗教堂地範圍及墾種情況

地　名	範圍（頃）	已耕（頃）	土　質	水　源	種植品種	1 垧收成（石）
草山梁附近	200 餘	200 餘	紅土	井水缺乏	糜籽、豌豆	1
硬子梁、沙路峁子、毛頭圪圖等處	1400～1500（含沙梁）	近千	生地灘，黃沙土地	井水三、四丈，甜水	糜籽、麻籽、豌豆等	1 左右
小橋畔、胡家窯子	400 餘	無多	沙灘地	井深 5～6丈，甜水	楊柳樹秧，約計十頃	1
堆子梁（營盤布奪灘，營盤梁北 40里）	1000 餘	水田 400	紅土好色，內芨芨草灘居多荊條成林	井深 二三丈，甜水	引八里河，沃腴之地	2 以上
城川	2000 餘	800 餘	黃沙草灘中等地畝	井深八米，甜水	糜籽、麻籽	——
白泥井（即圪臭灘，榆樹壕）	3000 餘	900 餘	黃沙地，中等地畝	井深九尺，甜水	糜籽、麻籽	——
總計	7800 餘	3100 餘				

注：每垧五畝

資料來源：周頌堯：《鄂托克富源調查記》（1923 年）。

〔註202〕鄂煥宇：《伊盟視察報告三——鄂托克旗教堂地糾紛》，《蒙藏委員會檔案》80-1-3，第 8～14 頁，內蒙古大學藏複印本。

〔註203〕民國陝西省榆林專員公署第一科：《三邊天主教堂分佈略圖》（1939 年），《敵偽政治檔案案卷：三邊教產》64-9-138，榆林市檔案館藏。

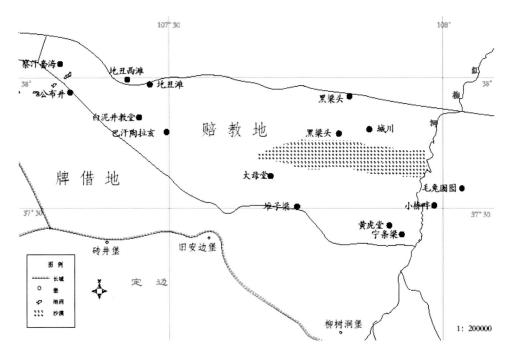

圖 5-8　1935 年定邊縣教堂分佈

資料來源：《鄂托克教產協定反響圖》（1935 年），《伊盟視察報告三——鄂托克旗教堂
　　　　　地糾紛》，《蒙藏委員會檔案》80-1-3；《三邊天主教堂分佈略圖》（1939 年），
　　　　　《敵僞政治檔案案卷：三邊教產》64-9-138；《伊克昭盟全圖》（1939 年），
　　　　　伊克昭盟官公署官防繪製。

從上表和圖中，我們能夠發現以下問題：

第一，1923 年開墾的教產地已經超過了定邊 1910 年夥盤地總畝數
（300963 畝）。而且陝北地畝，「數垧不能當川原一二畝之入。」〔註204〕堆
子梁有水田 400 頃，其產量是相同地段沙灘地產量的 1 倍。

第二，這些教產地，「多係教民耕種」，教產地與民地爭奪勞動力。

第三，耕種地點的選擇，與水源關係密切。河水不待說，井水需甜水才
能灌溉。

第四，教產地的地下水埋藏由南至北逐步變深。

―――――――――――――――――
〔註204〕康熙《米脂縣志》卷 4《田賦志》。

5.3 貽谷放墾與私墾權屬固定

本節重點研究貽谷放墾的背景和範圍。因民國東勝縣係由伊克昭盟郡王旗、札薩克旗及其他旗放墾土地、臺站地組建而成，所以本節通過復原民國東勝縣的轄區，對各旗清末放墾的地點和數量進行權衡，在此過程中研究這點放墾地放墾前的土地利用情況。在此基礎上，量化貽谷放墾對毛烏素沙地的影響程度。

5.3.1 清末蒙地放墾的背景及範圍

清末貽谷放墾的背景，學界研究頗多，但多從政治、經濟方面對放墾產生的原因、過程、抗墾結果等進行研究，尤其是對放墾可能引發的環境問題進行過份解讀。〔註205〕可以說，研究蒙墾問題，繞不開貽谷放墾史，但不能帶情緒化進行歷史研究。在諸研究文章中，歷史地理學者對貽谷放墾提供了一些真實的、基礎性的素材。筆者認為：研究貽谷放墾應該拋棄所謂的階級感情、民族感情，尤其是要將原有蒙地開墾的情形、放墾的地點、放墾的結果以及是否對致使該地沙化等問題進行研究，只有解決好這些基礎性問題，才能進一步量度貽谷放墾的作用和後果。韓昭慶的《清末西墾對毛烏素沙地的影響》是至今僅見的將貽谷放墾鄂爾多斯的地點和範圍落實在「地面」上的文章，這是筆者研究的基礎，但該文對地圖、地名等史料的運用尚需加強，這又給筆者研究帶來了一定的空間。

晚清內外交困，財政窮迫，為賠償庚子巨債、防範沙俄入侵西北、增加

〔註205〕貽谷對伊克昭盟及相鄰地區的放墾研究最早當為日人安齋庫治著、那木雲譯：《清末綏遠的開墾》（見《蒙古史研究參考資料第》第六、七輯）；之後鄂爾多斯的地方學者梁冰《伊克昭盟的土地開墾》（內蒙古大學出版社，1991年）對清末及民國鄂爾多斯土地開墾的歷史進行了論述，惜文獻使用過於武斷。之後彭雨新的《清代土地開墾史》（農業出版社，1990年）、祁美琴的《伊克昭盟的蒙地放墾》（《內蒙古近代史論叢》第四輯，內蒙古大學出版社，1991年，第1～53頁），筆者所見的最新研究成果是蘇德的《關於清末內蒙古西部地區的放墾》（《蒙古史研究》第七輯，第434～448頁）。而從環境變遷角度對貽谷開墾進行研究的有王北辰的《毛烏素沙地南沿的歷史變化》（《王北辰西北歷史地理論文集》，學院出版社，2000年）、王尚義的《歷史時期鄂爾多斯高原農牧業的交替及其對自然環境的影響》（《歷史地理》第五輯，1987年）、韓昭慶的《清末西墾對毛烏素沙地的影響》（《地理科學》2006年第6期，第728～734頁）、肖瑞玲等的《明清內蒙古西部地區開發與土地沙化》（中華書局，2006年）等文。

稅收，放墾蒙地成爲穩定政權的重大舉措之一。國勢如此，貽谷奉差辦事，爲國紓難，當無可厚非。當時，蒙旗普遍貧困，「近數十年來，蒙部日貧，藩籬疏薄」，練兵之餉無處籌措，同時還各自面對著巨額的賠敎銀。光緒二十七年（1901 年），山西巡撫岑春煊奏請，「邊臣皆知蒙兵宜練而苦於無餉，蒙長皆欲自聯其兵而苦於無力。是則欲練蒙兵非籌練費不可，欲籌練費，非開蒙地不可」，「懇開晉邊蒙地，屯墾以恤藩屬，而弭隱患」〔註206〕，未獲准。庚子賠款議定後，岑春煊再奏開蒙地，「惟蒙盟私放私租之習，究唯一律禁絕。臣統計與其泥禁墾之例，而仍多陽奉陰違，何如擴開種之歸而俾令均霑實惠……是蒙古現在生計在耕而不在牧」〔註207〕，從而揭開了蒙旗開墾的序幕。

貽谷西墾的範圍在今內蒙古西部，包括伊、烏兩盟，始於光緒二十八年（1902 年）八月，終於光緒三十四年（1908 年）。因丹丕爾抗墾事件導致貽谷被撤職查辦。之後，直至清亡，這一地區再無大規模的放墾，且主要集中在伊克昭盟。

下文以《清末西墾對毛烏素沙地的影響》爲基礎，結合其他文獻進行研究，對清末貽谷放墾陝蒙交界地區的情況進行說明。其中，使用的地圖有：《西北墾務調查匯冊》（1910 年）〔註208〕、《貽谷將軍創辦兩盟墾地圖》〔註209〕、《伊克昭盟全圖》（1939 年）〔註210〕、《1937 東勝縣轄區示意圖》〔註211〕、《1948 年東勝區轄區圖》〔註212〕、《前套墾地圖》（1916 年）〔註213〕、《巴彥塔拉盟全圖》（1938 年）〔註214〕、《綏遠省全圖》（1948 年）〔註215〕、地形圖。這

〔註206〕《岑春煊奏爲墾開晉邊蒙地屯墾以恤藩蒙屬以彌隱患摺並朱批》（光緒二十七年四月二十日 p1～2）。

〔註207〕《岑春煊附奏蒙地擴開種之規俾令均霑實惠摺並朱批》（光緒二十七年十一月二十六日奉朱批：著派貽谷馳赴晉邊督辦墾務）；《光緒二十八年正月十八日具酌帶兵部司員一摺》，見貽谷：《墾務奏議》。

〔註208〕西北墾務調查局編：《西北墾務調查匯冊》，1910 年。

〔註209〕貽谷：《墾務奏議》附圖，沈雲龍主編《中國史料叢刊續編》第十一輯，文海出版社。該圖縮印後尚能看清地名。

〔註210〕《伊克昭盟志》，《伊克昭盟全圖》，伊克昭盟官公署官防繪製，1939 年，藏於鄂爾多斯檔案館。

〔註211〕卓宏謀：《綏遠分縣物產圖》，1937 年鉛印本。

〔註212〕《東勝區大事記》，東勝區檔案史志館，1993 年 12 月。

〔註213〕潘復：《潘復河套報告書》，1916 年，藏伊盟檔案館。

〔註214〕伊克昭盟官公署官防繪製《巴彥塔拉盟全圖》，伊克昭盟官公署官防繪製，藏伊盟檔案館。

〔註215〕《綏遠省全圖》，綏遠省地政局，1948 年。

些圖大部份都採用現代畫圖技術，其中《前套墾地圖》是對貽谷放墾伊盟地段的全面總結，圖中分旗對所放地段進行說明，經過文獻對比，價值極高；《1937東勝縣轄區示意圖》比例尺較大，該圖中東勝所轄鄉鎮與相鄰旗縣的鄉鎮之間的邊界走向，都能與現在鄉鎮圖符合；《伊克昭盟全圖》、《巴彥塔拉盟全圖》畫了大量地名，需要甄別後找到現代相應村莊。文獻有：《內蒙古中西部墾務志》、《清末內蒙古墾務檔案彙編》（綏遠、察哈爾部份）以及貽谷著《墾務奏議》、《蒙墾續供》、《綏遠奏議》以及《伊克昭盟志》（1931年）〔註216〕、《伊盟右翼四旗調查報告書》（1936年）〔註217〕、《準郡兩旗旅行調查記》（1929年）〔註218〕《鄂托克富源調查記》（1923年）〔註219〕、《東勝地名志》、《伊克昭盟地名志》等。

5.3.2 郡札兩旗放墾及東勝廳的建立

1、郡札兩旗報墾

民國東勝縣轄郡王、札薩克兩旗報墾地以及臺站中的四、五、六臺。

《伊克昭盟志》記載：1931年，「伊盟臺站現有六處：……四、杭錦旗臺站，位於桃力廟；五、烏審旗臺站；六、阿托克臺站，位於桃力民。各臺站地，都已放墾，那裡的農民與耕地已劃入東勝縣管轄。在伊盟稱為四臺、五臺、六臺地者，均是臺站地方。」準格爾旗：「旗下報墾地方的農民，除南部早已歸屬榆林、神木外，均為東勝縣屬。報墾地為二千一百七十餘頃」。郡王旗：「報墾地已劃入東勝縣管轄，該旗的屬地縮小三分之二，東勝縣便是以郡旗為中心設立的，報墾地九千六百三十餘頃」〔註220〕。《右翼四旗調查報告》記載：1936年，「烏審旗報墾地有舊牌子、祝嘏地等處一千九百三十頃。後又與郡、札兩旗合報之草牌界地六千餘頃，悉隸東勝縣；札薩克旗放墾黑牌子地、祝嘏地共二千一百七十餘頃，又與烏、郡二旗合報之草牌界地六千餘頃，現悉隸東勝縣。」〔註221〕

〔註216〕邊疆通訊社修纂《伊克昭盟志》，1936年。

〔註217〕《伊盟右翼四旗調查報告》，蒙藏委員會調查室印行，1936年。

〔註218〕周頌堯：《準郡兩旗旅行調查記》，原載於《綏遠建設季刊》第二期，1929年6月刊。

〔註219〕周頌堯：《鄂托克富源調查記》，約成書於1923年。

〔註220〕《伊克昭盟志》第9章《交通衛生》，第10章《札薩克旗》，第11章《郡王旗》。

〔註221〕《右翼四旗調查報告》第2章《行政》。

通過 20 世紀 30 年代的兩則史料，我們基本可以弄清楚東勝縣的轄地：

一是臺站地，四臺、五臺、六臺；二是準格爾旗報墾的一部份地段。準旗另一部份地分屬榆林、神木兩縣；三是郡王旗報墾地，共 9630 餘頃。四是郡、札、烏三旗合報的草牌地。

因各旗報墾與墾務局勘查有出入，所以，下文將該材料一一記錄並說明：（見圖 5-9）。

（1）郡王旗報墾地

共分爲五段：

頭兩段，東面、東南之地〔註 222〕

①光緒二十九年（1903 年）六月，郡王旗報四至：

第一段東面地：「北面，杭錦旗哈拉噶圖托勒蓋止；東面，達拉特旗界卓克圖巴彥鄂博止；南面，本旗銅匠河斜路止；西面，灶火達布順路止。」此地南北長 140 里，東西寬 20～50 里；

第二段東南地：「北面銅匠河止，東界準格爾旗界止，南界牌柵庫爾庫勒戈勒止，西界烏蘭木倫止」，南北長 100～130 里，東西寬 10～50 里不等。

東南面留地：東面開墾地內，郡旗協理臺吉「原占巴彥孟克地方住居游牧內」，留下「二十多里游牧耕種牧畜」。

②另一則檔案記載此四至〔註 223〕：

東面地。北：杭錦、達拉特、郡王與本三旗相連，界址由哈拉噶圖托勒蓋起；東：西達拉特旗界址相連，達拉特、準格爾、郡王本三旗相連卓克圖巴彥鄂博起；東南：準格爾旗界相連；往南：牌柵庫爾庫勒戈勒止。

經墾務局踏勘得出：「此次所指地兩段，自杭錦界哈拉噶圖拉蓋沿達拉特界至神山鄂博約一百七八十里，神山鄂博跟銅匠溝向南至灶火河畔約四五里爲東界，由灶火河順大路至哈拉噶圖拉勒蓋約一百四十里爲西南東南一段，以銅匠溝作西界，以牌作東南界，以神山鄂博、準格爾界約一百三四十里至新廟爲東北界，以烏蘭木倫西界。」

③通過上文，我們發現：

「東面地」的範圍。西北界：杭、達、郡三旗交界處；東北界：準、達、

〔註 222〕下文未注解的因爲皆來自：《內蒙古中西部墾務志》《郡王旗的報墾與丈放》。
〔註 223〕《鄂爾多斯札薩克郡王報東面東南兩段並指交四至》（光緒二十九年六月中旬 p453）。

郡三旗交界處（本圖中的薩拉齊廳管轄範圍時屬達拉特，解放後重新劃歸達拉特）；北界：達、準交界。其中「界內除杭錦臺站一半應除」。查《巴彥塔拉盟全圖》中，東勝縣範圍內，北部不遠處有「二臺：白彥不拉克」（今東勝羊場壕鄉布拉格村）。查《東勝地名志》載：達拉特旗烏蘭斯太溝區賽烏素鄉第四、五、六、七、九、十6個自然村和鹽店區潮腦梁鄉西部4個自然村及耳字壕區添漫梁鄉第五、六、七、八、九5個自然村劃歸東勝縣。即今天的東勝萬利鎮。可見，清時的臺站第三臺的範圍當爲今東勝萬利鎮與羊場壕鄉北部地段。按照臺站南北、東西各四十里範圍，貽谷放墾時將臺站劃入新設的東勝區。（本圖爲了更加直接表現東勝的轄區，故未載明），這也是本圖中第三臺站範圍如此小的原因。

南界：銅匠溝向南至灶火河；東南界：今準格爾旗的神山鄂博。《東勝地名志》載：1954年，劃歸東勝縣的土地有，達拉特旗白家梁鄉（塔拉壕白家梁村）劃屬東勝縣，該鄉位於東勝縣境東北部，東西長30公里，南北寬10公里。當爲今塔拉壕鄉全部。又，1956年7月，1956年3月，郡王旗山炭廟鄉劃歸東勝縣。當爲今察汗廟鄉、板洞梁鄉。

這樣，東面地的範圍是圖中的「**義、和、孝、忠、仁**」**五鄉**，包括全部的四臺地和部份三臺地。約當今東勝區除北面的萬利鎮、東面腦潮梁鄉、南面的察汗廟鄉、板洞梁鄉、以及義勇鄉和睦鄉西側的「灶火鹽道地」（今巴音敖包鄉）外的全部土地。

「**東南地**」的**範圍**：銅匠溝作北界，以牌界爲東南界，以神山鄂博、新廟爲東北界，以烏蘭木倫西界。當爲圖中的「**愛民鄉**」。爲今天伊金霍洛旗的納林陶亥鄉、新廟鄉特牛川河西側。《伊金霍洛旗志》記載：該段當爲該旗全和長、活雅克圖、淖壕、納林塔、活蟬塔、新廟、七概溝、邊家壕、石圪臺一帶。與筆者記載相同。

「**東南面留地**」（見圖5-9）：當爲今納林陶亥鄉、新廟鄉特牛川河東側。

根據郡王旗札薩克奏報及墾務局查勘：「東面地」和「東南地」兩個地段，「前經蒙民墾種地畝，此內二段係可種之地」。兩段地中，「東面地」，「沙土較堅，可耕之地十之六七，可耕而成熟之地十之五六」，即可耕成熟的爲30%～40%；「東面地」，「多山澗積沙，可耕之地十之四五，可耕成熟之地十之五六」，即可耕成熟的爲20%～30%。而「東南面留地」是協理臺吉「耕種、牧放」之地，故留用。

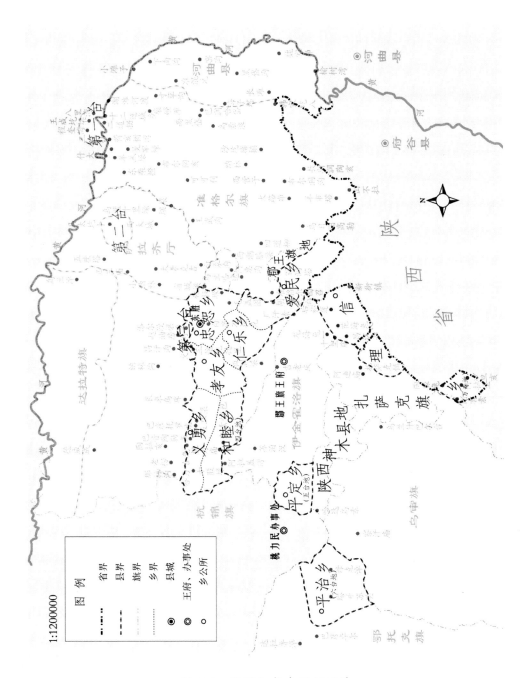

圖 5-9　民國初年東勝縣轄境

郡王旗一直「務農爲生」〔註224〕，至道光末年間，郡王旗17個蘇木中的10個蘇木，自墾地有三千餘垧，故全旗當有5000餘垧，這還不包括與該旗雜居的五百哈爾扈特部〔註225〕。「同治年間，郡王旗蒙漢勾結，同時「軍費無出」，於是「暫招漢民活租墾荒」，耕種「逼近札薩克王我衙署營盤，以及一旗臺吉人丁眾等不能以田生計亦」〔註226〕。到了同治11年（1872年）及光緒初年，已還清所有債務，因此蒙眾要求趕走漢人，清理牧場，光緒四年（1878年），「我旗驅趕漢人回到長城以內，封禁土地，但現在那些漢人又回到我旗東境、西南境、擅自開墾牧場」〔註227〕。事實上，「漢民活租郡王旗地垂三十年，從前雖有封閉之時，其實無礙承租之事。自光緒二十四年（1898年），蒙人放地愈多，漢人種地愈廣，統計活租之地，東西約六七十里，南北約二百餘里。地內民居所在，皆是男女丁口，實繁有徒，牲畜牛羊尤難更僕而數」〔註228〕，已經逼近了郡王旗營盤。所以，「東南地」和「東南面留地」在此期間得到了高強度的開墾。但是，處於毛烏素沙地腹裏的「東南地」「多山澗積沙」，不可能是此時產生的，「活租」的漢民不可能承租這些「山澗積沙」作爲養命之用。

第三段灶火鹽道迤西之地。光緒三十一年（1905年），郡王旗報該段地，「係在灶火鹽道迤西，與該旗初報之地毗連」〔註229〕。經勘丈，「與殺虎口驛傳道所轄站地毫無干涉，北面東由杭錦塔並（寶）起，西至杭錦交界止」，長30餘里；「南面西由杭錦交界起，東至杭錦塔並（寶）止」，長20餘里，「寬廣西面約十二三里，東面約四五里不等」。「其地北面率多沙蒿城灘，惟西南一帶尚有可耕之地，總而計之，墾熟之地約有三成，計可放地三百頃左右」〔註230〕，「放

〔註224〕《鄂爾多斯郡王旗協理臺吉補音吉爾格朗敬陳管見十款請採擇事》（光緒二十九年七月 p450）；《貽谷批據報郡王旗隱報南界一段熟地嚴飭該旗土斯拉齊迅將熟地報墾合行札飭包局知照》（光緒二十九年七月十七日）。

〔註225〕《郡王旗衙門檔案》（殘檔），513-2-2049。按內容當爲道光末，此文當爲光緒年。

〔註226〕《札薩克多羅郡王特古斯阿拉坦胡雅克圖呈本旗巳呈報開墾兩段地，將所剩地作爲本旗有牧場懇請欽憲將游牧地內民人遷出》（光緒二十九年六月二十八日 p456）。

〔註227〕《郡王旗衙門檔案》（光緒十一年正月廿日），513-2-1415。

〔註228〕《貽谷批鄭天馥光道會稟郡王旗蒙地俟二三年後再行封閉札該旗暨包局遵照並諮陝西撫查照》（光緒三十年十二月初六日 p472）。

〔註229〕《包頭墾務局移請岳幫辦勘收郡王旗添報之地並設局開放稿》（光緒三十一年十一月廿八日，p483）

〔註230〕《貽谷批西盟總局詳報岳種麟勘放郡王旗續報皂火鹽道地分別批示附詳》

上中下淨地四百三十五頃五十畝」〔註231〕。通過描述，其與「東面地」及四臺地相鄰，北面、西面都與杭錦旗交界，杭錦旗的「塔並」估計是今天的塔然高勒鄉。而且在今天的泊爾江海子鄉一帶存在如桃日木海子等大量的鹽湖，該段可能是「灶火鹽道地」，而今天的巴音敖包鄉可能是「灶火鹽道迤西之地」。根據《前套墾地圖》，「灶火鹽道迤西之地」位於四臺地南面、兩條河之間下面，這兩條河當爲烏爾圖河和札日格溝。綜上，灶火鹽道迤西之地約當今巴音敖包鄉。惟有西南有可耕地 435.5 頃。

　　至此，圖中的「義、和、孝、忠、仁」五鄉全部找到今址，約當今東勝除萬利鎮、腦潮梁鄉、察汗廟鄉、板洞梁鄉、巴音敖包鄉外的全部土地。據《伊金霍洛旗志》，清末共在郡王旗內放墾三段地，第一段大致即今鄂爾多斯市區（東勝區）大部份，包括巴彥（音）敖包、泊江海子、柴登壕、曼賴壕、罕臺廟、羊腸壕、牧拉壕等地，與筆者研究完全一致。第三段爲書會廟地。

　　第四段南段新地。在貽谷放墾時，郡王旗漢民活租的土地已經逼近郡王旗營盤，郡王旗以「妨礙游牧」，提出「將游牧地內私田封閉，將民移往開墾田地之處」的主張，即讓其他地段的漢民移到新報墾的土地上，即「郡王旗封閉西界牧地一案」。當時，漢官卻認爲：郡旗「連年招墾，何地作爲游牧？且此刻農戶較之蒙古十倍，何能驟遷？」〔註232〕；「口外漢民雖兼牧養，實靠務農，家有數丁，耕地數垧，衣食無待它求，其居近邊縣者，固已各有夥盤，其來自遠方者，更難還歸故土。今欲封閉，只令迤東新墾，不令照舊再耕，安土重遷，誰樂爲此？況東地非數年不能墾熟」〔註233〕，提出分段關閉蒙地。於是郡王旗新報南段新地，希望一年閉地，「已居地內者，固自得所，即在地外者，遷就亦易」〔註234〕。

　　南段新地即圖 5-9 中「信」段，今伊金霍洛旗布連塔拉鄉。四至：東至烏蘭木倫水，南至忽機圖溝（胡吉爾河，今陝蒙邊界忽雞兔河），西至壕賴溝接

　　　　　（光緒三十二年四月二十三日 p485）

〔註231〕《貽谷批西盟總局詳郡王旗分局所放灶火地鹽道地應造升科等冊已於角字段詳內批明仰即轉飭遵辦》（光緒三十四年正月初六日）。

〔註232〕《貽谷爲郡王旗禁閉私墾一案前經札飭該旗將蒙衆嚴行約束並暫緩禁閉諭覆陝西撫查照》（光緒三十年六月初五日 p470）。

〔註233〕《貽谷批鄭天馥光道會稟郡王旗蒙地俟二三年後再行封閉札該旗暨包局遵照並諮陝西撫查照》（光緒三十年十二月初六日 p472）。

〔註234〕《貽谷示諭郡王旗私墾地户人等如仍向封禁地混耕定當派員帶兵驅逐》（光緒三十一年二月二十二日 p478）。

札薩克旗，北至驛路三顆樹（額拉根路庫克烏蘇阿瑪）（宰生廟），長 20～30 里，寬 40～50 里，地多開墾，空已廖廖〔註235〕。

　　總體而言，郡王旗報墾地，私墾較多，「強半皆係熟地，地戶利於私墾」，同時地利不行，招墾較難，「煙戶零畸，地多沙城，領墾者咸以歲租過重」〔註236〕。

　　第五段郡札四六成地。也叫沙爾田地，處於郡、札兩旗交界地段，與準旗報墾的「黑界地迆北地」共同組成了圖中的「理」字段。放墾前，該地段已經被郡王旗東協理勾結地商楊海盜賣，「並有民人越占私墾」，其中札薩克有蒙古 650 戶，「今未賣所留，雖尚有零星地畝」。四至：「西邊，三箇鄂博起，至東邊烏拉干木隆周圍止「寬 30～40 里」；北邊，莫爾錫哩起至南邊舊黑牌子止」，長 60～70 里〔註237〕。郡王旗墾務分局在光緒三十三年（1907 年）閉局，以永、遂、民、生、灶五段五字定其次第，郡札四六成地屬永字段」，共丈量淨地 950.76 頃。〔註238〕

（2）札薩克旗放墾地

①「黑界地迆北地」

　　除了合報郡札四六成地外，札薩克旗還報墾「黑界地迆北地」處於圖中「理」字段內、靠近神木的部份。因為貽谷用「準格爾旗黑界地」代稱此段，故致使後人不知道如雲，皆認為這就是札薩克旗的黑界地，現予以澄清。

　　區位：位於牌界熟地北，見圖 5-9「理」。北界「黑牌子迆北五里、十里不等」，「東面郡王旗地界，往西郡王等烏審貝子旗地界止」70～80 里。該地距札薩克營盤地，「計程二十餘里」，因為「西界以該旗與烏旗界址混

〔註235〕《貽谷示諭郡王旗私墾地戶人等如仍向封禁地混耕定當派員帶兵驅逐》（光緒三十一年二月二十二日 p478）；貽谷為郡王旗呈報加添開墾旗南地一段所留之地請禁私種願隸五原廳管轄分行綏遠將軍等處查照》（光緒三十一年二月二十三日 p479）。

〔註236〕《內蒙古中西部墾務志》《郡王旗的報墾與丈放》。

〔註237〕《貽谷札飭岳鍾麟查明沙爾田地私相盜賣情形並出文禁止和稟覆》（光緒三十一年十二月十五日 p483）；《貽谷札飭札薩克旗迅速派蒙員會同郡旗蒙員幫同岳令丈放郡旗西界之地》（光緒三十二年三月十四日 p487）；《貽谷札飭郡王旗前報郡札兩旗連界之地仍行報墾應將押荒照兩旗議定成案辦理札飭該局查照》（光緒三十二年八月廿九日 p500）。

〔註238〕《貽谷批西盟總局詳達郡旗分局所放新地並郡札四六成地圖冊札發收支處查核》（光緒三十三年十二月 p514）。

淆，猝難分晰，因以忽哨烏素沙梁暫爲界限，應俟該旗與烏旗交界理清，再行指交勘收」；北界「阿退廟」（今伊金霍洛旗臺格蘇木阿退廟鄉，靠近陝蒙邊界），該地內有寺廟十所及札旗「十三蘇木官員臺吉喇嘛一應人等居住游牧」，這些游牧地長 100 里，寬 10～50 里不等。札旗申請「酌撥阿退廟膳召及蒙民戶口地畝、遷費」，烏札分局除留不願意動遷的 4 戶 4.349 頃外，全部丈放。

共地 1607.952 頃，其中上地 110.116 頃占 6.8%；中地 212.364 頃占 13.2%；下地 941.777 頃占 58.6%；沙城下地 343.695 頃占 21.4%，「歲租銀三年後查看情形再議徵租」。下地及沙城下地占到 80.0%，可見此處在放墾前就沙鹼化嚴重。領地墾種的蒙漢中，蒙古有 430 戶。〔註239〕

②「札烏萬壽地」

札薩克旗還與烏審旗共報了「札烏萬壽地」，爲圖中「鄉」字段，位於今榆陽區小兔壕鄉阿拜素、沙子汗、巴補兔等村，是榆陽區與伊金霍洛旗、神木縣三縣（旗）交界處。光緒 30 年（1904 年），烏審貝子、札薩克公，逢萬壽慶典共同報效，兩旗均加王公之銜。墾務局在大博當（今神木大保當鎮）設局丈量，札薩克旗先行丈放。

第一，札薩克旗一半萬壽地

原來是數十蒙古的游牧地〔註240〕，光緒 31 年（1905 年），札旗西梅林臺吉將此地內的巴隆廟周圍一塊地私賣與民人，得銀 1000 兩。

四至：「東面札拉格鄂博，南面巴格補拉克（今榆陽區小兔壕鄉巴得汗村），西面補格楞柴達木，北面阿貝烏蘇」〔註241〕。

地理環境：經探勘，「札薩克旗指交一半萬壽地畝，地質之劣，較札旗爲尤甚，除大明沙梁外，常年可耕種者不過十之一二，耕一年而閉歇數年者不過十之三四，其餘盡屬明沙，絕無平衍之處」，「明沙大槪一望無際，即間有長沙蒿之處，其質也屬沙土相間，其地之磽實爲各旗所未有」。

〔註239〕《墾務調查局調查札薩克分局丈放地畝及徵收各款並開支報解等項數目清摺》（宣統元年閏二月二十三日 p581）；《姚學鏡光緒三十四年八月初四日親供》p1286。

〔註240〕《貽谷札西盟總局據收支處呈稱擬請飭查明萬壽地內蒙民戶數及應領遷費銀數以憑請諮部立案》（光緒三十三年七月十一日 p573）。

〔註241〕《墾務大臣貽谷批札薩克旗呈報前獻萬壽地畝一半派員會同易委員指明四至呈交札飭西盟總局烏札分局查照辦理》（光緒三十三年正月二十四日 p572）。

　　丈量招民結果：恐農民「嫌地質之惡劣，復畏歲租之受累，勢必裹足不前，徒縻經費」，於是不得不變通招租章程。定：「除上中下各地仍遵定章辦理，無庸議減外，所有下地內之沙梁援照札旗成案，暫收其押荒，俟三年後察看情形再議徵租」〔註242〕。光緒三十三年四至六月丈放完畢，共地575.355頃，其中上地5.79頃，中地14.655頃，下地283.902頃，沙鹼地271.008頃〔註243〕。漢人地戶白永泰等138戶認領並發放部照。

　　這樣，貽谷放墾期間，札薩克旗共丈放「黑牌子迤北之地」和「報效一半萬壽地」共2183.377頃。

　　第二，烏審旗一半萬壽地

　　區位：北起阿拜素（阿貝烏蘇，今小壕兔鄉阿拜素村），南到巴蓋補拉克（巴格補拉克，今榆陽區小壕兔鄉巴補兔村），長70～80里；東起圖林阿鄂博（札拉各鄂博），西到達古圖補圖（補格楞柴達木），寬10～50里不等〔註244〕。報效後，烏審旗將此地賣給民人〔註245〕。

　　地理環境：「地質之劣，較札旗為尤甚，除大明沙梁外，常年可耕種者不過十之一二，耕一年而閒歇數年者不過十之三四，其餘盡屬明沙，絕無平衍之處」。

　　丈放結果：由於烏審旗「獨貴龍」運動，直到宣統元年（1909年）四月才在榆林城內設局丈放。但該地「多不堪耕種之地」，事實上沒有丈放。烏審旗不得不將奢納烏蘇河（薩拉烏蘇河）生地一塊頂原報祝觊地，歸官放墾。

　　通過上文看，我們發現：今小壕兔壕溝阿阿拜素、沙子汗、巴補兔等村，榆陽區、神木縣與伊金霍洛旗三縣接壤處，至20世紀初才開始農墾，但是此時已經有流動沙丘且分佈較廣。至少說明，此地的環境破壞不是農業生產造成的。

〔註242〕《西盟墾務總局詳札旗所交一半萬壽地內不堪耕種之沙梁甚多應否查照札旗成案暫收下地押荒俟年後察看情形再議徵租》（光緒三十三年五月二十二日 p573）。

〔註243〕《包頭墾務局為西盟墾務局詳報烏札分局自本年四月十六日開放萬壽地之日起至六月底止放過地畝及徵收荒銀數目冊》（光緒三十三年十月初十日 p575）。

〔註244〕《貽谷札西盟總局為據伊盟副盟長呈前次敬呈萬壽地一半敬領此地民人廣多等情除札烏札分局查明外仰總局查照》（光緒三十三年正月 p605）。

〔註245〕《貽谷批烏審旗貝子呈請丈辦萬壽地畝札西盟總局轉飭烏札分局派員驗收並札該旗派員指界》（光緒三十三年正月廿四日 p604）。

2、臺站地及廟地報墾

　　書會廟地。書會廟，又叫石灰召，今伊金霍洛鎮書會廟嘎查村。經探勘，「東自庫格哩伯羅托羅蓋起，西至哈圖賴昆達林止」，寬 6～7 里，「北自沙爾達普森起，南至烏拉干托羅蓋止，計長十里」，長七八里」。「周圍居民環處，日多一日，亦日近一日，以召廟雜居期間，諸廟徒良莠不齊，冶遊漁色所在，多有穢亂清規，防不勝防」〔註246〕。共丈地淨地 142.805 頃。〔註247〕

　　王愛召香火地。位於今達拉特旗王愛召鎮，地處達拉特旗，但由郡王旗濟農設立並管理。「該地畝早經地戶墾種者，計千頃之譜，或該召自行出放，或因假款將地指押，其間蒙民之與散喇嘛從而私放，據爲己產，歷年已久」，共丈地 1735.105 頃，留出公留地外，共 1728.465 頃，「內除山河道路，沙石城不堪耕種外，實計生熟淨地」1267.128 頃〔註248〕。因爲該地段不處於東勝範圍內，故略。

　　臺站地：河西鄂爾多斯六站，即東素海（一臺）、吉克素臺（二臺）、巴彥布拉克（三臺）、阿魯烏爾圖（四臺）、巴爾素海（五臺）、察罕札達垓（六臺）。東西南北各 20 里，因同治回亂，站丁逃命，後平定後，由旗指界，每面短 1～2 里或 4～5 里，爲此貽谷令各旗補足。六站中，三至六屬於東勝區管轄。「黃河以西蒙境內站地七處均約方四十里之譜，土地蹺瘠，民戶私墾約居十之二三。」〔註249〕

　　三臺位於「準、郡兩旗之間，由郡王旗調設，且與郡旗連界」，「四面界址均與達拉特旗毗連」。因「土脈松浮，內含沙質，較之吉克素臺，實係肥瘠懸殊」，「該臺領地各戶，以地土磽瘠，屢次懇求減價」，按郡旗章程辦理〔註250〕。

─────────────

〔註246〕《貽谷批喇嘛王德呢瑪呈請移遷石灰召（書會廟）並請將該召騰出廟地歸官墾放分別批示附呈札西盟總局轉行郡局遵照》（光緒三十二年八月廿九日 p499～497）。

〔註247〕《姚學鏡爲懇請撥給書會廟喇嘛戶口地畝並撤回廟基緣由理合具文詳情由》（光緒三十三年十月初十日 p507）。

〔註248〕《包頭墾務局詳報王愛召地畝丈放高竣先送圖冊請查核》（光緒二十九年十二月 p464）。

〔註249〕《戶部諮殺虎口驛站地並四子王旗地商呈報歸官墾放一摺，奉朱批戶部知道欽此分行綏遠將軍等處》（光緒三十二年（1906 年）四月 p887）。

〔註250〕《貽谷批站地分局詳巴彥布拉克臺地擬改援照郡王旗放地章程批飭照准侯備案奏諮札飭收支處查照由》（光緒三十三年十一月 p925）。

四臺丈放上地 190 頃，中地 860 頃，下地 2245 頃，「上中各地土脈雖佳，而內含沙質，開種一二年後即成中下等地，若照上中兩則徵收，不惟此時多出荒價，各戶有所不願」。不得不降等級招民〔註 251〕。河西（四）臺上地 55 頃、中地 252.098 頃、下地 4571.056 頃，共 4878.154 頃，加之第三臺之地 1300 餘頃，共 5373.154 頃，而六臺不堪開墾未經丈放。

3、東勝縣的成立

東勝縣的成立緣於郡王旗在報墾過程中的多次請求歸五原廳管理。奏上後，議設東勝縣。郡王旗屢次上報的原因是該旗在放墾前私租，引發蒙漢紛爭，郡王為此受到綏遠城將軍斥責，於是借貽谷放墾之機，積極報墾並強令民人搬離、封閉該旗南境「西地」。但是，漢人力有未逮，於是在放墾過程中，蒙漢矛盾又進一步激化。仔細分析此案件，對釐清光緒末期大規模私墾產生原因有很大的作用〔註 252〕。

光緒末，各旗採取違背開墾禁止、採取「活租」形式招商引民開墾。「至漢民私租蒙地，非郡王旗一處所在，皆有該商民出若干之租銀，交每年之歲稞，雖未立約，實出兩願」。「活租」形式一般由商人領地，招民開墾。「查驗僉稱，各旗私放活租向來言定租銀、年分，指界撥地，各商分領，各立簿據分執，向不立約，非此一處使然。該商招農戶耕種得租，定稞亦立帳簿，按時由地戶交租，商人匯給，歷來如此」。從這裡看，商人在民人與蒙旗之間私墾上起到橋樑紐帶的關鍵作用。

郡王旗的烏蘭木倫河以東的土地，從邊牆到忽雞兔溝的土地，寬 300 里，長 170～180 里，「已奉旨展界為漢民租種，並無蒙民居住」，成為夥盤地，今都屬於神木管轄。而忽雞兔溝至宰生廟，長 30～40 里，寬 10～20 里，即「續報南地」（圖中「信」字段），「地多開墾，空已廖廖」。爭議的「郡王旗西地」，即從「續報南地」往北直抵郡王旗與杭錦旗交界，長 160～170 里，東到「現時報墾之荒地，西至札薩旗界」，寬 40～50 里。即圖中郡王旗未報墾的土地（民國時屬於郡王旗管轄的土地）。該地段「蒙漢雜處，內有召廟二十餘區，

〔註 251〕 《貽谷批站地總局詳情將阿魯烏爾圖臺上地改為中地，中地改為下地，自應照准由》（光緒三十四年二月初一 p925）。

〔註 252〕 《貽谷為陝西撫諮札委延榆綏道總辦伊盟六旗墾務札飭西盟墾務總局查照》（光緒三十一年十二月廿六日 p484）；《貽谷批神木廳縣稟告閉交郡旗西地情形分別批示札該旗遵照呈覆並札西盟總局暨郡旗分局查照光緒三十二年十二月初八日 p486》。

四圍各留牧地，又有沙磧，不能耕種者約十之二三，餘皆開墾，蒙民種亦不少」。郡王旗以「妨礙游牧」要求封閉。

但是該地段，自光緒初就曾經私墾，至光緒二十一年（1895 年）被強行封閉。但蒙人爲了還債，老郡王派二喇嘛三少爺即忽韶慶經手，多方招商，終於在二十四年（1898 年）私租給漢人商會並於次年放地，至三十年，已經招商人 140 餘家，佃戶「七千餘家」，議定每年按時給郡王租銀三千餘兩、蒙眾租銀一千餘兩，直到光緒二十九年。但是，光緒三十年，新任郡王欲加租展界，「向來蒙眾出租活地，往年年限未滿，債逼加租，展界事屬恒有，或因口角涉訴，極無遽而決裂」，但商人因「連年歉收，無力出資」，於是郡王派兵恫嚇，蒙漢武鬥，傷亡不少。情急之下，商人請神木縣令以「蒙人不顧管束」等由告到綏遠城將軍處。郡王「恐耽私放蒙地之咎，不得不加漢民強佔霸地之罪」，於是請求封閉「西地」。

但是，商戶及招徠的百姓不忍剛剛開墾的土地被毀，「苦心經營，幸緣開關，栽種刈獲有秋立棄毀，誰能遭此者？」同時，百姓中「苦工、貧寒居多」，無力就近「報名丈放，交荒築室」、交納放墾丈放地內的租銀。封閉「西地」之事一拖兩年，經貽谷曉諭，蒙漢和解，達成協議：地商將光緒三十年未交租銀 4000 餘兩足額向郡旗補交，並分三段，分期封閉「西地」，至三十年冬季閉完。

在貽谷辦墾前的光緒二十八年（1902 年）三月，陝西巡撫升允奏：「蒙洋議和，神木司員明祿辦理不善，請即撤回」，「神木司員一缺，擬請裁撤，其應管蒙旗事務，即歸神木同知兼理」〔註253〕。而在辦墾過程中，蒙漢矛盾增多，準格爾旗蒙漢矛盾「會於托克托廳」，達拉特旗則「屬於薩拉齊廳」，郡札兩旗蒙漢糾紛，以忽機圖溝爲界，「迤南則赴陝之神、府兩縣，迤北則赴晉之薩廳」，「時異勢殊，久已聽民所便」〔註254〕。

司法制度的改革致使因放墾帶來的蒙漢糾紛更加複雜。光緒三十一年（1905 年），札薩克旗呈文要求就近改歸山西五原廳，之後郡王率領數百蒙官、蒙眾前往綏遠城，懇請劃歸五原廳管理，並添報「西境迤南荒地添報一段」，「以便安插私墾民人」，如果仍令屬陝西管理，將閉地不報。最後郡、札

〔註253〕邢亦塵：《清季蒙古實錄》（下輯），內蒙古社科院蒙古史研究所，1981 年，第 346 頁。

〔註254〕《貽谷具奏郡王、札薩克兩旗就近五原廳治一摺恭錄朱批即抄錄該旗原呈諮陝山撫查照》（光緒三十一年三月二十八日，p279）。

兩旗共同擬文請貽谷代奏，改歸五原廳。其理由有三〔註255〕：

一是蒙旗認爲陝西官員辦理蒙漢糾紛不平，偏袒漢人。郡札兩旗，「比鄰秦地，受治秦民」，「忍辱含垢，已非一朝」。近來，兩旗蒙漢糾紛增多，「時由邊廳縣會辦，道遠累繁」，「陝省邊吏囿於積習」偏袒漢人，「多未持平」；「吏胥蠹役狠若虎狼，訛詐欺凌無所不至，……苛派滋擾，窮蒙不堪」，致使「兩旗蒙眾怨諮」。

二是在蒙地新設五原廳離兩旗較近，同知姚學鏡原是西盟墾局總辦，辦墾過程中公許，「蒙情悅而便之」。

三是貽谷也認爲蒙漢糾紛中，蒙古受到不公，其原因是「未有專官，無所控訴」，於是代奏。並奉朱批：「著山西陝西巡撫會商妥議具奏。」在山陝巡撫查勘期間，郡王旗閉地案持續發酵，郡王再次申請劃歸五原廳管理〔註256〕：「陝西邊吏虐待敝旗已久，視敝旗人眾牛馬不如，種種難堪之處及規費、攤派各節，迭經印文呈報在案」，郡旗「向來收民戶地租，種種吃虧，皆由陝西邊吏祖護民人」，「新放墾地歲租若由陝西衙門領取，必更勒扣苛索」，認爲漢官民勾結，搶佔蒙地，致使準旗無法閉地。「可見神木廳、縣違例與奸商合黨，圖得無厭，任性妄爲，顯然地方官非理辦事」。而神木同知認爲：急促閉地不易，「其中之租戶不下千餘，概逐之實屬難能」，郡王旗原先要求封閉的「西段」已經「大半報墾」，已經令民人向墾局具領墾地。郡王迫使多索取一年地租，致使地商窘迫拖延租金，故而郡王上告。至光緒三十二年年末，山陝巡撫派員查勘後覆奏：辦墾後蒙漢糾紛增多，擬在郡、札「兩旗適中平衍之地增建東勝廳」。東勝廳設立後，「新舊牌子迤南一切命盜訟案久向秦邊控訴者，仍歸陝省治理，迤北則統歸新廳管轄」。東勝廳同知一缺，原擬「以晉省磧口通判移駐，俾資控馭而俾治理」，但一直出缺。

5.3.3 貽谷放墾的意義

貽谷放墾意義重大，筆者分爲兩個方面展開，一是從環境變遷的角度，分析貽谷放墾對毛烏素沙地的影響力度；二是從地權角度，系統總結有清一

〔註255〕《貽谷具奏郡王、札薩克兩旗就近五原廳治一摺恭錄朱批即抄錄該旗原呈諮陝山撫查照》（光緒三十一年三月二十八日，p279）。

〔註256〕《札薩克郡王特古斯呈敝旗境地蒙眾願附隸山西五原廳管理》（光緒三十一年十月初一日 p481）；《札薩克郡王特古斯呈墾務大臣懇請迅速封閉游牧地並轉飭延綏道》（光緒三十二年三月初五日 p486）。

代夥盤地的變遷。

1、貽谷放墾並未致使沙化加劇

清末貽谷辦理西墾幾年時間內，共丈放鄂爾多斯蒙地見下表 5-13：

表 5-13　貽谷放墾時期（1902～1911 年）陝蒙交界地區放墾地統計

（單位：頃）

各旗墾地		名　目	上則押荒	中則押荒	下則押荒	合　計
郡王旗	灶生民遂永	灶火鹽道地	16	32.50	387	435.50
		西局	16.578	73.965	1821.461	1912.004
		中局	80.50	372.487	3979.062	4432.049
		東協理另報戶口地	11.50	68.55	884.188	964.238
		東局	26.878	69.88	704.828	801.586
		新局（南界新地）	15.736	114.134	820.89	950.76
		其中，郡札四六成地 92.069				
		書會廟	46.02	25.116	71.669	142.855
		各局戶口地	10.566	24.85	453.887	489.303
		小計	223.778	781.482	9122.985	10128.245
					除去各局戶口地，共	9638.942
札旗		一半報效地	5.79	14.655	554.91〔註257〕	575.355
		「黑界地迤北地」	110.116	212.364	1285.472〔註258〕	1607.952
		小計	115.906	227.029	1496.687	2183.377
臺站地		三、四、五臺	55	252.098	4571.056	4878.154
		六站	0	0	0	0
以上即民國東勝縣合計			394.684	1260.609	15190.728	17189.766
鄂托克			19.119	129.528〔註259〕	26.687	175.334
王愛召			257.221	399.467〔註260〕	610.44	1267.128
					宣統時丈放	150.597

〔註257〕其中下地 283.902 頃，沙城下地 271.008 頃。
〔註258〕其中，下地 941.777 頃，沙城下地 343.695 頃。
〔註259〕其中，中地 74.164 頃，下地 55.364 頃
〔註260〕包括，中地 245.811 頃，中下地 153.656 頃。

準格爾黑界地	府谷轄	148.863	570.2	324.229	1043.292
	河曲轄	75.159	205.558	264.2055	544.9225
烏審旗	紅柳河流域	40	349.50	1063	1452.50

注：中地、中下地統以中地統計並注解，下地、下下（沙城）地統以下地統計並注解

資料來源：《姚學鏡光緒三十四年八月初四日親供》、《貽谷光緒三十三年開呈站地局
　　　　代收公司地價等則及應收已收數目清單》等

　　需要說明的是，上表的精確度很高，各數據皆來自檔案，並與民國各官方數據、放墾親歷者所著書籍中的數據相符。

　　韓昭慶初步研究了貽谷放墾和毛烏素沙地內部的關係。筆者則進一步分析了靠近毛烏素沙地南緣和內部的每一塊放墾地段的區位、開墾的歷史、開墾前的自然情況、報墾及丈放過程，完全與現代毛烏素沙地疊加進行對比研究，這是筆者下一個階段努力的重點，下文僅就上面表格及各放墾區域的情況作出簡單的說明：

　　第一，從貽谷放墾的情況看，貽谷沒有放墾任何一塊夥盤地，而這些夥盤地都位於今天陝西境內。之前學者認為的「黑界地」等諸名目，認為放墾地段即夥盤地，皆是誤稱。貽谷對地權複雜、矛盾較多的地方不放墾，基本上所有的夥盤地都沒有放墾，兩旗爭權的地段一般不放墾，如郡準爭權的「阿吉爾瑪、石灰等處地畝」夥盤地便屬於此類。貽谷沒有放墾地段，集中在毛烏素沙地南緣。

　　第二，從貽谷放墾的地段看，鄂托克主要集中在平羅縣五堆子等地，準格爾黑界地不屬於毛烏素沙地邊緣地帶，排除這兩個地段。烏審旗放墾地和王愛昭部份地是貽谷在任時報墾，宣統年丈放，統納入「貽谷放墾時期」。那麼放墾在毛烏素沙地內部的主要集中在民國時期的東勝縣（由準、札兩旗放墾地、三四五臺六站地以及烏札萬壽地，事實上僅是札薩克一半萬壽地、書會廟等五大塊放墾地組成）、王愛召放墾地（其他小昭廟放墾地絕大部份不在此區域，且放墾數量極少，可以忽略）、烏審旗放墾地（主要集中在紅柳河即薩拉烏蘇河兩岸）共三部份組成：

　　三部份放墾地共有地：20059.991 頃，王愛昭宣統年間丈放的 150.597 頃，沒有注明墾地等則，根據其初次放地時的地理情況及放墾狀況，加之數額不大，統一歸為下等地予以統計。那麼，下等地共 17014.765 頃占 84.8%，中等

地 2009.576 頃占 10.0%，上等地 691.905 頃占 3.4%，可見這些放墾的地畝，以下等沙鹼地爲主。（見表 5-14）。

　　1921 年《陝綏劃界紀要》成書時，當時東勝縣雖然成立，但是夥盤地地位並未完全確立，於是陝北成立了「爭權會」，對陝北各縣夥盤地出現的時間進行統計。從統計的結果看，囊括了少部份貽谷放墾時以及民國初年放墾而形成的村莊，比如府谷縣，統計時將準格爾旗與府谷縣相接的黑界地納入統計，但是絕大部份數據都是針對今榆林範圍內的夥盤地。所以，該書可以反映清代整個夥盤地的變遷與土地利用（見表 5-15）。民國 10 年，陝北六縣夥盤地開墾灘地 559782.9 畝折 5597.829 頃，沙地 763583.1 畝折 7635.831 頃，共地 13233.66 頃，沙地占 57.70%。這裡的沙地可以當成下等地處理。

　　可見，在清末至民國初年，陝蒙交界地帶的墾地絕大多數都是沙地，以今省界爲界，省界北內蒙沙地在農墾地中的比例更大，省界南榆林地區沙地在農墾地中的比例稍低，但也佔據近 60%的權重。

表 5-14　貽谷放墾時期（1902～1911 年）毛烏素沙地邊緣及內部放墾地統計

（單位：頃）

放墾地區位		上等地	中等地	下等地	統計
民國東勝縣		394.684	1260.609	15190.728	17189.766
王愛召		257.221	399.467〔註261〕	610.44	1267.128
				宣統時丈放 150.597	
烏審旗	紅柳河流域	40	349.50	1063	1452.50
民國東勝縣合計		691.905	2009.576	17014.765	20059.991

　　第三，貽谷放墾地是拋去了「山河、道路及沙城，不堪耕種之地」，即放墾地界是可耕之地。同時對一些地理條件不好的，先收歸墾務公司領放；對招墾過難的實行降低等則等辦法，其目的「以期整齊迅速」。同時，從各地段放墾前土地利用的過程看，相對利用的時間較短，一般是同治末之後，所以地理條件可能成爲這些地段以後沙化嚴重的基礎。而清末放墾對於毛烏素沙地沙漠化的發展所起的作用有限，但他首啓蒙地全面開墾之風，對民國

〔註261〕包括，中地 245.811 頃，中下地 153.656 頃。

〔註262〕至建國後部份地段沙漠化起到一定的推動作用。

表 5-15　1910 年陝蒙交界夥盤地情況統計

縣名	區　名	村莊（個）	住戶	灘地（畝）	沙地（畝）	沙地比例(%)
府谷	黃甫口外草牌	88	530	5880	26896	82.06
	清水口外草牌	86	2326	0	52220	100
	孤山口外	62	410	4090	48390	92.21
	黑界	44	406	0	47630	100
	木瓜口外草牌	71	391	0	10550	100
	鎮羌口外	128	919	1290	78549	98.38
神木	永興草牌	81	723	24900	8800	26.11
	三塘草牌	45	356	14500	25700	63.93
	北草牌 1	60	138	16207	6660	29・12
	北草牌 2	39	180	256	111420	99.77
	西北草牌 3	16	68	204	657	76.31
	西北草牌 4	30	181	384	771	66.75
	西草牌	28	245	814・4	815.1	50.02
	解家鋪草牌	36	84	561・5	2304	80.4
	柏林草牌	21	98	284	584	67.8
	高家草牌	46	879	2242	28890	92.8
榆林	保寧口外	54	246	984	3637	78.71
	鎮城口外	62	773	16345	19571	54.49
	常樂口外	32	249	8377	10802	56.2
	雙山口外	13	70	664	12010	94.6
	建安口外	43	319	4092	72114	94.63
橫山	懷遠口外	62	591	10073	0	0
	波羅口外	48	651	4001	0	0
	響水口外	25	560	4304	0	0
	威武口外	55	230	1534	0	0
	清平口外	40	200	43653	0	0

〔註262〕從筆者僅見的民國賑濟委員會對榆林、伊克昭盟救災的檔案看，民國陝蒙交
　　　　界地區災害頻發、加之國共鬥爭、日寇侵擾等因素，一直拋荒率極高。

靖邊	鎮靖口外	81	518	35094	44787	56.07
	龍州口外	22	110	10806	9906	47.3
	鎮羅口外	37	223	22590	31392	58.15
	新城口外	78	307	25100	16070	39.03
	寧塞口外	46	194	29730	27070	47.66
	寧條梁口外	12	633	29805	49254	62.30
定邊	第一區口外	105	383	152140	0	0
	第三區口外	34	136	15132	0	0
	第四區口外	152	1059	70260	9430	11.83
	第五區口外	61	601	47270	6704	12.43
合計		1913	15987	559782.9	763583.1	57.70

資料來源：《陝綏劃界紀要》卷3～8，1922年，榆林市圖書館藏。

2、貽谷放墾是對陝蒙交界地權的重新釐定

乾隆八年（1743年）陝蒙劃界後，夥盤地的地權屬於蒙古，但漢族擁有永佃權。隨著私墾的發展，黑界地和北部蒙地相繼被開墾，屬於私墾的則可能被隨時驅離，漢人僅擁有暫時的使用權；屬於官放的，漢族則擁有永佃權。貽谷放墾，通過丈放地畝、招民墾荒的形式，民人通過獲得牌照，獲得了土地的所有權，「永爲世業」；同時，對沒有放墾的地段，重新確立了蒙地私墾地的農民對土地的永佃權。下文僅對貽谷放墾前夥盤地的權屬進行介紹。

夥盤地屬於蒙旗公有土地，乾隆八年《永遠租地章程》使蒙旗正式取得了土地所有權：

（1）剝奪了農民「二三十里」舊界土地所有權，確立了長城外所有土地的蒙旗所有權。郡王旗、札薩克旗兩旗以雍正年的「五十里」爲界，五十里外民人收縮回界；準格爾旗以仍以康熙年的「二三十里」爲界；烏審旗和鄂托克旗以五十里範圍內、民人實際耕種範圍爲界。所有的旗內土地分「二三十里」舊界和「二三十里」外新界，分別定租，向蒙旗交納。《班第檔》中記載：「將該事行文總督根福知會，轉行所屬地方官，辦理民人遷居、分地事項時，務必盡心妥善辦理，不得延誤耕種之期。又，於勘定地界處安放標記，造冊報部存檔。此後嚴加查禁民人等越界耕種及蒙古等私行招募民人越界開墾等事。」蒙漢分界定租，至此，蒙旗獲得了長城外禁留地土地所有權，而原來的「二三十里」範圍內農民的土地所有權被剝奪。這一點還可以通過《永

遠租地章程》的「租地」這一名稱，乾隆二十一年（1756 年）《理藩院則例》也明確指明鄂爾多斯「南至長城為界」〔註263〕以及乾隆《懷遠縣志》〔註264〕等史志證明。

《班第檔》處置郡王旗和札薩克旗的方案中，「允其在五十里地界內耕種之。如不敷耕種，將該地界內蒙古三佐領於夏營地倒場時徙出」，即如果撤回五十里外的漢民於五十里範圍內安置，安置不了，則騰出五十里界內的蒙古的游牧地。對於最終處理結果，《班第檔》並未載明。但是乾隆《理藩院則例》則有記載：乾隆十三年（1748 年）議准：「蒙古民人借耕種為由，互相容留，各將彼此附近地畝照數換給，令其歸其地。此內惟土默特貝子、喀喇沁郡王、喀喇沁貝子、札薩克塔布囊等四旗，民人雜處已久，一時難以分移，應令札薩克會同司官、同知、通判等，漸次清理。」〔註265〕所以，最晚至乾隆十三年，鄂爾多斯札薩克旗、郡王旗五十里界內的游牧地已經遷移至五十里界外，五十里界內屬於夥盤地。

（2）漢族農民獲得了新設的夥盤地範圍的永佃權

從上文準格爾旗和烏審旗夥盤地的租賦情況看，從乾隆八年夥盤地定界到貽谷放墾，府谷縣、定邊縣夥盤地的租金維持不變，都處於一個相對較低的水平。只是在此過程中，出現了土地集中現象，私買私賣出現，地主、地商等人介入，致使土地權屬複雜，租賦過高。

《準格爾衙門檔案》檔案中，記載了道光五年—六年（1825～1826 年）發生的一則農民因承包伙盤地、招佃民人耕種，進而發家案例：準旗西召寺喇嘛那順告：其寺所擁有之濟薩地（廟倉地，香火地）「自康熙時便開墾出租」，因地不多，乾隆 36 年「甲喇章京玉丹將沙喇勒吉臺在邊牆外之大新溝處劃撥一塊耕地做本寺廟濟薩地」。乾隆 54 年，喇嘛昭都巴無力民人梁富廣之債，將上述六犋香火地租交與債主抵債，定 4 年後債務還清時收回此地。昭都巴

〔註263〕乾隆《理藩院則例》，《錄勳清吏司上・疆理》，第 6 頁。

〔註264〕乾隆《懷遠縣志・邊外》記載：「邊外之地，原為中國之地」，經過乾隆八年劃界後，「由是，而事有專責，中外民人無紛更滋擾之患矣！」

〔註265〕乾隆朝《理藩院則例》，《錄勳清吏司下・什長》，第 42～43 頁。雍正二年（1724 年），在察哈爾右翼四旗被開墾的土地已達 29709 頃 25 畝（《口北三廳志・地輿》，臺北成文出版社，1968）。至乾隆十三年（1748 年），卓索圖盟的土默特貝子旗有漢民佃種地 1643 頃 30 畝，喀喇沁貝子旗有 400 頃 80 畝，喀喇沁札薩克塔布囊旗有 431 頃 80 畝（光緒《大清會典事例・理藩院》，卷 979，光緒二十五年石印本）。

病故後，「眾喇嘛因無人知曉協約之存放地」，以致梁富廣無償佔有此地三十餘年，並收取租金，其「原先家境並不富有，後依靠此田發家致富」。這對於我們理解夥盤地地商在抬高夥盤地租金、致使夥盤地地權複雜的過程，有著重要的意義。

乾隆八年的《永遠租借章程》名稱就表明該塊土地已經永遠租給民人，農民獲得夥盤地的永佃權。對此，我們還可以從以下方面分析：

第一，新設的夥盤地，蒙旗只享受收租權，夥盤地的管轄權歸新設的神木理事司員和陝西地方官管轄

《班第檔》對此進行了詳細說明，因下文專章研究政治體制和司法制度，如此處僅略言。神木理事司員衙門設立後，「蒙古、民人間一切之私墾、欠租等事宜，所轄地方蒙古官吏諮行該同知，就近查明審理。如係蒙古、民人之間平常爭訟，該管同知可直接審辦後，呈報理藩院司員及道員。如係命盜要案，可與理藩院司員、道員會同照例查辦。……口外耕地民人，當地人居十之六七，外來十之三四，良莠不齊。札付該管官員認真查訪，其擇賢良，每堡子選牌頭四人，總甲一人。耕種民人中如有欠租、偷伐樹木、拆鄂博、掘墓、鬥毆、盜騙、潛逃等事，牌頭應及時舉報。若牌頭顧情面而隱瞞包庇，將牌頭與案犯同罪論處。如有民人在口外攜家帶口，挖窯洞而居者，該管地方官仍派牌頭、總甲前去查辦，並造冊呈報上司以備查核。」

可見，這裡規定的管轄權採取了屬人主義和屬地主義相結合的原則。在乾隆八年規定的新界外蒙古游牧地內，蒙古與蒙古人發生的糾紛由蒙旗自己管理；蒙旗游牧地範圍內以及夥盤地內，涉及到蒙漢之間的因私墾、欠租等民事糾紛和輕微刑事案件，蒙官沒有管轄權，只有彙報同知的權力，並由同知審理；如果涉及到命案、盜案等重案（當時蒙旗唯一的財產是牲畜，所以視盜竊為重罪），則由蒙旗官員、神木理事司員、陝西地方道員會同查辦；在夥盤地內，新設的牌頭、總甲等漢官進行日常管理。漢民之間的糾紛以及攜帶家屬、挖窯等夥盤地範圍內禁止的事件出現，仍由牌頭、總甲等漢官稽查並報陝西地方官管理。這裡顯然採取了屬地原則和屬人原則相結合的混合管轄權司法制度，蒙旗對夥盤地的屬地管轄權完全喪失，對夥盤地內外包括蒙旗游牧地內涉及蒙漢之間的民事糾紛案件管轄權完全喪失，對涉及蒙漢之間的重案喪失了部份管轄權。

上文中咸豐初年郡王旗派員前往牌界地的檔案，黑界地的查禁權應該屬

於蒙旗和神木司員，漢族牌頭僅對夥盤地有查禁權。我們可以通過下則案例加深夥盤地司法管轄情況的研究。道光六年（1826 年），郡旗「因開墾黑界地，對章京柱木道爾吉等十四人行鞭刑，並把開墾的牌界地恢復原狀，修復地標堆子，出具甘結，下不為例。章京柱木道爾吉等人所開墾之地雖與黑界地相接，但有明顯的界限。據查：之前，我處多次檢查，沒有任何越界事。而且前不久，我旗協理貢其格和神木理事司員所派劉鍾一起到牌界地查看，共同確定：除了札蘭納木吉拉開墾幾頃外，在牌界地無此類事。……之前催頭趙中年、吳俊德等人幾次誣陷我旗梅林納木吉拉等二十七人偷墾黑界地，我旗正盡力查清事實。此次，明有神木理事司員衙門出具的牌界地證明，但趙中年等人不理衙門，陷害蒙人。」〔註266〕章京柱木道爾吉等人因為開墾黑界地被漢官牌頭告發受到處罰，但是郡王認為柱木道爾吉開墾的是黑界地外（即牌界地外）的蒙地，「所開墾之地雖與黑界地相接，但有明顯的界限」，而且蒙官之前已經和神木司員派員一同查看，除了札蘭納木吉拉開墾少量黑界地外，沒有人耕種「牌界地」，所以郡王認為牌頭屬誣告。而梅林納木吉拉等人偷墾黑界地的事情正在查處。

可見，道光年間，漢官對黑界地私墾無查禁權。當時，蒙人開墾黑界地外的禁墾土地，由所在旗蒙官處罰。如果涉及到蒙人越界開墾其他旗土地，則由各蒙旗、盟長查處，神木同知協調上報理藩院或由綏遠城將軍查禁，漢官無管轄權。黑界地由蒙官達慶看守，如果蒙、漢人各自或合夥開墾，則由蒙旗和神木同知共同查處，漢人定罪後交由其籍貫所在的縣衙處罰，漢官無權擅自處罰。在夥盤地內，蒙官負責收租，漢官牌頭負責管民，如漢人發生開窯、修房、冬季不歸等明令禁止的情形，蒙官和漢官皆可以管轄；對欠蒙旗地租、涉及蒙人的命案等，蒙官、漢管皆可管轄彙報給神木同知；對於純漢民之間的糾紛，則由漢官管轄。

儘管神木司員巡邊制度在清末存在這樣或那樣的問題，但是畢竟作為一種相對獨立的、超然的對夥盤地地域內的監督機關。而放墾前期，神木司員被撤，隨著放墾的深入，蒙漢利益出現膠著、糾紛激增，神木同知由於對漢族利益的天然關懷，可能存在偏袒漢族的情形，蒙旗利益救濟渠道閉塞，蒙

〔註266〕《鄂爾多斯札薩克多羅郡王巴佈道爾吉、協理臺吉因牌頭誣陷所屬旗民擅墾黑界地呈神木理事司員衙門文》（道光六年十二月初三日），《鄂爾多斯左翼中旗（郡王旗）札薩克衙門檔案》（1649～1949），513-2-931。

漢利益調處機制紊亂，這也是致使丹丕爾抗墾、貽谷被參，西蒙墾務功敗垂成的重要原因之一。

第二，蒙旗王公逐步喪失對夥盤地租賦部份所有權

關於夥盤地設置之初，其租賦在蒙旗內部的分配，現存史料沒有明確的記載。從《馬爾泰檔2》中記載，「至若禁留五十里之外，本爲蒙古之人，從前不無越界耕種者，皆由漢人覬覦沃壤，夷目勾引私肥以致該王札薩克等，有其地而不得其利，心不能平，應再委員前往會同辦理夷漢事務郎中及盟長等，將前後情節，明白剖晰，逐一清釐，其勾引分肥之夷目，聽該札薩克等嚴加懲治，將私耕越界之漢人，急令收回，以清地界。」從這裡看，五十里外的蒙古游牧地此時事實已經分配給蒙旗下屬官員，札薩克王並不完全佔有游牧地的全部土地，所以無法獲得私墾的全部收益權，「心不能平」。但是《馬爾泰檔2》沒有記載夥盤地內的收益權分配問題，從該文的記載看，蒙旗札薩克王定能控制此項收入。這項收入是否歸札薩克王支配，漢文文獻中沒有記載。但是札薩克王附有賑濟旗內災民的義務，我們可以通過以下文獻得出：

按照康熙二十一年（1682年）貝勒達爾札借牧、康熙三十六年「合夥種地」的目的以及雍正十年「蒙旗因災」重新獲得收租權看，該項地租理應很大部份給蒙古貧民救災用。以康熙二十一年鄂爾多斯首次借牧爲例。康熙二十、二十一年（1681～1682年），蒙古發生了饑荒，康熙帝向蒙古撥付內地儲糧，並遣官賑濟，「今遣官往外藩蒙古地方賑濟，務期貧人均霑實惠，毋授豪強囑託。爾等應加嚴飭，以副朕柔遠之意」〔註267〕，康熙帝對賑濟蒙古採取非常謹愼的態度，調發的米糧應用盡用，並對官員警戒，「（查看受災蒙古時），間遇有牲畜者，爾等勿以爲有此，即可度日，不行察出，其牲畜之物，今若食盡，明年必致又饑，其稍有牲畜，而米穀缺乏，生業艱難者，亦以實聞，務加詳愼，毋忽。」〔註268〕可見，面對蒙古災荒，朝廷除了允許蒙旗越界借牧外，還從關內運送穀物賑濟貧民。這也是陝蒙邊界禁留地逐步獲得開墾的最重要原因。

〔註267〕《清世祖實錄》卷96，康熙二十年五月癸亥。同時參看，《清世祖實錄》卷96，康熙二十年五月壬戌；卷96，康熙二十年五月甲子；卷96，康熙二十年五月丁丑；卷96，康熙二十年六月丙子；卷97，康熙二十年八月甲申。

〔註268〕《清世祖實錄》卷97，康熙二十年八月庚寅；卷141，康熙二十八年八月丁丑；卷145，康熙二十九年四月丁丑。

　　乾隆抄本《理藩院則例・賑恤》對蒙旗救災有了系統的規定：「國初定，蒙古如遇災荒，令附於該札薩克及各旗富戶喇嘛人等，設法養贍。如仍不敷，該會內人等共出牛羊，協濟養善。……倘連歲飢饉，該會內力不能養濟，著盟長會同札薩克等，一同具報到院，由院請旨，遣官查勘，發帑賑濟，將該札薩克王、貝勒、貝子、公、臺吉塔布囊等次年俸銀，預行支付，一併入於賑濟項內使用。」之後康熙、乾隆朝，對賑濟蒙古的事項進行了細化，如乾隆十二年（1747 年）烏珠穆秦四旗受災較輕，旗下的二萬多貧苦蒙民，都由本旗札薩克自己贍養，不需要救濟，乾隆對此大加讚賞，「該札薩克等如此辦理，雖係其分內之事，朕甚嘉之。」〔註269〕可見，清初札薩克王附有救災的義務，極有可能用夥盤地的收益救災。

　　《準格爾旗衙門檔案》中記載了乾隆中準旗夥盤地租賦的分配，「據查，本旗境內出關民人種地之牛犋中，王公臺吉等收取租銀之地畝一千牛犋，平人等收取租銀之地畝一千牛犋。共計租銀一千餘兩，糧八千斗。據查，本旗貧困臺吉、兵丁、平人等有六百戶，然十七蘇木之人口並不均等。先前之昂班、總督等定例以來，本旗境內定居墾種之民人已有三百五十戶，九百五十口。照例，應按其人數，收取錢糧銀二兩以下五錢以上，糧十五斗以下五斗以上不等，分別發給王公臺吉及平人等。」〔註270〕這裡面很明確的說明，夥盤地的租賦的分配情況，租賦由準旗札薩克收取並分配，分配主要由兩部份組成，一部份是札薩克自用，另外一部份分配給貧困蒙官蒙民。

　　《郡王旗衙門檔案》中有類似的記載：「在乾隆廿九年（1764 年），神木理事司員（副臣）定福規定：在我旗境內沿著長城種地的漢人之生息銀（夥盤地所徵租賦）、糧食中，每年拿出一千二百八十餘犁地的銀兩，分給旗內貧困的臺吉、平民。從那之後，每年分給臺吉、平民的銀錢數量不同。」〔註271〕準格爾衙門檔案中也有 1764 年發生的該事的詳細記載〔註272〕：事情緣於郡王旗郡王札木揚之福晉與札木揚的兒子、郡王車淩多爾濟發生了爭執，於是把

〔註269〕乾隆抄本《理藩院則例》，《賓客清吏司・賑恤》，第 89～91 頁。

〔註270〕《札薩克多羅郡王車淩多爾濟爲查明地租銀糧存檔呈盟長文》（乾隆三十七年十二月十五日），p140。

〔註271〕《札薩克多羅郡王巴佈道樂吉、協理臺吉呈乾清宮行走、盟長札薩克多羅郡王》（道光初年四月），《鄂爾多斯左翼中旗（郡王旗）札薩克衙門檔案》（1649～1949），513-2-900。

〔註272〕《普福等爲捌分地畝事致理藩院文》，乾隆三十年三月十六日（p132～137）。

夥盤地的部份地租交予盟長掌管並由神木理事司員查核，「以救濟本旗貧苦臺吉、阿勒巴圖等」，並且要求車淩多爾濟不得擅自挪用，而餘下的「一千牛犋地畝依耕地之肥沃」，由郡王車淩多爾濟與札木揚之福晉六四分，劃分的標準是依照他們各自所屬阿勒巴圖居住的遠近指定。我們發現，郡王旗夥盤地所收的租賦可能原本就供郡王家庭使用，餘外的平分給貧民，其他官員不能獲得；由於郡王家庭內部矛盾，以至於盟長和神木理事同知介入，從 1764 年後開始保管和監督每年分給貧困蒙古的那一份，事實上將夥盤地已經劃分給三個所有權人。這說明三個問題：

一是包括郡王旗夥盤地收租權專屬於郡王，其他官員無權擁有。收得的地租供札薩克家族內部使用外，還不得不留出一部份養贍貧苦蒙人。因郡王旗郡王家族內部矛盾，爲了保障貧苦蒙民的利益，在 1764 年，該旗夥盤地租賦的收租權和分配權受到制約。

二是從劃分郡王及前郡王福晉土地的標準以及他們各自擁有土地的情形看，當時的土地已經私有化，郡王內部、蒙旗官員和蒙古貧民都事實上獲得土地的所有權和使用權。另外，夥盤地地質不同，所有各種類型土質的夥盤地租賦也不盡相同。

三是夥盤地分配方案已經制度化。貧困蒙人的地租固定化，「每年一千二百八十餘犁地的銀兩」。由於實際開墾、摺荒，或者是徵收力度以及貧困蒙古數量變化等原因，眞正分配到貧困蒙古手中的「數量不同」。

3、蒙旗獲得夥盤地土地所有權一直延續到民國時期

夥盤地土地所有權經貽谷放墾放墾後，大部份轉移到漢族手上，但是直到建國前夕，陝北榆林六縣中仍有榆林縣的「河東、河西、雙建三鄉，係蒙地開墾無賦糧，向蒙地繳納場糧地租」〔註273〕，這一點已經在民國檔案中注明。我們還可以通過榆陽檔案館所藏的全部有關夥盤地的地契中得到這樣的結論。

榆林檔案館所藏房屋買賣、土地（買賣、典當、租種、徵用、兌換）等地契〔註274〕，對於長城內的土地，不管是從衛所分配所得，還是自墾所的，

〔註273〕《民國陝西省第一區各縣田賦賦額款數目統計表》、《陝西省第一區各縣縣境土地面積狀況調查統計表》（1942 年 7 月～1946 年），榆林市檔案館藏，64-6-4-49。

〔註274〕榆林市榆陽區檔案館藏：《土地（過接、典當、租種、徵用、兌換）文約》，未歸檔。

都可以採取買賣等一切形式；而口外夥盤地，在清代只能採取典當、過接等形式轉讓使用權，而不能採取買賣形式轉讓所有權，同時在契約中注明土地來源是「口外夷地」、「蒙地」，繳納的「場地費」和「場糧」（即夥盤地租賦），並且各地段的四至、畝數記載得十分詳細。在民國十年（1921 年）左右，這些土地能夠自由買賣，但是仍向蒙旗交納「場糧」，但從現有的記載看，絕大部份已經不向蒙旗交納場費，而向地主交納「租費」。這些地契在建國後，分別由榆林市政府收回作廢。今將該館所藏地契全部口外土地全部整理後，得出下表 5-16：

表 5-16　榆陽檔案館所藏陝蒙交界夥盤地典當、過接、租用等地契

時　間	性　質	地　點	數量	備　注
嘉慶 25 年 11 月 23 日	過接	正城口外牛圈壕灘地（夷地）	二犋	1953 年 6 月 18 日收回作廢
道光 10 年 12 月 29 日	過接	正城口外牛圈壕灘地（夷地）	一犋半	1932 年 10 月 21 日由受接者內部均分
咸豐 7 年 5 月 3 日	過接	正城市口外小地名高墩兒灘沙地（口外夷地）	七犋	
民 10 年 3 月 10 日	轉過接	自接的李戶人破墩澗河條沙地（蒙地）	一塊	有四至無數目
民 10 年 11 月 7 日	過接	響水堡口外耳林灘地（夷地）	一塊	有四至無數目
民 10 年 12 月 29 日	過接	五勝旗什灰教梁地西頭（夷地）	兩段	有四至無數目
民 28 年 2 月 9 日	過接	自買的烏審旗下什拉帶南梁灘沙梁地（夷地）。灘地六七坰；梁地十三四坰，火場地十餘坰		
光緒 12 年 2 月 19 日	典當	鎮城口外高墩爾灘、沙地（蒙地）	七犋	1917 年 5 月 11 日贖回
民 11 年 11 月 15 日	典當	分到鎮城口外二道河子郝家灘水地	一坰半	
民 7 年 2 月 9 日	租地	尚岱名下高墩灘兒地一十六段；頂春壕四犋牛四分之一公沙地一段		一租三年；場糧二斗五升，租費每年租股四石，糜穀黑豆小麥四色；廟施一切歸租戶承辦

民 7 年 2 月 9 日	租地	尙岱名下高墩灘兒地一十四段；頂春壕四㹀牛四分之一公沙地一段	租股一石三斗，糜穀黑豆小麥四色；場糧八升米。其餘同上
民 7 年 2 月 28 日	租地	尙名下高墩灘兒地半隻牛㹀地	滿年租股子九斗；差務場糧租戶承交
民 9 年 12 月 29 日	借款質地	自己置到石灰教梁，西頭地一俸，東至本姓二門地，西至牌子、南至舊牌、北至新牌；石灰教東頭地一俸，南至舊牌，北至新牌，西至本姓大門地，東至啃的蓋哈魯本主地，東西 210 步寬	啃的蓋哈魯本主，顯係該地原來的蒙古主人
民 11 年 4 月 21 日	借款質地	分到鎮城口外二道河郝家灘水地一坰半	四至分明無畝數

資料來源：榆林檔案館藏地契、房契等契約（未歸檔）。

上文中，我們已經分析了夥盤地直到民國十年左右，才能夠轉讓，而之前都採取過接等形式。民人在夥盤地按規定是不能建房定居的，而應該春進冬回。但是從表 6-3 中的第 15 條中〔註275〕，盡然原過接契約無法判斷其具體時間，但是從其上下契約的時間和榆林檔案館的初步分類看，此契約當屬於康熙五十年後，更多是在乾隆二十三年後。我們發現：「正城席際灣」（鎮城席季灣）夥盤地的土地已經劃分得很詳細，如「不到上水灘地一段，約有六牌，東至楊姓地爲界，西至關賈二姓地爲界，南至崔姓地爲界，北至楊姓地爲界」，該地點東、西、南、北都有民人佃租。更重要的是：當時轉讓的夥盤地已經有了房屋、碾磨等，「又有火場地一塊，內有東泥菴三間，門憲坑皀栓關俱全，又有畔馬圈草馱二處，與路相連，東西俱至關姓處爲界，南至老火場牆爲界，北至關姓場畔爲界。又有老火場房基地一塊，草馱圈洛相連，碾磨俱全，出路公行，四址分明」。

我們可以進一步根據榆林地契中，尋找答案並爲下文分析打下基礎：

在嘉慶二十五年（1820 年）的一個過接地契〔註276〕中，「正城口外牛圈壕灘沙地二㹀」，該段地中已經有了「有龍王廟一間，鐘一口，磚照壁一座，西土房三間，房門二合，亮窯俱全，圈落棚帳俱全，大小樹株，一切炸雷，

〔註275〕《立過接正城口外席際灣夷地文約》（時間約在乾隆二十三年後），榆林地契。
〔註276〕《高泰將祖接自分到正城口外牛圈壕灘地過接高文炳文券》（嘉慶二十五年十一月二十三日）。

隨地有鐵犁二枝，稍鍋一面，鋤頭二把，鍁四」。

道光十年（1830年）的過接地契〔註277〕中，「正城口外牛圈壕灘地一棋半」地內「有龍王廟一座，門憲俱全，……陰壁一座，北土房屋三間，……每年應出場地錢隨地完納」，「此地內之樹株將來無論何家永遠不能分獲，年年作爲壩河費用材料，無害公益也。再者李黑驢火場借用地盤，亦永不能分獲，先祖義田北房牆後餘地半埆，每年租股作先人瑩上點燈之用項，公同已定無改此批。」

咸豐七年（1857年）過接地契中，在榆林鎮城口外，「神廟後灘地一段，約有五埆，東至沙畔爲界，西至趙姓地畔爲界，南至神廟爲界，北至王姓地畔爲界。」〔註278〕

光緒十二年（1886年）的一個典當地契〔註279〕，「鎮城口外小地名高墩爾花分灘沙地七棋牛之數內」，「地內所有南北柳把庵子二處，樑柱坑皂栓關俱全，相隨牛馬羊圈三處，草圐圙一處，隨帶牛馬牛糞共五百馱，至於火盤出路，均係四分之一，公行公走，地內獲長樹株柳卜各自經收，糧盡地撤，四址分明，水由舊道。……隨地帶場地錢八百七十五文，場糧六斗三升七合半」。

通過上面五則夥盤地的地契，我們可以基本認識到：至光緒十二年（1886年），鎮城口外的夥盤地已經有了臨時居住的房屋和供民人祭祀用的寺廟，但是農民仍不能定居，從「泥菴」、「棚帳」、「土房屋」、「柳把庵子」等房屋建築特徵可以看出。而夥盤地的柳樹等，「各自經收，糧盡地撤」，顯然在夥盤地仍不能定居收穫。而光緒十八年（1892年）鎮城口內的一個過接地契〔註280〕中，「西郊外芹河王家樓稻旱地沙地六段」，「地內有西北磚包瓦房五間」，出現了「磚包瓦房」，這與口外的泥房之間有多麼大的差別。這是鎮城口外的夥盤地，也許稽查更爲嚴密，但是耕種時間也更爲長久，內地化程度也更深，理應最先建立定居房屋。

所以，我們可以確定幾點：

〔註277〕《高呂氏同子鳳將祖接自分到地過給與張治文約》（道光十年十二月二十九日）。

〔註278〕《李過春將吾父置到口外夷地過給與尚萬翔/翱/章文券》（咸豐七年五月初三日）。

〔註279〕《尚萬翱同子益/省/耕三將自接到鎮城口外地出典與本城人米珠文券》（光緒十二年二月十九日）。

〔註280〕《尚達三仝任尚朝武將祖置西芹河口地過接於堂兄尚益/耕三文約》（光緒十八年十一月十五日）。

一是至道光十二年（1886 年）甚至到貽谷放墾前，夥盤地禁止民人定居的禁令執行得很嚴格。民人在夥盤地內只能安設基本的居住土房、牲畜圈、栽種護田護房的樹木和祭祀用的龍王廟，並不能建設磚瓦房屋，樹木也各自收穫，地撤時割斷搬走。

二是至道光十二年（1886 年）甚至到貽谷放墾前，夥盤地內制度安排十分嚴密。從地契看，夥盤地與相鄰的夥盤地的分界、公用道路設置、夥盤地內龍王廟的供奉、夥盤地內個人所種樹木的收穫、夥盤地不能轉讓、夥盤地內的租賦等等，都完全制度化。

第六章 明清陝蒙交界地區土地利用以及變化的驅動因子研究

　　探究明清陝蒙交界地區土地利用情況及其變化的原因，需要從人文因子和自然因子等兩方面進行權衡。人文因子包括政治、法律、經濟等要素，自然因子包括地形地貌、氣候、自然災害、水利等要素。甚至還有一些由偶發、非理性因素引發的重大事件、乃至相鄰區域的牽引和阻礙作用等。本章分節對這些要素進行探索，進而衡量其在區域土地利用及演變中的權重。

6.1　封禁政策與禁留地的設置

　　研究陝蒙禁留地產生的原因，不能脫離清初的封禁（隔絕）政策，而與之密不可分的是盟旗制度。學者對清代的封禁政策已經進行了深入研究。產生原因，一般認爲是清廷爲了維護統治，「聯蒙制漢」，禁絕漢人移墾〔註1〕；也有學者認爲是對蒙民、蒙地生態的「保護政策」。〔註2〕臺灣學者溫浩堅對

〔註1〕 持此觀點的主要學者和文章有：邢亦塵：《關於蒙墾分期問題的思考》，《內蒙古社會科學》，1989 年第 3 期，第 57～62 頁；蘆明輝：《清代蒙古史》，天津古籍出版社，1990 年，第 91 頁；梁冰：《伊克昭盟的土地開墾》，內蒙古大學出版社，1991 年，第 42～43 頁；王衛東：《鄂爾多斯地區近代移民研究》，《中國邊疆史地研究》，2000 年第 10 卷第 4 期，第 70～84 頁；周清澍：《試論清代內蒙古農業的發展》，《元蒙史札》，內蒙古大學出版社，2001 年，第 198 頁；周之良：《清代鄂爾多斯高原東部地區經濟開發與環境變遷研究》，陝西師範大學碩士論文，2005 年，第 14～16 頁。

〔註2〕 持此觀點的主要學者和文章有：〔日〕田山茂：《清朝的對蒙古政策》，《蒙古史研究參考資料》，新編第 36 輯（總第 61 輯），第 71～76 頁，內蒙古大學蒙

以上的觀點進行了綜述並提出了新的看法〔註3〕。筆者認為封禁政策是滿族政權在逐步壯大中所形成的「分而治之」、「因俗而治」治邊思想的具體措施〔註4〕，並在此指導下形成了以盟旗制度〔註5〕、民族法律體系〔註6〕和多層次的

古史研究所編印，1984年；〔日〕田村實造：《清朝統治蒙古政策》，《中國邊政》，第47期，第23～28頁；成崇德：《清代前期對蒙古的封禁政策與人口、開發及生態環境的關係》，《清史研究》，1991年2期，第26～31頁。

〔註3〕 溫浩堅：《清代蒙古的封禁隔離政策》，臺灣國立大學歷史系研究所碩士論文，2004年6月。

〔註4〕 在後金建立政權之初，面臨著兩大挑戰：一是如何學習、繼承和發展歷朝政治制度特別重視「內邊」的思想（馬大正提出「內邊」、「外邊」概念），尤其是明朝「封禁隔絕」的治邊思想和制度（如洪武年間至宣德年間，明廷以利用蒙古韃靼部和瓦剌部的矛盾相互制衡，在明末又與林丹汗結盟共同對抗後金政權，同時修築了長城，通過戰爭和互市方式限制蒙漢交流，設置延綏鎮界石的軍事緩衝區、明廷以漢代對河套的經營而萌發的三次收套復套之議、仿傚北宋「緣邊」、「次邊」分兵屯守就糧的方法），從而形成自己治邊思想和制度。二是如何分化、爭取和打擊蒙族各部，為統一草原、攻打明朝以至取得全國政權奠定基礎。「因俗而治」又吸收了蒙古的舊俗，保留了蒙旗內部原有社會關係的延續性，是一種滿蒙都可以接受的政治統治方式。如鄂爾多斯部自15世紀中期便分封了六萬戶，擁有12個鄂托克，清初實行的盟旗沿襲了鄂托克的傳統。又如禁止越界游牧制度，是沿襲了蒙古舊俗。元代蒙古草原上各游牧部落便劃分了界限，1640年蒙古《衛拉特法典》也是嚴格限制蒙人越界耕種。清廷將這項舊俗吸納如法典，嚴禁越界游牧，違者依法處置。同時也有所變通，對於因災影響牧場的情況，可以請求清廷暫時接牧，順治朝對不適應蒙旗習俗的法律進行變更。

〔註5〕 所謂的盟旗制度，簡單而言，就是清朝在統一蒙古各部過程中，根據各民族歸附時間和臣服狀態採取不同的管理方式，將蒙古各旗分為內屬蒙古和外藩蒙古。內屬蒙古不設札薩克，而以都統、總管或佐領管轄；外藩蒙古，設札薩克管理，擁有較大的行政、軍事、立法和司法權。外藩蒙古又分為內札薩克與外札薩克兩種旗。從地域上看，漠南蒙古是內札薩克，漠北、漠西蒙古屬於外札薩克。一般而言，內札薩克旗是清（後金）政權聯盟、信任並倚重的對象。崇德元年（1636年），後金僅分封27個內札薩克，入關後不斷增置，至乾隆五十七年（1792年）最終建成從嫩江流域越過興安嶺到阿爾泰山，再往南到西藏的整個蒙古族地區，建立了盟旗制度。

〔註6〕 崇德八年（1643年），系統梳理了針對蒙古各部的法令尤其是軍令，彙編成《蒙古律書》。順治朝已經確立了蒙漢分治、蒙法輕省的原則，「外藩蒙古，凡事與在內有異」。康熙、雍正、乾隆朝前期，不斷將新的法條編入《蒙古律書》並更名為《蒙古律例》，至乾隆五十四年（1789年）校訂後，為12卷209條。《蒙古律例》內容豐富、體系嚴密，是清朝對蒙古立法趨於系統化、制度化的標誌。《理藩院則例》是清朝治理蒙古族和西、北地區其他少數民族的行政法規。從清初到嘉慶年間很長時間，清廷一直未修《理藩院則例》，理藩院的各種典制、事例等工作條例，全部是在《大清會典》的理藩院部份中制定的。

監控體系〔註7〕爲途徑的治理方式並逐步得到強化。封禁政策更是現實政治政
治的博弈。囿於研究重點，筆者不展開討論。

6.1.1　鄂爾多斯部及其內屬化

　　根據蒙旗制度，清廷對歸化城土默特、八旗察哈爾旗等內屬蒙古控制較
嚴，在外屬蒙古中的又對內札薩克控制較嚴。清朝統一的過程可以說是一部
運用「分而治之」思想和手段不斷分化蒙古各部的歷史，也是一個將盟旗制
度推廣並根據蒙旗親疏、政治控制等原因不斷將札薩克旗內化的開始，包括
外札薩克旗變成內札薩克旗，內札薩克旗變成內屬旗。鄂爾多斯部建立盟旗
制度是一個漫長的過程，初建於順治六、七年，完成建旗則在乾隆五、六年，
存在一個由類外札薩克旗向類內札薩克直至變成真正的內札薩克旗的過程。
這與官修正史中的記載出入很大，多數學者也未加重視。相應地，鄂爾多斯
經歷了一個從盟友——「類外札薩克」——外札薩克——「類內札薩克」〔註
8〕過程。

1、天聰九年從盟友到「類外札薩克」

　　天聰八年（崇禎七年，1634 年）五月，後金第三次西征察哈爾並與鄂爾
多斯部達成聯盟。閏八月，皇太極「令鄂爾多斯濟農收其部眾，博碩克圖汗
子集土默特部落人，各駐於移營處，俾使遣往圖白忒部落使人，得取道於彼。」
〔註9〕事實上，後金大軍未至前，鄂爾多斯部招降了林丹汗之子額哲及擁有歷

　　　至嘉慶二十年（1815 年）刊行漢文本《理藩院則例》，後增至增至 65 門 1454
　　　條。趙雲田對各朝有關乾隆朝抄本《理藩院則例》和康、雍、乾隆、光緒《大
　　　清會典》中有關理藩院的則例點校和整理。《理藩院則例》包括的內容、法律
　　　效力的覆蓋面和系統化程度上已經遠遠超出以往的《蒙古律書》和《蒙古律
　　　例》，代表了清廷對蒙古和其他民族立法的最高成就。作爲基本法的《大清律
　　　例》更多是用准用性規則指引蒙古犯罪使用特別法。乾隆五年（1740 年）正
　　　式定名爲《大清律例》，共 30 篇 40 卷 30 門，律文 436 條，附例 1049 條，堪
　　　稱集歷代封建法律之大成，律例所載，嚴密周詳。
〔註 7〕　筆者歸納：針對鄂爾多斯的三層監控體系爲：中央建立了理藩院；河套北側
　　　歸化城土默特旗、察哈爾旗的內屬及綏遠城將軍、察哈爾將軍的設立；鄂爾
　　　多斯內部驛站與卡倫的設立。
〔註 8〕　筆者根據清初鄂爾多斯部所處的地位，比照乾隆中蒙旗制度的分類，將天聰
　　　九年前鄂爾多斯與清的政治地位定爲與盟友，之後變爲「類外札薩克」；而把
　　　順治六、七年後稱爲「類內札薩克旗」。
〔註 9〕　《清朝太祖太宗世祖朝實錄蒙古史史料抄》，第 297 頁，天聰八年閏八月壬辰。

代傳國玉璽的蘇泰太后福金〔註 10〕，收留了察哈爾部部眾，葆有統一蒙古的雄心。待後金軍至，統領多爾袞在與鄂爾多斯濟農見面時，「察其有異志」，於是拘禁了濟農，迫於軍事壓力，鄂爾多斯部不得不交出察哈爾蘇泰太后母子及其部眾「千餘戶及一切諸物」〔註 11〕，讓出了勝利果實。天聰九年（1635年），後金得勝班師，「分兵一千駐營歸化城，防守察哈爾降民，⋯⋯分土默特壯丁三千三百七十名，為十隊，每對以官二員主之，授以條約，又授鄂爾多斯部落條約」〔註 12〕。駐兵歸化城，名義上防範察哈爾降民，也是對鄂爾多斯部的制約，並用法律約束他們，鄂爾多斯正式臣服。隨之，鄂爾多斯又交出其收容的八百名察哈爾壯丁，後金將他們「補各旗之缺少者」〔註 13〕。乾隆抄本《理藩院則例》〔註 14〕、《大清一統志》〔註 15〕、《蒙古游牧記》〔註 16〕、《蒙古回部王公表傳》〔註 17〕、《清代藩部要略稿本》〔註 18〕相關記載，都能與上文互證。

　　鄂爾多斯臣服後，與後金政權保持了一種朝貢往來，即類「類外札薩克」的形式。耙梳《清實錄》，在這個階段，鄂爾多斯與清廷除了僅有的一次——順治元年（1644 年）鄂爾多斯彙報陝北農民起義軍動向外〔註 19〕，雙方的聯繫主要是通貢，鄂爾多斯部並不負有出兵、朝覲等義務。在入關前，鄂爾多斯部落臺吉並未參與也並未參加滿清的一些重大禮儀活動〔註 20〕，天聰十年

〔註 10〕 《清朝太祖太宗世祖朝實錄蒙古史史料抄》，第 339 頁，天聰九年八月庚辰。
〔註 11〕 《清朝太祖太宗世祖朝實錄蒙古史史料抄》，第 329 頁，天聰九年四月丙子。
〔註 12〕 《清朝太祖太宗世祖朝實錄蒙古史史料抄》，第 338～341 頁，天聰九年八月庚辰。
〔註 13〕 《清朝太祖太宗世祖朝實錄蒙古史史料抄》，第 346 頁，天聰九年九月丙辰。
〔註 14〕 乾隆朝內府抄本《理藩院則例》，趙雲田點校，《西藏歷史漢文文獻叢刊》，中國藏學出版社，2006 年，第 13 頁。
〔註 15〕 嘉慶《大清一統志》卷 543，
〔註 16〕 〔清〕張穆：《蒙古游牧記》卷 6。
〔註 17〕 包文漢、奇‧朝克圖整理：《蒙古回部王公表傳》第一輯，卷 43 傳 27「鄂爾多斯部總傳」，第 318 頁，內蒙古大學出版社，1998 年。
〔註 18〕 包文漢整理：《清代藩部要略稿本》卷 1，《內蒙古要略一》，黑龍江教育出版社，1997 年，第 15 頁。
〔註 19〕 《清朝太祖太宗世祖朝實錄蒙古史史料抄》，順治元年正月丙辰，第 649 頁。「中原流寇勢愈披狂，攻陷陝西郡縣，漸逼邊境。遣使貽書曉諭之」，寥寥數語。
〔註 20〕 《清朝太祖太宗世祖朝實錄蒙古史史料抄》，天聰十年三月丁卯，四月乙亥、乙酉，第 381～384 頁。

（1636 年）十月設旗中也沒有鄂爾多斯各部名字〔註21〕，更沒有出兵助清的記載〔註22〕。相反，在崇德六年（1641 年）喀爾喀再次侵擾歸化城，「第恐彼明取歸化城」，此時朝廷準備調動正在與明軍鏖戰的遼東後金兵援救〔註23〕。清入關後取陝西，借道鄂爾多斯，也未調鄂爾多斯部落兵馬，並對「擅至鄂爾多斯、土默特地方，索取馬匹」的和碩英親王阿濟格定罪奪爵〔註24〕。清入關後，至順治六年鄂爾多斯部札木素和多爾濟的叛清前，仍不令鄂爾多斯部出兵協助。固然皇太極在崇德八年（1643 年）言：鄂爾多斯和土默特格根汗等部歸附蒙古，「盡欲舉兵，以地處甚遠，令其各安地方，仍與漢人貿易」〔註25〕，用游牧地偏遠來說明不出兵的原因，僅能解釋遼東戰事，但無法說明喀爾喀兩次攻打歸化城的戰事。

甚至，崇德三年（1638 年）皇太極率軍營救歸化城班師途中，嚮明守將索取原賜察哈爾的歲幣並提出宣大互市要求，隨後歸化城土默特部將明朝給予該部歲幣獻給後金，但《清實錄》沒有鄂爾多斯部效法的記載。崇德六年五月，見歸化城「城小壕狹，倘敵人來侵，難容屯駐」，在歸化城外築牆〔註26〕；崇德元年（崇禎九年，1636 年）四月，李自成大敗延綏鎮守軍，延綏總兵「狪霄被執」、「延綏精卒盡覆」〔註27〕，延綏鎮等地「有警，自顧不暇」〔註28〕，鄂爾多斯部完全可以策應清廷南進攻明，但《明實錄》、《清實錄》中崇德元年後沒有鄂爾多斯部大舉進攻陝、甘的記載。我們無法確知天聰九年（1635 年）後金授鄂爾多斯部落條約的具體內容，但是崇德五年（1640 年）清廷與蘇尼特騰機思的賜命中有：「准免供應馬匹、口糧，遇出師行獵，任其隨行，世襲達爾漢號不絕，人賜貂鑲朝衣、貂帽、帶、靴、緞布等物」〔註29〕。

〔註21〕　《清朝太祖太宗世祖朝實錄蒙古史史料抄》，崇德元年十月丁亥，第 399 頁。

〔註22〕　《清朝太祖太宗世祖朝實錄蒙古史史料抄》，崇德三年正月庚辰，第 451 頁；崇德三年二月戊戌、己亥、丁未、癸丑，第 452～453 頁；三月丙寅，第 456 頁。

〔註23〕　《清朝太祖太宗世祖朝實錄蒙古史史料抄》，崇德六年七月丁酉，第 565 頁。

〔註24〕　《清朝太祖太宗世祖朝實錄蒙古史史料抄》，順治二年二月辛酉，第 664 頁；順治二年閏六月丁未。

〔註25〕　《清朝太祖太宗世祖朝實錄蒙古史史料抄》，崇德八年七月丁巳，第 633～634頁。

〔註26〕　《清朝太祖太宗世祖朝實錄蒙古史史料抄》，崇德三年二月壬戌，第 455 頁；崇德四年八月己巳，第 511 頁；崇德六年五月壬寅，第 559 頁。

〔註27〕　〔清〕谷應泰：《明史紀事本末》卷 78，《李自成之亂》。

〔註28〕　《清朝太祖太宗世祖朝實錄蒙古史史料抄》，崇德六年七月丁酉，第 565 頁。

〔註29〕　《清朝太祖太宗世祖朝實錄蒙古史史料抄》，崇德五年正月辛巳。

鄂爾多斯部落的情況與其何其相似。

通過上面的分析，可以肯定的是：在鄂爾多斯歸附後很長的時間內，僅是與清廷維持一種鬆散的關係。清廷只是形式上獲得了鄂爾多斯的朝貢，但鄂爾多斯不負有出兵、供應馬匹等義務，並保存著相當的軍力。同時，清廷在政治上更多是利用懷柔的政策，軍事上以歸化城爲重點防範鄂爾多斯與北面仍未歸附的喀爾喀蒙古的聯絡。

2、順治六、七年間成為「類內札薩克旗」

由於在河套南的延安府及延綏、寧夏、固原三鎮，在清初仍保持一定的軍事實力。延安府是明末農民起義戰爭策源地，反清力量十分活躍〔註 30〕。順治二年（1645 年）正月，清軍攻克延綏鎮，之後將陝西降將組成「綠營軍」，就地操練防，保存了一定實力。對「綠營軍」既利用又防控，尤其是防範與鄂爾多斯部聯繫，理應成爲清初西北邊政的重要內容。順治三年（1646 年）的蘇尼特部騰機思反叛〔註 31〕、順治五年的山西大同總兵姜鑲叛清引發的西北危機、順治六年鄂爾多斯部札木素和多爾濟的叛清事件，都應證了清廷的

〔註30〕 參看《清朝太祖太宗世祖朝實錄蒙古史史料抄》第 649 頁，順治元年正月丙辰；第 663 頁，順治二年二月甲寅；664 頁，順治二年二月辛酉。《清史稿》列傳 197，「流賊」；談遷：《國榷》，北京古籍出版社，1958 年；吳偉業：《綏寇紀略》，上海古籍出版社，1992 年；計六奇：《明紀北略》，中華書局，1984 年；彭孫貽：《流寇志》，浙江人民出版社，1983 年；《平寇志》，上海古籍出版社 1984 年；顧誠：《明末農民戰爭史》，中國社會科學院出版社，1984 年。梁冰還用當地傳說和家譜說明清初晉陝蒙交界存在著明朝後裔，詳見梁冰：《鄂爾多斯通史稿》下卷，2009 年 7 月，第 551～552 頁。

〔註31〕 對於札木素等人叛清的原因，史料中沒有確切的原因記載。溫浩堅通過研判史料，認爲是邊禁過嚴、守邊官員蠻橫以及當時西北地區大規模反清活動導致（溫浩堅：《清代蒙古的封禁隔離政策》，第 53～54 頁）。筆者表示贊同並補充：順治四年所開的八口中，鄂爾多斯能夠與內地通商的口岸大大減少，唯一的口岸河保營位於河套西北，時札木素理應駐紮在寧夏附近，札木素遂以「控求通市」爲由「奔據賀蘭山」叛清並由寧夏巡撫奏報。鄂爾多斯額璘臣等部落未參與叛亂，「舉國來投」，額璘臣被封爲多羅郡王。至順治九年（1652 年）二月，鄂爾多斯部落叛亂最終平定（參見《清朝太祖太宗世祖朝實錄蒙古史史料抄》，第 723～724 頁，順治六年三月甲戌，「寧夏巡撫李鑒奏報，叛夷札穆素奔據賀蘭山，控求通市。不允，仍令設計捕殛」。同時參看同書，第 725 頁，順治六年五月丙戌，順治六年六月丙午；第 728 頁，順治六年九月甲子；第 729 頁，順治六年九月庚辰；第 732 頁，順治七年正月癸酉；第 742 頁，順治七年十一月癸酉；第 745 頁，順治八年二月丙戌；第 759 頁，順治八年九月丙戌；第 763 頁，順治九年二月丁未。）

擔憂，清廷也逐步強化對長城沿邊的封禁政策。騰機思反叛後，順治四年（1647年），嚴禁長城各關口進出，長城沿線僅開放張家口、河保營等八個關口，「河保營（西口古渡，「君子津」，亦稱灰溝營，今河曲縣城水西門和內長城之外，黃河東岸之上）既爲鄂爾多斯部落交易茶鹽之地，與董家口俱准開」〔註32〕。姜鑲反叛時，延綏鎮、寧夏鎮、固原鎮的「綠營軍」紛紛響應，「明參將王永疆據延安，我叛將劉登樓據榆林、甘肅」〔註33〕。隨之，鄂爾多斯札木素和多爾濟反叛，並與劉登樓結盟，「登樓未定邊屯，接札木素寇寧夏西境」〔註34〕。

　　鄂爾多斯部落與「綠營軍」的勾結，令清廷大爲恐懼，隨之更加強化了對蒙旗的經濟和政治控制。順治七年（1650年）二月，嚴格控制蒙漢買馬，「自今以後，喀爾喀、厄魯特從邊外前來，凡章京以下，披甲兵以上，若無駱隻馬匹，有願買者，每一次止許買一匹。……居庸關以內，一應官吏、軍民人等，俱不許沿途迎買」〔註35〕。同時，禁止漢族收留蒙人，「有蓄養蒙古人，或有雜居編氓蒙古人，著令各該地方官總督、巡撫、巡按、總兵等官詳細確查，悉行護送爾部。」〔註36〕對於鄂爾多斯部落，隨之設爲六旗（乾隆元年增設札薩克旗），成爲「類內札薩克旗」。

　　各地反叛相繼平叛，至順治十二年（1655年），支持騰機思反叛的喀爾喀部落也承認了清廷的宗主權〔註37〕。同年，清廷明文禁止口外開墾，「各邊口內曠土，聽兵墾種，不得往墾口外牧地」〔註38〕，防範蒙漢勾結，續起叛亂。順治十三年（1656年），針對厄魯特部落二十餘次侵犯內地，順治皇帝派員前

〔註32〕《清朝太祖太宗世祖朝實錄蒙古史史料抄》，順治四年十二月庚寅，第707～708頁。

〔註33〕〔清〕魏源：《聖武記》，卷1，「開國龍興記5」。

〔註34〕《清史稿》，卷242，《列傳30・劉芳名》。

〔註35〕《清朝太祖太宗世祖朝實錄蒙古史史料抄》，第732頁，順治七年二月甲申。

〔註36〕《清朝太祖太宗世祖朝實錄蒙古史史料抄》，第733頁，順治七年二月庚寅。

〔註37〕張永江、孟森、溫浩堅等人認爲清朝對喀爾喀只有宗主國的地位，而不是行政意義上的札薩克。哈斯巴根根據領地的劃定、丁口的分配和編制等編旗的標準衡量，認爲順治六年（1469年）後設置的鄂爾多斯六旗，與當時的內蒙古東部地區的旗制有一定的差別，但內部結構沒有轉變的那麼快。見張永江：《清代藩部研究——以政治變遷爲中心》，黑龍江教育出版社，2001年，第86頁；孟森：《明清史講義》，中華書局，1981年，第428頁；溫浩堅贊同張、孟觀點，見溫浩堅：《清代蒙古的封禁隔離政策》，第53頁；N・哈斯巴根《18～20世紀前期鄂爾多斯農牧交錯區研究——以伊克昭盟準格爾旗爲中心》，第13頁。

〔註38〕《大清會典》卷166，《戶部・田土一・開墾》。

往甘州、西寧等處審問，「分疆別界，各有定制。……倘藩夷在故明時，原屬蒙古納貢者，即歸蒙古管轄。如為故明所屬者，理應隸入中國為民，與蒙古又有何與焉？其漢人、蒙古所定居址與貿易隘口詳加察核，照舊分定耕牧，毋得越境滋擾。」〔註39〕清廷按照明朝舊例，定疆劃界，此時可能正式出現「禁留地」。

3、乾隆四、五年正式成為內札薩克旗

研究鄂爾多斯建立盟旗制度，不能只是從官方文件比如有關理藩院的文件中輕率得出，還得注意實際落實〔註40〕。比如，外藩蒙古俸祿制度，直到順治十八年方定〔註41〕；又如康熙、雍正朝《大清會典・理藩院》沒有各旗游牧範圍設定方面的規定，而乾隆《大清會典・理藩院》和乾隆抄本《理藩院則例》卻明確記載鄂爾多斯七旗的游牧地。原因就在於發生在順治六、七年（1649～1650年）鄂爾多斯七旗劃界事件。

四份蒙文檔案對該事件進行了詳細的說明。其中，前兩份檔案記載的內容大部份相同。第一份現藏於鄂爾多斯檔案館的杭錦旗衙門（郝志成漢譯）〔註42〕，第二份藏於內蒙古檔案館的準格爾旗衙門（全宗號511，目錄號1，案卷號1，複製後的頁碼123～131，《準格爾旗札薩克衙門檔案譯編》中有）〔註43〕，都講述了劃界爭議產生原因、過程和處理，史料價值不容置疑。第三份檔案題為《神木理事司員劉智、巴雅爾、伊克昭盟盟長齊旺班珠爾等為勘界

〔註39〕《清朝太祖太宗世祖朝實錄蒙古史史料抄》，順治十三年八月壬辰。

〔註40〕哈斯巴根也認識了這一點。他根據準格爾旗檔案研究伊克昭盟的會盟制度，發現伊盟的會盟的時間和人員與《理藩院則例》等官方文件規定不同，他認為「法律規定與實際運作之間有很大的不同。應該充分注意這個事實。」見哈斯巴根：《準格爾旗札薩克衙門檔案與蒙古區域史研究》，齊木德道爾吉主編，《蒙古史研究》（第八輯），內蒙古大學出版社，2005年，257～270頁；《18～20世紀前期鄂爾多斯農牧交錯區域研究》，第12～14頁。

〔註41〕《清聖祖實錄》卷2，順治十八年三月戊寅；卷2，順治十八年四月癸未。而乾隆《大清會典・理藩院・賓客清吏司・俸幣》（第88～89頁）和《欽定大清會典事例・理藩院・俸祿》（卷987，第332～339頁）只寫明「原定」，沒有給明具體時間，容易讓人覺得是順治初年定的。

〔註42〕《乾隆六年關於札薩克臺吉多數牧地已不足利用一事報院後　奉上命專員高勒套等秉公酌斷增足了他們的游牧地印文一份》，郝志成漢譯，轉自其著：《也論清代鄂爾多斯七旗的劃界問題》。

〔註43〕《理藩院為勘定鄂爾多斯七旗地界札飭伊克昭盟長文》，乾隆六年（月、日不詳），《準格爾旗札薩克衙門檔案譯編》（第一輯），第123～131頁。

存檔之事札札薩克協理臺吉札布、華興文》（全宗號 511，目錄號 1，案卷號 1，複製後的頁碼 4～6），藏於準格爾旗衙門檔案中，該文先敘述了查界的經過，接著指出爭議中的三旗劃界範圍。最後一份檔案（全宗號 57，目錄號 1，案卷號 49，文件序號 12）〔註44〕藏於鄂爾多斯檔案館，敘述了杭錦旗劃界後與鄰旗的邊界情況

它們共同說明了以下四點：

一是順治六、七年（1649～1650 年）鄂爾多斯七旗劃界前，沒有劃界。「臣（神木理事司員劉智或譯爲「六智」）等查看鄂爾多斯各札薩克等地界檔冊，六旗自古同牧，並未勘分旗界」〔註45〕。此是查案所得，後經理藩院轉奏，所以是眞實的。可見，在劃界之前，鄂爾多斯沒有完成內札薩克進程。這和清代諸官方文件的記載是不同的。

二是六旗劃界的導火索在於乾隆元年（1736 年）新增札薩克旗。烏審旗和郡王旗需撥出土地給札薩克旗，但他們不願意，矛盾激化並上達天聽。

三是分界後，三旗都互有其他旗的蒙民，所以這次分界並不徹底，爲以後各旗基於土地所有權和使用權的糾紛埋下了隱患。私墾就是利用這些薄弱環節開始的。

四是在文獻中，四封檔案中都明確提出蒙旗以長城爲南界。表明蒙旗已經獲取了禁留地的土地所有權和完全的貴族收租權，以及受到限制的支配權。

事實上，清廷對距統治中心較近的諸札薩克旗以及內屬旗管制相對較嚴，政令推行較爲通暢，但是鄂爾多斯因「帶土來歸」而處於的半獨立狀態，朝廷各項政令推行較難的現象一直延續到清末。安齋庫治引清末墾務大臣貽谷的話：「若烏蘭察布、伊克昭兩盟，雖有統馭之名，從前但轉行該封遞文件，於該盟各旗一切承襲補署等事，並不與聞」（《綏遠奏議》〔註46〕）和「以言西盟，西盟本封建之蒙旗，土地其所自有，私租私放，視爲固然」（《蒙墾陳

〔註44〕轉自其著：《也論清代鄂爾多斯七旗的劃界問題》。
〔註45〕《理藩院爲勘定鄂爾多斯七旗地界札飭伊克昭盟長文》，乾隆六年（月、日不詳），《準格爾旗札薩克衙門檔案譯編》（第一輯），第 123～131 頁。
〔註46〕原文爲：「奴才查兩盟各旗地皆封建，原與察哈爾等處之隸於郡縣者，情事攸殊」（見貽谷：《伊克昭盟杭錦旗報墾蒙地原照各處一律改押荒摺》，《蒙墾奏議》，沈雲龍主編《近代中國史料叢刊續編》第 11 輯，臺灣文海出版社）。又有「查察哈爾八旗之地與古之郡縣無異，烏伊十三旗之地與古之封建無異，情形本有不同，辦理亦須分別」（見《貽谷示諭烏伊兩盟押荒歸蒙旗一半租銀全歸蒙旗由》，光緒二十八年七月十八日，《清末內蒙古墾務檔案彙編》，第 27 頁。

述供狀》〔註47〕）。他認為伊盟的半獨立狀態，還表現在清廷對其土地的領有權問題上的承認，無論在名義上或實際上，都擁有土地的封建領有權〔註48〕。

筆者認為，鄂爾多斯七旗的盟旗制從順治六、七年（1649～1650 年）開始正式建立並逐步成為內札薩克旗，至乾隆元年（1736 年）增設札薩克旗，不斷發展，到乾隆四、五年（1739～1740 年）七旗劃界時，盟旗制度完全建立。這個過程是也是清廷對鄂爾多斯多層監控體系不斷嚴密的過程。我們要高度重視伊克昭盟盟旗制度的建立以及其在陝蒙交界蒙墾種的重要作用。

6.1.2　清前期延綏鎮內地化進程

順治三年（1646 年）十月，順治同意兵部奏議：「指揮、千、百戶名色，既已盡裁，而衛所必不可裁，應每衛設掌印官一員，兼理屯事，改為衛守備，千戶改為衛千總，每所設一員，俱由部推。百戶改為衛百總，每所設一員，由督撫選委。其不屬於衛之所，俱給關防。衛軍改為屯丁。凡衛所錢糧職掌、及漕運造船事務，並都司、行都司分轄。皆宜照舊。」〔註 49〕但是各地執行起來，又是具體情況具體對待，以延綏鎮為例進行說明：

1、清初延綏鎮軍事色彩的弱化

先看清初延綏鎮文武官員的變化。康熙《延綏鎮志·紀事志》載，「（順治）十二年（1655 年）罷延綏督餉戶部；十三年三月裁榆林衛經歷司；十五年十月裁中路管糧廳，裁榆林衛儒學、訓導，裁歸德、魚河驛丞。康熙元年（1662 年）二月，罷分巡河西道，罷巡撫都御使〔註50〕」另外，順治十七年（1660 年）四月，「裁陝西綏德州駐榆林衛州判一員。」〔註51〕順治十八年，

〔註47〕 筆者未查閱到此書，不過類似的說法很多，如「以該二盟地近大河，向稱沃壤，名為禁墾，實則私開，自來規畫西陲者，罔不注意於此，乃朝旨屢下，旋即中格，向猶未有督辦專員，不足以資操縱」。（見《蒙藩延不遵調墾恩飭下理藩院嚴飭迅赴歸綏會商摺》光緒二十八年八月初八日具奏，《蒙墾奏議》。）

〔註48〕 〔日〕安齋庫治：《清末綏遠的開墾》，原載《滿鐵調查月報》第 18 卷第 12 號、19 卷第 1、2、12 號。1963 年那木雲對《清末綏遠的開墾》全文漢譯（載《蒙古史研究參考資料》第六、七輯）。《鄂爾多斯研究文集》第三輯對那木雲所譯的伊盟部份進行了轉載；《中國近代農業史資料》第一輯（李文治編，北京三聯書店，1957 年，第 816～817 頁）選譯了部份內容。

〔註49〕 《清世祖實錄》卷 28，順治三年十月乙未。

〔註50〕 《清聖祖實錄》卷 7，康熙元年九月壬午。

〔註51〕 《清世祖實錄》卷 134，順治十七年四月乙巳。

裁撤各省巡按，「各省督巡參奏事件，應互相責成擬議」〔註52〕。

　　統計康熙《延綏鎮志·官師志》所載，順治至康熙十二年延綏鎮文官系統也大量減少。其中，稅收繫統：裁撤督理全鎮糧餉戶部份司一員，裁中糧同知一員歸榆林城堡廳，西糧同知一員。康熙元年，西道裁始屬中路；裁稅課司大使一員、廣有倉大使一員衛學訓導一員，廣有庫大使一員，廣儲倉大使一員，各堡倉大使三十餘員，僅存城堡同知一員駐榆林，東糧同知一員駐神木。教育、檔案和交通系統：裁綏德衛經歷一員、榆林衛經歷一員；裁榆林衛儒學教授一員、榆林衛衛學訓導一員、靖邊所儒學訓導一員；裁榆林驛驛丞一員、魚河、歸德驛驛丞二員。

　　武官系統隨之裁減。（順治）十三年三月，裁定邊守禦所；十五年十月並三山、饒陽諸堡〔註53〕；康熙元年二月罷分巡河西道，設鄜州城守營，設榆林及綏德城守營，八年四月定鎮標三營兵制。」康熙《延綏鎮志·官師志》也詳細記載了順治至康熙十二年延綏鎮武官系統的設置。康熙元年裁撤西路兵備道，所屬職責歸中路；僅存中路榆林、東路兩兵備道，裁撤延綏巡撫後，兼餉之責。除了總兵一名、中協、東協、西協副總兵各一員、延安營、宜君營各設一員參將外，其餘中下級武官如參將、守備、游擊，或裁或降：撫標及神木、皇甫川、保寧、清平、鎮靖、安邊的共8員參將裁撤；中、左、右、皇甫川游擊各一員，明制參將改為守備；靖邊所游擊一員，明制守備改為守備；鎮城及入衛前後四營各設游擊一員，裁撤；城守營都司一員康熙元年設，以撫標所裁的左右二營兵隸之；安邊堡等守備共30名，鎮標七營守備7名、巡邊守備、各堡操守各一員、坐堡一員，皆四衛世襲，裁撤；千總九員，仍隸兵部。千把總等低級官員「向係會委，不隸兵部，康熙三年始入」，可見清初也逐步加強了對中下級官員的管理。

　　其中，改革比較大的是延綏鎮所屬的三衛：榆林衛，明代設置千戶、百戶等共412名，清初僅留守備1員，巡捕千總1員；綏德衛原有千戶、百戶共303名，僅留守備一員；延安衛原有指揮、千百戶共93名，全部裁去，而將衛劃歸膚施縣管理。衛所的官員原來也是由「督撫選委」，至清初仍舊。只是由原來的軍事性質，弱化為純粹的屯徵機構。

〔註52〕《清聖祖實錄》卷3，順治十八年六月丁酉。
〔註53〕《清聖祖實錄》卷95順治十二年十一月戊申。

表 6-1　萬曆三十五年（1607 年）與康熙十二年（1673 年）延綏鎮近邊
　　　　城堡正軍實額比較

（單位：人）

城　堡	萬曆實額	康熙實額	城　堡	萬曆實額	康熙實額
皇甫川堡	1477	197	清水營堡	971	100
木瓜園堡	745	120	孤山堡	2415	120
鎮羌堡	832	110	永興堡	930	110
神木堡	2084	515	大柏油堡	357	100
柏林堡	506	110	高家堡	1268	145
建安堡	603	120	雙山堡	612	100
常樂堡	452	110	榆林城	13709	3102
保寧堡	1530	80	魚河堡	522	100
鎮川堡	50	無	響水堡	707	100
波羅堡	645	659	懷遠堡	613	110
威武堡	481	0	清平堡	2208	100
龍州城	433	50	鎮靖堡	2302	110
鎮虜堡	397	0	靖邊堡	2062	203
寧塞堡	1117	0	柳樹澗堡	777	110
新安邊堡	588	0	舊安邊堡	1942	130
新興堡	271	0	磚井堡	676	110
石澇池堡	361	0	三山堡	325	無
定邊堡	2093	535	鹽場堡	121	50
饒陽水堡	122	0	鎮羅堡	（原額 441）	50
歸德堡	（明 408）	50			
總計	明 39 城堡實有兵丁 48153		清 39 城堡實有兵丁 7606		

資料來源：萬曆《延綏鎮志・軍數》、康熙《延綏鎮志・兵志》

　　再看作戰部隊。清初延綏鎮的兵較萬曆中期大大縮減。萬曆三十五年（1607
年），延綏鎮自有的官兵共兵 52514 名，其中近邊 37 城堡的兵丁實額 47304 名
（無鎮羅堡和歸德堡數據）〔註 54〕。康熙《延綏鎮志・兵志》記載康熙十二年
（1673 年）整個延綏鎮的官兵實額為 9629 名（因清初財政緊張、控制較嚴，

〔註 54〕詳見：舒時光：《明代萬曆年間延綏鎮近邊城堡駐軍規模及其分佈》,《軍事歷
　　　　史研究》, 2012 年第 3 期，第 31～40 頁。

此數可看做是實在額），是萬曆中期的 18.3%。同時，按康熙《延綏鎮志》補入鎮羅堡（明制原額 441 名）和歸德堡（明制原額 408 名），則明萬曆中期近邊城堡共有 48153 名，而康熙初僅 7606 名，僅占前者的 15.8%。（見表 6-1）。清初，這些兵丁集中在鎮城等六個城堡，重點防禦。其中，鎮城駐軍爲 3102 名占 40.8%；神木堡（515 名）、皇甫川堡（197）、波羅堡（659 名）、定邊（535 名）、靖邊堡（203 名）與鎮城（3102 名）六堡共有官兵 5211 員占 68.5%；其他 33 城堡平均擁有兵丁 73 名，除高家等 6 堡共有馬兵 85 名外，都是守城部隊。

　　近邊城堡的作戰功能弱化。表現在兩個方面，作戰馬騾和機動作戰部隊的大量銳減。馬是陝蒙交界作戰的利器，在冷兵器時代是進攻力的標誌。按萬曆《延綏鎮志・馬政》記載，延綏鎮原額常操輪班備禦官軍騎操馬共 47187 匹，至萬曆三十五年（1607 年），全鎮實在有馬 28798 匹，贏 1942 頭，駱 290 只，共 31030 匹（頭）。而康熙十二年（1673 年），全鎮共有馬匹 2642 匹，占萬曆三十五年的 9.2%。除神木等 6 堡駐兵較多的城堡外，其他 33 城堡的共馬兵 85 名，馬 85 匹，姑且不論。僅就鎮城、神木等 6 堡言，鎮城中、左、右三營馬步兵 2424 名，其中馬兵 1194 名、馬匹 1194 匹，加上波羅營等營，近邊能夠作戰的部隊僅有馬兵 3902，榆林鎮城三營占 62.1%。我們從這裡看出，延綏鎮已經由「九邊」軍鎮鈍化爲防守型堡壘。

　　雍正十年（1732 年），榆林設府，延綏鎮改爲延榆綏總兵（爲了敘述方面，筆者仍稱延綏鎮），內地化改革初步完成〔註55〕。此後，隨著對準格爾戰爭的結束，延綏鎮兵丁數量近一步縮小。從《榆林府志》記載能夠看出，延綏鎮兵丁從康熙十二年（1673 年）的 9629 名減少到乾隆元年（1736 年）的 9357 名〔註56〕。又到道光二十年（1840 年）的 5766 名〔註57〕，是康熙十二年的

〔註55〕延綏鎮內地化在乾隆時期仍繼續深化。雍正十三年，「陝西巡撫碩色奏，榆林府屬之靖邊定邊二縣，距府六七百里，距省千九百餘里，請改隸延安府管轄，榆林一府，僅轄榆林懷遠二縣，請將直隸葭州，及葭州所屬之神木府谷二縣，歸榆林府管轄，無庸更設直隸州，惟向隸葭州之吳堡，地在葭州之南，距榆林稍遠，請就近歸直隸綏德州管轄，下部行之」（《清高宗實錄》卷 2，雍正十三年九月戊申）；乾隆六年，「戶部議准陝西進撫張楷奏、綏德、米脂、分隸榆林衛地畝。即在榆林縣城內外。離綏德二百五十里。離米脂一百七十里。納糧不便。請統歸榆林管理。從之」（《清高宗實錄》卷 137，乾隆六年二月壬戌）。

〔註56〕《清高宗實錄》卷 49，乾隆二年八月戊寅。

〔註57〕相關內容參見，《清高宗實錄》卷 237，乾隆十年三月戊子；卷 442，乾隆十八年七月甲寅；卷 613，乾隆二十五年五月乙丑；卷 742，乾隆三十年八月壬子；卷 784，乾隆三十二年五月丙寅；卷 1163，乾隆四十七年八月丁亥；道

60%，其中常樂堡等城堡平均兵丁不足三十名。

2、清初延綏鎮綠營軍不斷減少的原因

清初主要為了解決財政赤字和對加強防範而減少綠營軍。入關後，清軍一直征伐，軍費激增，同時由於戰爭，農田拋荒，稅收不濟，順治年間一直財政赤字，一直延續到康熙十五年（1676年）左右〔註58〕。財政赤字促使朝廷不得不通過裁撤綠營兵來減少軍費支出。同時，對綠營軍的防範仍是重要原因。在吳三桂叛亂延及延綏鎮後，清軍極其被動，經略莫洛曾「以秦省兵單，請添設綠旗兵萬餘」，擬增兵鎮反。康熙回覆：「增兵必須增餉，國家錢糧，止有此數」，「秦民供億入川兵餉，已極勞苦，若增兵萬餘，貝勒經略，又統諸軍深入，萬一糧難繼，恐禁旅有匱乏之虞，而綠旗並復蹈前轍矣」〔註59〕，對綠營兵防範之嚴可見一斑。

清廷在延綏鎮保存一定數量的「綠營軍」的原因：

一是鎮壓農民起義軍，維護社會治安。事實上，順治年間，清廷有意裁撤延綏鎮在內的陝西綠營軍，時陝西總督孟喬芳奏：「秦省自明季寇變以來，荒田最多，虧正賦不貲。深山大谷，虎狼所窟，地方多事，議裁兵則不可，惟有屯田之一法，既可足食，亦可強兵，而弭盜安民亦在乎是矣」〔註60〕。所以，在陝西，為了鎮壓反清勢力和社會治安，仍然需要保存一定的綠營軍。

二是征伐準格爾戰爭中延綏鎮作為後勤基地的戰略地位。延綏鎮的綠營軍參與了平叛吳三桂尤其是征伐準格爾等重大軍事行動。康熙十九年（1680年），康熙言「榆林乃邊陲要地，爾當整頓兵馬，固守地方，撫綏兵

光《榆林府志》卷20《兵志·營制》。又見（佚名）：《陝西一提五鎮官兵馬匹程道里數冊》，清抄本，《國家圖書館藏清代邊疆史料抄稿本叢編》第19冊，線裝書局。兩書的數據基本一樣，不過後者更詳細。同時參見康熙《延綏鎮志》卷2《兵志》。

〔註58〕 順治六年（1649年），「師旅頻興，一歲收入不足供一歲之出」（《清史編年》第1卷《順治朝》第236頁，順治六年五月二十五日癸未）；「國家財賦，大半盡用於兵」（清劉餘謨：《墾荒興屯疏》，《皇朝政典類纂》卷2《田賦2·田制·開墾1》，第4頁）致使國庫空虛，順治十二年順治皇帝、太后及大臣們甚至採取募捐的形式籌錢，「多寡從其便」來賑濟八旗（《清世宗實錄》卷89，順治十一年二月己巳）。

〔註59〕 《清聖祖實錄》卷49，康熙十三年八月甲辰。

〔註60〕 《順治九年總督陝西三邊四川等處軍務孟喬芳在陝西舉辦屯政簡》，《碑傳集》卷5《孟喬芳碑銘》，中國科學院地理科學與資源研究所，中國第一歷史檔案館編：《清代奏摺彙編：農業·環境》，北京商務印書館，2005年。

民，互相輯睦。」〔註61〕康熙三十三年，復修延綏鎮至嘉峪關「三邊」長城，「其倒壞邊牆、沙淤壕塹，令兵丁修挖」〔註62〕，而對征準戰爭無直接關聯的古北口一代坍塌的長城根本不顧及。〔註63〕榆林設府後，延綏鎮官兵由兵部管轄、陝西提督每年巡查〔註64〕，在隨後的準格爾戰爭〔註65〕、新疆戍守屯邊〔註66〕、鎮壓西南少數民族〔註67〕、回民起義〔註68〕和維護地方治安〔註69〕方面起到重要作用。而到了乾隆中，對準戰爭一旦結束，又開始新一輪的裁撤。

　　三是對蒙古的防範。清廷採取「分而治之」的治邊思想，對蒙旗既利用又防範。康熙曾言：「蒙古人欲各為札薩克，不相統屬。朕意伊等若各自管轄愈善。昔太祖太宗時、招徠蒙古隨得隨即分旗、分佐領封為札薩克，各有所統，是以至今安輯」〔註70〕，「使之防備朔方，較長城更為堅固。」〔註71〕清初，鄂爾多斯初步設置盟旗，但仍然保存著相當的力量。所以，在榆林必須設置一定的兵馬以資駕馭監控。這種對蒙古既撫又剿的兩手政策，順治在大宴蒙古諸部時說的一句話最為明顯：「爾等心懷忠直，毋忘太祖、太宗歷年恩寵。我國家世世代代為天子，爾等亦世世代代為王，享富貴於無窮，垂芳名於不朽，豈不休乎？」

〔註61〕《清聖祖實錄》卷90，康熙十九年五月癸巳。
〔註62〕《清聖祖實錄》卷162，康熙三十三年正月乙丑。
〔註63〕「昔秦興土石之工，修築長城。我朝施恩於喀爾喀，使之防備朔方，較長城更為堅固」（《清聖祖實錄》卷151，康熙三十年五月壬辰）；「守國之道，惟在修德安民。民心悅則邦本得而邊境自固，所謂眾志成城者是也。如古北口、喜峰口一帶，朕皆尋閱，概多損壞。今欲修之，興工勞役，豈能無害百姓。且長城延袤數千里，養兵幾何，方能分守」（《清聖祖實錄》卷151，康熙三十年五月丙午）。
〔註64〕《清高宗實錄》卷56，乾隆二年十一月壬戌。
〔註65〕《清高宗實錄》卷577，乾隆二十三年十二月己巳；卷897，乾隆三十六年十一月戊午；
〔註66〕《清高宗實錄》卷69，乾隆三年五月己巳；卷794，乾隆三十二年九月辛丑；卷913，乾隆三十七年七月壬戌；卷1080，乾隆四十四年四月癸亥；卷1426，乾隆五十八年四月癸酉；
〔註67〕《清高宗實錄》卷305，乾隆十二年十二月乙酉；卷304，乾隆十三年四月戊戌；卷351，乾隆十四年十月乙巳；卷1205，乾隆四十九年四月己丑。《清仁宗實錄》卷14，嘉慶二年二月乙酉；
〔註68〕《清高宗實錄》卷1137，乾隆四十六年七月庚申；卷1205，乾隆四十九年四月甲寅；
〔註69〕《清高宗實錄》卷81，乾隆三年十一月乙丑；卷214，乾隆九年四月己酉。《清仁宗實錄》卷102，嘉慶七年八月丁未。
〔註70〕《清聖祖實錄》卷185，，康熙三十六年十月乙亥。
〔註71〕《清聖祖實錄》卷151，康熙三十年五月壬辰。

〔註72〕札穆蘇、多爾濟平叛雖是滿八旗直接出兵的結果，且戰鬥主要集中在賀蘭山附近，但是延綏鎮保持適當的兵力，絕對是對札穆蘇的威儡。

四是可以嘗試通過正軍屯田來解決財政危機。順治九年（1652 年），令「以白士麟等五人分屯延、慶、平固及西安、鳳翔諸郡，兵屯歲收糧米 26 000 石有奇，民屯歲收糧米 16000 石有奇，省協餉無算。」〔註73〕改正規軍為屯民，設置專官管理，官方供給農具、種子成為陝西軍屯的新方式。順治十年，延綏鎮各個營堡選派 800 名正規軍挑選「閒任將官」率領，實行軍墾。當年天公作美，「雨暘時若，嚴霜降晚」，收穫了糜蓿 6022 石，「雖為數不多，事屬刱始」〔註74〕。順治十二年定：「各邊口內曠土，聽兵墾種，不得往墾口外牧地。」〔註75〕

6.1.3 雙向隔絕政治體制的建立與發展

1、雙向隔絕的政治、軍事、司法系統〔註76〕

清朝在內地和口外施行不同的行政體制和司法體制。關內施行「直省體制」。具體到榆林地區分為五級：中央六部——陝甘總督——延綏榆道——榆林知府——府谷縣等縣。一般而言，總督、道員由滿族擔任，知府及縣官由漢人擔任。其中縣級機構具體負責刑名錢糧等事務〔註77〕；軍事上與民事分離，直接由延（榆）綏總兵——陝甘總督管轄。口外施行「藩部體制」，理藩院（理事司員）——盟——各旗札薩克，除內屬旗外，各札薩克兼行政、軍事、司法於

〔註72〕《清世祖實錄》卷 102，順治十三年八月丙子。這種手段在鄂爾多斯札穆蘇反叛時表現得很明顯：順治六年，札穆蘇反叛時，順治招撫他：「爾能悔過，復還故土，相率來朝，即宥爾等罪，恩養如常」（《清世祖實錄》卷 44，順治六年五月丙辰）。迫於軍事壓力，札穆蘇降，順治將其免死，「盡收其部落，令往內地」（《清世祖實錄》卷 51，順治七年十一月癸酉）。之後，順治對仍未投降的鄂爾多斯多爾濟部仍是招撫，「諭旨到日可即來歸故土，朕仍恩養如舊。」（《清世祖實錄》卷 53，順治八年二月丙戌）直至順治九年二月，派出的軍隊才剿滅多爾濟，「盡殲之，俘獲甚眾」（《清世祖實錄》卷 63，順治九年二月丁未）。

〔註73〕《順治九年總督陝西三邊四川等處軍務孟喬芳在陝西舉辦屯政簡》，《碑傳集》卷 5《孟喬芳碑銘》，《清代奏摺彙編：農業‧環境》。

〔註74〕《延綏巡撫董宗聖題報榆林等道墾荒動支朋合銀事》（順治十一年正月十九日），《戶部抄檔：地丁題本一陝西（四）》，《清代土地開墾史資料彙編》。

〔註75〕《清文獻通考》卷 1《田賦 1‧田賦之制》，又見《清史稿》卷 120《志 95‧食貨 1‧田制》。

〔註76〕溫浩堅對其進行了初步研究，參看其《清代蒙古的封禁隔離政策》，第 128 頁。

〔註77〕《清朝文獻通考》卷 85《職官 9‧直省官員》。

一體。錢穆分析清代政治體制，認爲「各省督、撫，亦以用滿員爲主，常用漢人特其不得已」；「理藩院無漢人，使漢、蒙不相接，以便其鉗制統治之私。」
〔註78〕究其產生的原因，一般認爲是經濟原因，溫浩堅也持有這樣的觀點。他引費正清的話：「現代西方研究中國邊陲史的學者，在拉鐵摩爾啓發之下，對中國與夷狄社會相互影響的方式做出了一種解釋。在中國本土，精耕細作是官僚政府的基礎，在這個區域裏，土地相對於勞動力來說是稀少的，並且政府要依靠田賦的收入來維持。在草原上，游牧制是部族式政府的基礎，那裡人力比起土地來是稀缺的，而部族首領的權力在於他能取得手下戰士對他個人的效忠。中國民眾必須通過一批官員來加以控制，而非漢族的蠻夷則只能通過個人之間的從屬關係來加以控制」〔註79〕，他還認爲清代政權制度是一種「雙向隔絕」。

　　筆者更加傾向於認爲清朝出現這樣的制度，其原因更多是政治原因，緣於對全國政權獲得過程中的治理蒙旗和漢族方式使然，帶有統治中原的少數民族政權的政治慣性。清末名臣錫良也說，「我朝撫藩，務崇寬大，未嘗以內地制度相繩；即東西各國治理藩屬政策各有不同，亦未能強爲一致。」〔註80〕

　　更重要的是，這絕不是一種「雙向隔絕」，而是一種多重隔絕。（見圖6-1）。

　　各旗札薩克即是清廷任命的一級官員，又是所在旗內的最高封建主。儘管各旗札薩克採取任命制，但是在此過程中，協理臺吉、盟長的保舉和推薦極其重要，而且採取嫡長子世襲制，所以札薩克個人的品質和能力並不能得到完全的保障。這一點上文中，康熙對蒙旗第二、三代札薩克缺乏進取精神、慵懶之風致使口外開墾不順，進行了嚴肅的批評。同樣的情況也存在與鄂爾多斯各旗。杭錦旗在乾隆57年（1792年）先後出租3蘇木以五年爲限供漢人墾種還債，嘉慶八年（1803年）旗定制租地五年爲限，嘉慶18年由札薩克定制：遇到災害無法還債，招墾漢人，一次抵消，記錄在案。後套地區的私利都等兩蘇木，自乾隆末蒙古爲解決旗債，向漢人學習開墾，後來自己慢慢獨立開墾。道光8年準旗札薩克病逝，爲了償還旗債117400多兩，除了該兩蘇木能放墾外，「我旗無任何東西能還債」，於是私招漢民耕564牛犋地〔註81〕。嘉慶18、19年，準旗貝子額爾德尼將閒散

〔註78〕　錢穆：《國史大綱》下冊，商務印書館，1996年，第838，843頁。
〔註79〕　〔美〕費正清著，張理京譯：《美國與中國》，臺北縣新店左岸文化，2003年，第70頁。轉引自溫浩堅《清代蒙古的封禁隔離政策》，第128頁。
〔註80〕　《錫良遺稿‧奏稿》，《中國近代史資料叢書》，中國科學院歷史研究所第三所主編，中華書局，1959年，第1077頁。
〔註81〕　《道光九年在達拉特旗境內漢民種地一事由》（道光第九年夏天的首月）；《札

牧場共 733 犋租給民人，年收租 7317 兩用於旗務並還民人賬務。嘉慶 20 年因民人惹是生非，貝子禁止民人耕種〔註82〕。烏審旗札薩克年老的時候，揮霍無度，通過報效等形式獲得爵位，但是也給蒙旗帶來沉重負擔，於是不得不賣地度日。

由於這種政治二元性，旗長在旗內自然成為土皇帝，所發政令基本無人反對。「準格爾旗貝子額爾德尼桑擅自招引民人耕種旗地，協理臺吉薩木丹、梅林蘇卜泰、金巴、章京巴拉丹等人，在貝子與其協商時未能加以阻止反而支持」〔註83〕，致使準旗私墾在道光初年無法控制。

當蒙旗貝子年幼無法執掌政務，居攝政地位掌印協理臺吉一旦擅權，則對蒙旗政務是個巨大的風險，往往導致私墾氾濫。而這又對札薩克以後親自執政和個性成長帶來不利影響。如道光元年（1821 年），準旗察克都爾色楞 13 歲襲爵，當時準旗政務一團糟，私墾不禁。臺吉之間互相攻擊狀告，先是準格爾旗掌管印務協理臺吉臺確喇西，狀告管旗章京巴拉丹出租黑界地並招民私墾：「巴拉丹趁貝子年幼，獨攬旗務；將全旗牲畜統計並攤牌巨額賦稅以旗賬；向蒙人自墾土地收取地租高達每犋白銀三兩及糧一石」〔註84〕，向蒙古收取高額租金之事，後經綏遠城將軍查清：準旗牲畜稀少，蒙古皆以耕種為業，貝子曾收一牛犋銀三兩及糧食一石用於旗務，但實際是耕種多犁地才交納一犁租，遇旱則免，並無定例，收過所屬蒙古銀 15780 兩，著令永遠禁止收取。〔註85〕同時，儘管當時綏遠城將軍判確喇西犯誣告罪，但事後他也似乎感覺自己受騙，並對吉喇西蘇榮當初詿騙自己、致使私墾氾濫之事極為不滿。

薩克白撒道日吉致盟長、副盟長呈文》（道光九年春季末月二十九），《伊克昭盟水土保持資料》。

〔註82〕《準格爾旗貝子為本旗蒙古非法招引民人耕種事呈神木理事司員衙門及盟長等文》，道光四年閏七月十八日，《準格爾旗札薩克衙門檔案譯編》（第一輯），第 427～429 頁。

〔註83〕《神木理事司員衙門為審理準格爾旗非法開墾及旗債案札準格爾旗協理臺吉等文》，道光四年七月十一日，《準格爾旗札薩克衙門檔案譯編》（第一輯），第 379～382 頁。

〔註84〕《臺吉確喇西所屬旗蒙古申冤向理藩院狀告準格爾旗大小官員之訴狀》，道光二年三月二十二日，第 116～121 頁；《神木理事司員衙門為確喇西狀告管旗章京巴拉丹一案札準格爾旗協理臺吉等文》，道光二年三月初八日，第 114～116 頁；《神木理事司員衙門為再次會審確喇西和巴拉丹一案札準格爾旗貝子、協理臺吉蘇榮等文》，嘉慶（應為道光）二年四月初九日，第 133～137 頁），《準格爾旗札薩克衙門檔案譯編》（第一輯），下同。

〔註85〕《綏遠將軍謹奏審理確喇西狀告準格爾旗全體官員案件的審判情況之奏摺》，道光三年十二月二十三日，第 326～343 頁。

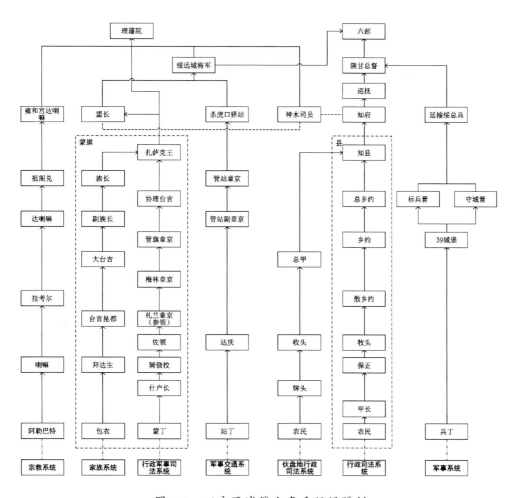

圖 6-1　研究區域雙向多重隔絕體制

資料來源：《清朝文獻通考》卷 85《職官 9・直省官員》、道光《神木縣志》卷 4《建制下》

綏遠城將軍回覆：①道光 2 年調查確喇西案件，盟長照准旗回覆上報理藩院「準旗所開墾之土地未曾耕種，亦無私行耕種之事」；②兩年後，遵令再次巡查準旗時，盟長照准旗回覆上綏遠城將軍等，蒙古自墾土地約有 1618 垻，已將蒙古私招民人開墾之地封禁；③去年盟長派人查看準旗的官員回報：「原黑石牌界限現已全部廢棄，已開墾耕種之地連綿不斷，任意之民人比比皆是」；查問耕種人，不據實告知姓名，推測皆爲蒙古招引耕種的民人，皆謊稱蒙古〔註 86〕。

〔註 86〕　《盟長處爲謹愼對待耕種面積及非法招引民人耕種事札準格爾旗協理臺吉等文》，道光六年二月二十七日，第 219 頁。

　　蒙古臺吉等官員也互相攻訐。「之前欲審理準格爾旗越界私行耕種一案之際，因涉案之協理臺吉貢楚克多爾濟向尚書宋雲狀告臺吉吉格木德趁貝子年少無知，與前任貝子額爾德尼桑之福晉諾爾卓瑪私通一事，而被傳喚至綏遠城將軍處候審，故前述一案暫時擱置」〔註87〕。臺吉也攻擊貝子，「貝子本應遵照旨意封禁吉格木德私自放墾之地，但其暗中將此地租與民人耕種。……今貝子與諸多小人爲伍，恐日後招惹禍端。」〔註88〕當時，新任的神木同知發現各旗越界耕種之事甚爲嚴重，「此乃札薩克貝子等未恪盡職守、嚴格查禁所致」，並暗中派人查探準旗得出，「準旗貝子、協理臺吉、管旗章京、梅林、臺吉、甲喇等大小官員皆有招引民人越界耕種之事」〔註89〕。對於上級神木同治的責令，準旗竟然聲稱：貝子年幼，未曾外出非法招收民人開墾耕種，神木同知所言此事係無中生有〔註90〕。

　　之後在重定「黑界地」事件中，準旗貝子及大小官員以多種理由阻止案件審理，置聖旨、理藩院、綏遠城將軍以及神木同知的飭令根本不遵從，這一點上文已經講明。神木同治面對「貽誤成性」準旗貝子地〔註91〕，拒不配合查案過程中，不得不親自踏勘準旗黑界地。

　　可見，二元政治體系下蒙旗內部帶有中國封建帝王君權、相權權力爭鬥的所有情形及風險，札薩克的個人品質和對協理臺吉等蒙族官員的駕馭力，直接決定了旗務的開展以及蒙旗私墾的發展。

6.2　歸化城土默特開墾的牽引作用與康熙親征準格爾

　　歸化城土默特旗地區〔註92〕，地理位置十分重要。有清一代，它先後作

〔註87〕《神木理事司員衙門爲會審準格爾旗招民越界私行耕種一案札準格爾旗貝子文》，道光十年二月初八日，第342～343頁。

〔註88〕《盟長處爲會盟之際審理札薩克貝子被協理臺吉狀告一案飭準格爾貝子文》，道光十年七月二十六日，第541～542頁。

〔註89〕《盟長處爲轉行神木理事司員責令拘留招引民人私行耕種之蒙古官員一事札準格爾旗協理臺吉等文》，道光五年十月二十九日，第192頁

〔註90〕《準格爾旗爲無法遵照指令拘留私行耕種之涉案人侯審一事呈盟長處文》，道光五年十二月初九日，第198～200頁。

〔註91〕《盟長索諾木喇布齋根敦爲催促上報黑牌子地舊檔札札薩克固山貝子察克都爾色楞文》，道光十五年七月初八，第154～158頁。

〔註92〕地理概念上的土默特地區，主要指大青山以南、昆都侖河——黃河以東、以北、蠻漢山以西、長城以北的呈三角形的平原地帶。即現在的包頭東河區、九原區、土默特右旗，呼市四區、土默特左旗、托克托縣及和林格爾縣、清

為防範同為黃金家族的鄂爾多斯部、喀爾喀部以及準格爾噶爾丹的戰爭前沿和軍輜供應基地，一直受到高度重視。歸化城土默特在歸附清前，受到慘重殺戮，附清後又迅速淪為內屬旗，直接受清廷控制。清廷認為歸化城土默特是「賞還該蒙古之地」，所以開墾較早，隨之設廳較早較多。在清末貽谷放墾時也較鄂爾多斯早，民國時期更是作為國家蒙墾的重點，一直處於西蒙開墾的領頭羊地位，對相鄰陝蒙交界地區蒙墾起到牽引作用。研究歸化城土默特地區的土地開墾情況，對研究陝蒙交界夥盤地的發展有著重要的意義，主要如下：

一是儘管鄂爾多斯部屬於「封建之國」〔註93〕，是「帶土投誠」，在政治形態和財稅制度〔註94〕上有所不同，但是清廷對黃金家族的戒心是相同的，在土地分類及其權屬區分上也比較相似。二是由於地理區位的優勢，該地區相關文獻極其豐富，圍繞歸化城土默特政治演變和土地利用，很早就引起學界關注，論作頗豐；而陝蒙交界地區開墾資料尤其是夥盤地開設之初的資料極少，所以將歸化城土默特地區與榆林地區進行對比研究，是一條有效的方法。三是陝蒙交界禁留地的開墾是康熙三十五年親征噶爾丹路過歸化城、榆林過程中開始的，分析當時歸化城土默特地區以及陝北、鄂爾多斯農業發展情況，能夠找到康熙皇帝允許開放禁留地的真實原因。四是道光初年黃河改道，八年（1828年）「奉特旨開放纏金，招商耕種，達賴（達拉特旗）、杭蓋（杭錦旗）亦將河套節次開墾」〔註95〕，後套的開發在鄂爾多斯七旗開墾史上佔據重要地位，而達拉特旗、杭錦旗後套的土地在地理意義上都處於歸化城土默特旗地區。五是清初土地開墾政策的一個明顯特徵就是關內倡墾，關外禁墾，這些政策對蒙地的開墾究竟產生了什麼樣的作用，學者對此研究不多，研究歸化城土默特土地開墾情況，能夠為解釋這個問題提供實證研究。

水河縣的大部份地區。這一地區，清時屬歸化城土默特，亦稱為西土默特。

〔註93〕 「奴才查兩盟各旗地皆封建，原與察哈爾等處之隸於郡縣者，情事攸殊」（見貽谷：《伊克昭盟杭錦旗報墾蒙地原照各處一律改押荒摺，《蒙墾奏議》，沈雲龍主編《近代中國史料叢刊續編》第11輯，臺灣文海出版社）。又有「查察哈爾八旗之地與古之郡縣無異，烏伊十三旗之地與古之封建無異，情形本有不同，辦理亦須分別」，見《貽谷示諭烏伊兩盟押荒歸蒙旗一半租銀全歸蒙旗由》（光緒二十八年七月十八日），《清末內蒙古墾務檔案彙編》，第27頁。

〔註94〕 張永江：《試論清代內蒙古蒙旗財政的類型與特點》，《清史研究》，2008年第2旗，第37～50頁。他認為僅歸化城土默特二旗屬於中央嚴格監管下的自收自支型，察哈爾八旗屬於中央撥款型；各札薩克旗包括鄂爾多斯七旗都屬於收支獨立、中央補貼型。

〔註95〕 《五原四大股碑文》，載《內蒙古中西部墾務志》，《河套水利的開發》。

總之，研究歸化城土默特的開墾史對初步釐清陝蒙交界地區蒙墾的產生、發展以及原因，都有重要的意義。

下文，筆者以歸化城土地開墾為主線，分析清初整個河套地區及榆林地區土地利用的情況，找到陝蒙交界地區夥盤地開放的最初原因，順便論述滿蒙對農業的態度。

6.2.1 清初歸化城土默特農墾的發展

（一）歸化城土默特地區的開墾

1、康熙三十一年（1693年）歸化城土默特的正式開墾

由於清準戰爭爆發，綠營軍入住歸化城，就地解決軍糧實行開墾。康熙三十年（1692年）十二月，「理藩院題：歸化城一帶地方耕牛，八旗內佐領兩人共助一牛。其耒耜等項，俱移文山西巡撫預備。上諭曰：所用耕牛，不必令其幫助，即於御廠內牛取用。耒耜等項，若令巡撫製備、將仍委之屬吏一委屬吏、必致累民。其鐵器、著支用庫銀製造、從驛遞運送。邊外木植甚多，其木器即於彼處制用。夫農田者、人生之根本。朕凡所至之地先察其土田。邊外耕種、必培護穀苗，使高其壟。此皆由土性寒而風又凜冽之故。不如此，則穀苗不能植立矣！內地之田，其壟不高。各處耕種不同者，皆隨其地土之宜也」〔註96〕，「邊外積穀、甚屬緊要」〔註97〕。從這裡看，康熙已經認識到邊外開墾對軍事戰爭的重要性〔註98〕，禁墾政策開始弛禁。同時，康熙對歸化城的地理情形相當瞭解，對歸化城開墾籌劃很得當。次年，歸化城開始大

〔註96〕《清高宗實錄》卷153，康熙三十年十二月丙戌。

〔註97〕《清高宗實錄》卷153，康熙三十年十二月丁亥。康熙在次年又強調了此話。他說：「耕種之事最為緊要，爾等諸臣善為經營管理。邊外寒冷，當及時廣播麥種，將田壟深耕，勤謹耘耨。耘時將草根無令土壓，若草重發芽，則有妨田禾。耕種若太稠密，田禾雖覺可觀，所得實少。若疏耕種，所垂之穗既好，而所得甚多。凡有河之處，可造船捕魚。更須愛養耕夫，和睦附近蒙古。耕種畢時，將夫役酌量留於彼處，其餘夫空費糧米，先即遣回。今年倘或米穀多獲，不可因後藤難以為繼，遂致收多報少，米穀收穫多少。雖有人力，亦賴雨澤及時耳。」（見《清高宗實錄》卷154，康熙三十一年二月丙戌）

〔註98〕色音認為官墾的大量出現根源在於土默特地區是清政府的直轄領地（見色音：《蒙古游牧社會的變遷》，內蒙古人民出版社，1998年，第44頁）。筆者不贊同，歸化城土默特變成內屬旗的過程至清入關前就產生了，而至康熙三十一年才正式官墾，而在乾隆年間才正式完成內屬旗化的過程。在此期間，是包括土默特地區在內的口外全區域的大開發，所以，軍事需要才是土默特地區官墾不斷擴大的根源。

規模開墾。這一點歸化城先農壇石碑上有記載：康熙三十一年（1692 年）爲漢人到口外開墾之始。另外，乾隆七年（1742 年）山西巡撫喀爾吉善等所上奏摺中也言：「康熙三十年，蒙古等始行耕作」〔註 99〕。

康熙三十一年（1692 年）六月，開始建設「邊外蒙古地方五路設立驛站」，歸化城土默特地區有六站，增加驛丁〔註 100〕，這些驛丁後來開墾的土地叫驛站地。同年十二月議定：「殺虎口外迄北五十里，東西五十里內，所有熟荒地畝，近者給兵」，在籌建的綏遠城四周，「所有田地可取以給官兵耕種」〔註 101〕，這些地段被稱爲裏糧地（也叫大糧地）。

康熙三十二年（1693 年），康熙派出內大臣坡爾盆等人到歸化城等三處督耕，臨行時告訴他們：「種地惟勤爲善，北地風寒，宜高其田壟。尋常之穀，斷不能收」，同時他以去年口外種植蕎麥失敗以及自己徵詢老農和適種例子，要求坡爾盆等人督促口外農人「必藝早熟之麥與油麥大麥、糜黍，方爲有益」〔註 102〕。儘管康熙將頭一年耕種失敗的原因，歸咎爲督耕大臣不聽聖諭，但是顯然這是一種藉口。事實上，口外剛開墾時，朝廷上下對口外適種植物、採取怎樣的方式發展，並沒有明確的規劃和清晰的認識。

康熙三十四年（1695 年），內務府移滿、漢八旗民至歸化城黑河、渾津（今土默特左旗白廟子鄉、大黑河流域之肥沃膏腴地），建立十三戶莊頭地。每莊給地十八頃，徵米二百石，由歸化城都統徵收〔註 103〕，這樣的土地被稱爲莊頭地。

〔註 99〕《山西巡撫喀爾吉善等所上奏摺》（乾隆七年），《清代奏摺彙編・農業・環境》，第 69～70 頁。該文還藏於《宮中檔硃批奏則》，《農業・屯墾耕作》，乾隆七年十月十五日具奏，《山西巡撫喀爾吉善等奏摺》。

〔註 100〕《清高宗實錄》卷 154，康熙三十一年三月丙辰，卷 155，康熙三十一年六月甲申。

〔註 101〕《清聖祖實錄》卷 157，康熙三十一年十二月壬寅。

〔註 102〕全文是：「上命內大臣坡爾盆等詣歸化城等三處督耕，諭之曰，種地惟勤爲善，北地風寒，宜高其田壟。尋常之穀，斷不能收，必藝早熟之麥與油麥大麥、糜黍，方爲有益。去歲往彼墾種之人，朕曾以此命之，因違朕旨，多種蕎麥以致田禾失收。爾等須問土人，宜種何穀易得收穫。朕曾問老農，皆云將雪拌種可以耐旱，爾等試爲之。朕前帶南方稻穀菱角種於京師，雖以水泉灌溉，因無南方池塘蓄養之水，且又霜早難於成熟。以此觀之，若將此地穀種帶往北地，亦難收成。惟將麥與大麥、油麥、糜黍及早播種，庶可收穫。爾等謹識朕言，克勤無怠。」（《清聖祖實錄》卷 158，康熙三十二年二月丙子）

〔註 103〕參見光緒《山西通志》卷 65《田賦略七・歸綏道戶口》，清海寧輯《晉政輯要》卷 10，清乾隆己酉年（1798）刊本；彭勇：《歸化城的莊頭與莊頭地》，《呼和浩特文史資料》（第九輯），1994 年。莊頭自設立 40 年後，地力減退，

　　康熙三十六年（1697 年），恪靖固倫公主下嫁喀爾喀土謝圖部多卜多爾濟
（端多普多爾濟），時清準戰爭正酣，公主暫住清水營（今清水營縣），奏開
草場供應軍糧，領票招民開墾，增至「四萬八千三百七十五畝」，康熙五十三
年令停止耕種，但私墾未輟，乾隆元年（1736 年）又廷議覆開〔註 104〕。之後
戰事稍平，公主遷往歸化城北，修建了公主府邸並在周圍全佔了大片土地，
同時在城東太平莊等 4 村的土默特土地中撥給公主上等地 240 頃〔註 105〕。這
樣的土地後來被稱為公主地。至此，歸化城土默特地區農墾基礎已經奠定，
格局已經初步形成。之後，康熙四十六年，康熙將之前流放在歸化城土默特
地區喇嘛廟做奴隸的 3580 名滿洲犯人（稱為「黑徒」），從中挑選 2550 人「照
土默特例以二百丁、編一佐領，共編作十三佐」並給地開墾，稱為喇嘛地。
歸化城土默特地區農墾格局已經最終確立。

2、康熙臨幸歸化城與對歸化城和鄂爾多斯的印象

　　康熙臨幸歸化城所形成的印象對口外開墾有重要影響。康熙三十五年
（1696 年），康熙帝第二次親征噶爾丹，經歸化城、托克托、和林格爾（時黃
河未改道，屬鄂爾多斯地）至右衛，回京。歸化城作為當時的攻打噶爾丹戰
役的後勤基地，康熙在此過了 25 天，打獵遊玩〔註 106〕，吟詩作賦〔註 107〕，

　　　加之水沖砂壓，完不成稅賦，經奏每莊各給地增為 60 頃，稅不變。嘉慶七年
　　　（1892），又從大青山後四旗空閒牧地內，撥補莊頭開墾土地七百六十六頃五
　　　十二畝六分五釐。

〔註 104〕《清高宗實錄》卷 18，乾隆元年五月乙巳。同時參見杜曉黎：《恪靖公主品
　　　　　級·封號·金冊考釋》，《內蒙古文物考古》，2002 年第 2 期，第 60～64 頁；
　　　　　《清世祖實錄》卷 4 雍正元年二月；卷 5 雍正元年三月丁酉；卷 110 雍正九
　　　　　年九月辛未卷 153；雍正十三年三月壬午；《清高宗實錄》卷 142 乾隆六年五
　　　　　月乙亥；《雍正朝起居錄》第一冊，「雍正五年九月十二日」條，中國歷史檔
　　　　　案館編，中華書局，第 472 頁。

〔註 105〕《重修龍王廟碑記》（乾隆二十七年重修），此碑現存於呼和浩特東郊羅家營
　　　　　村。又見張曾《綏遠通志稿》卷 22。

〔註 106〕烏雲畢力格通過研究康熙第二次親征噶爾丹的滿文原檔《親征平定西北地區
　　　　　方略》（即清譯《欽定平定朔漠方略》）一書，認為所謂的第二次親征噶爾丹，
　　　　　實際不過是一次草原旅遊。（見烏雲畢力格：《康熙皇帝第二次親征噶爾丹的
　　　　　滿文文書及其流傳》，《明清檔案與蒙古史研究》第一冊，2000 年 9 月，內蒙
　　　　　古人民出版社，第 67～138 頁。

〔註 107〕《康熙巡幸歸化城》對康熙第二次親征噶爾丹巡幸歸化城時期的遊覽活動和
　　　　　所賦詩歌進行了整理和評價。參見：內蒙古敕勒川文化研究會編輯出版：《敕
　　　　　勒川》，2010 年 10 月。它們有：《駐蹕歸化城》「一片孤城古塞西，霜寒木落
　　　　　駐旌旄。恩施域外心無倦，威慴荒遐化欲齊。歸戍健兒欣日暖，放閒戰馬就

處理公務，親自體驗到歸化城的繁華和開墾帶來的繁榮，這對他隨後去延綏鎮同意陝蒙邊地開墾以及後來的整個墾務有重要影響。

在歸化城地區活動期間，他對歸化城的印象是：「今歲歸化城一帶，田穀既收，價亦甚賤，俟到歸化城，扈從人員應支十日口糧，可折價給發，令彼自買。其歸化城所貯之米，原以豫備師行，令存留此米，如右衛兵或有調遣以之給散」，「歸化城地方，牧草維艱」，「歸化城商貿業集」，「視歸化城馬駝甚多，其價亦賤」〔註108〕。他所作的《歸化城》一詩中有「國計思清荒服外，早將糧粟實窮邊」〔註109〕。之後他回憶並題碑：「朕頃巡省歸化城，曾問副都統阿迪，據云歸化城地方賊盜，比前甚少」〔註110〕，「朕惟歸化城為古豐州地，山環水互，夙稱勝境」〔註111〕。綜合分析，康熙對歸化城土默特地區的印象，時值軍興之際，治安整肅，盜賊少，隨軍貿易發達。因豐收而米價賤，這一點亦可以理解。但是，作為攻打噶爾丹戰役的後勤基地，軍民湊集，歸化城既能滿足右衛兵軍糧供應，又能在市場上出售大量低廉的米穀，卻讓人費解。這只能說明經過十多年的開墾，歸化城的農墾規模已經達到了相當的程度，昔日的牧場變成農田，致使「牧草維艱」。康熙後來也說到因開墾致使牧草不行的原因，「蒙古地方既已耕種，不可牧馬，非數十年草不復茂。」〔註112〕

從歸化城出來，康熙經由鄂爾多斯地前往右衛城（今山西右玉縣右衛鎮）。《清實錄》〔註113〕、《親征平定朔漠方略》〔註114〕、滿文《親征平定西

風嘶。五原舊是烽煙地，亭障安恬靜鼓鼙。」《賜宴諸蒙古》「羽林列隊宴行宮，內外綏懷一體中。霜仗輝煌明塞月，晴斿宛轉卷邊風。人沾桐酒群情洽，樂和羌笳率舞同。卉服絨裘無老幼，歡然盡識化鈞公。」《歸化城夜月》「此際殊方月，關山遠近看。清輝臨玉帳，皎色耀金盤。煙野照逾闊，霜空夜未寒。坐消行漏永，沙塞絕風湍。」《昭君墓並序》「目睹當年冢，心懷四海圖。開誠示異族，布化越荒途。漠漠龍沙際，寥寥雁塞隅。偶吟因有觸，意獨與人殊……」；《脫脫城》「土墉四邊築何堅，地壓長河尚屹然。國計思清荒服外，早將糧粟實窮邊。」從這些詩句中，我們能夠讀出康熙對歸化城土默特地區農業的發展很滿意，心情很舒暢。

〔註108〕《清聖祖實錄》卷177，康熙三十五年十月甲午、乙未。
〔註109〕〔清〕康熙《脫脫城》。
〔註110〕《清聖祖實錄》卷195，康熙三十八年九月甲寅。
〔註111〕小召（崇福寺）敕建碑文（康熙四十二年1703年），現存呼和浩特市小召（崇福寺）（席力圖召也有類似內容的碑文）。
〔註112〕《清聖祖實錄》卷191，康熙三十八年十二月丁巳。
〔註113〕《清朝聖祖朝實錄蒙古史史料抄》，齊木德道爾吉等編，內蒙古大學出版社，2003年10月，第751～759。
〔註114〕溫達等撰：《親征平定朔漠方略》卷29～34，《西藏學漢文文獻叢刊》第4輯，

北地區方略》〔註115〕，對這段歷史記載得很詳細。康熙三十五年十月，「二十八日至黃河，此即鄂爾多斯部落。」〔註116〕辛亥（28日），駐蹕湖灘河朔（今托克托縣）。十一月甲寅日（1日）：鄂爾多斯多羅貝勒松阿喇布奏請於察罕托灰以外地方，准其部人捕獵耕種，著如所請行。戊午（5日）駐蹕喀林拖會地方（約在今托縣哈拉板申至今托縣舊城黃河河段），黃河在此結冰；己未（初六）從喀林拖會渡黃河駐蹕東斯垓地方（東素海，鄂爾多斯河套內的東北部，隔河與土默特左、右兩翼屬地）；壬戌（9日）行圍駐蹕察汗布拉克地方，癸亥（10日）駐蹕瑚斯臺地方，乙丑（12日）駐蹕拖羅海。

　　康熙在此期間，先後給皇太子寫了三封信，記載自己的行程，表達打獵的喜悅。以其中一封為例：丁卯（14日）十四日，不能打獵，歇程休養。把鄂爾多斯馬匹已分開完畢。自從離開京城後得到屬於上等的馬共八十一匹，其中頂好的有三十匹，需要在內餵養的四十二匹，希望它們餵肥之後有所出息。給皇子們的馬有三十九匹，給親王馬群得七十一匹，給大馬群得六百一十一匹並和一百四十三峰駱駝。這個地方馬匹甚多，而且沒有一匹（用它）打死十、十五隻兔子的馬。都非常仔細地分過，怎能知道日後會有變動。鄂爾多斯地方特別好。真是適合少年學習騎射的地方。臥兔很多。合圍之後，臥兔越發多了起來，誰見誰射。拉滿弓之後，不知應該射向哪一隻兔子。二、三、四、五隻兔子一齊來。馬沒法跑，而且由於（一會兒）停（一會兒）轉彎，有些馬兒很快乏了。十四日，因打獵眾人的手受不了而駐蹕。

　　烏雲畢力格認為：「康熙帝所謂的第二次親征噶爾丹實際不過是一次草原旅遊。從剛一出長城，一直到最後離開鄂爾多斯（1696年10月23日到12月15日），僅打獵就用去近一個月的時間。」〔註117〕筆者贊成這樣的觀點，從10月28日到12月8日至歸化城，康熙一直在鄂爾多斯的地上走走停停，先是等著黃河結冰，後來打獵娛樂。對於正當壯年的康熙而言，鄂爾多斯的兔子之多，馬之肥壯，著實讓他驚訝，想必此時鄂爾多斯也有王爺陪同打獵，所以當松阿喇布奏請於察罕托灰以外地方，准其部人捕獵耕種，康熙答應了。而當時黃河並未改道，

中國藏學出版社，1994年。

〔註115〕烏雲畢力格：《康熙皇帝第二次親征噶爾丹的滿文文書及其流傳》，《明清檔案與蒙古史研究》，第一冊，內蒙古人民出版社，2000年9月，第67～138頁。

〔註116〕《清聖祖實錄》卷177，康熙三十五年十月。

〔註117〕烏雲畢力格：《康熙皇帝第二次親征噶爾丹的滿文文書及其流傳》，《明清檔案與蒙古史研究》，第一冊，第67～138頁。

康熙所行的鄂爾多斯地方，現在都在黃河北岸，今天的托克托縣、清水河等地方。之後康熙便回京了。第二次親征，康熙對歸化城的農墾以及鄂爾多斯（今黃河以北）懷有美好的印象。這對他以後遊榆林，放墾禁留地產生了重要影響。

3、康熙臨幸榆林城與對禁留地開墾的影響

　　康熙三十六年（1697年），康熙第三次親征，由長城內經榆林至寧夏，後又從寧夏沿黃河而下，至喀拉蘇巴克（托克託附近）登岸回京。在此過程中，康熙同意開放禁留地。以前的學者對開放禁留地的原因語焉不詳。下面結合《清實錄》、《親征平定朔漠方略》對康熙第三次親征噶爾丹路過榆林的情況進行描述。其中括號內為《親征平定朔漠方略》相關內容。

　　由於前兩次親征——無論是草原旅遊還是為國事——勞民傷財，大臣們紛紛反對。出發前，山西道御史周士皇疏言：「小鬼已極困窮，計日就斃，請御駕不必再臨沙漠。」〔註118〕但是康熙仍不為所動，仍固執己行。親征結束後，他自己親自說：「昔朕欲親征噶爾丹，眾皆勸阻，惟伯費揚古言其當討，後兩次出師，皆朕獨斷。」〔註119〕所以說，康熙此行肩負著巨大的壓力，證明自己親征並非浪費國帑、擾害百姓。第三次親征，他主要走長城以內的地區。

　　康熙三十五年十二月，他下旨蠲免了「甘肅所屬各州縣衛所及榆林等處沿邊各州縣」次年的地丁銀米〔註120〕，為親征做好準備。康熙三十六年二月初六（丁亥）從京城出發〔註121〕，至二十九日渡黃河進入府谷縣城南，正式進入陝北。在進入陝西前，康熙對山西巡撫倭倫說：「茲簡約扈從人員，從大同一路緣邊地方進指寧夏。因遍察閭閻生聚，及土壤肥瘠、收穫豐歉之狀，邊民生計維艱，朕心深用軫惻。」〔註122〕可見，康熙對沿邊地方有了一定的瞭解，這與他之前的草原之行反差很大，他當時給皇太子寫信，信中有：「朕自大同起程而來，視民生計，與前所聞不同，不甚貧困。」〔註123〕這次康熙對邊外的初步印象。

　　在經行榆林的過程中，康熙充滿了苦悶。進入榆林後，因官道行走不便，

〔註118〕《清聖祖實錄》卷180，康熙三十六年二月丙戌。

〔註119〕《清聖祖實錄》卷183，康熙三十六年五月丙申。

〔註120〕《清聖祖實錄》卷178，康熙十二年十二月辛亥。

〔註121〕《清聖祖實錄》卷179，康熙三十六年正月乙卯，卷180康熙三十六年二月丁亥。

〔註122〕《清聖祖實錄》卷180，康熙三十六年二月戊申。

〔註123〕《親征平定朔漠方略》第37卷。

先後三次探路，企圖從草地橫穿鄂爾多斯，到達寧夏。在榆林期間，他除了在從榆林橫穿草地前往安邊過程中打獵外，其他時日都是匆匆而行。路過高家堡時，他給皇太子寫信：「自神木縣往榆林之路，皆大磧崇山，甚為險惡，非行兵之地。……溝壑多而沙又深。故從榆林出邊取徑於鄂爾多斯而往寧夏。……朕巡行秦晉，但恐萬人非議，行事有或不當，日自兢兢，如南巡禮，不敢隕越遺羞。幸而兵民感朕積恩，無不來集，莫不卻避。念朕躬不德，如所行稍有不協，何能掩萬人之耳目乎？皇太子勿為朕慮，如效明武宗之所為，何以歸還也！」〔註124〕這是康熙寫給太子的私信，從這裡我們發現以下幾點：一是康熙此行承擔著巨大的精神壓力，害怕如明武宗一樣被世人恥笑，功敗垂成。二是儘管走的是長城以內的官道，但是康熙仍是覺得不好走，他想迅速離開榆林。三是神木至榆林長城內沙化已經很嚴重，即使是官道，也不免「沙又深」。四是康熙雖說此行僅四百人，從後文看遠遠不止此數，緣於康熙害怕別人詬病。

十七日駐蹕安邊時，康熙做了兩首詩。「河套西望：往代有虛議，今為我外藩；河環沙磧暖，境闊草灘繁；錯落延綏接，迷離朔漠吞；時巡曾不到，特示撫柔恩」「出塞：沿邊山行，岡嶺崎嶇，黃沙彌望。因自榆林鎮取道塞外，沙淺途平，水草咸便，且十二日之程減半，得達安邊堡，書以記之：森森萬騎歷駝城，沙塞風漬磧路平；冰泮長河堪飲馬，月來大野照移營；郵籤紀地旬餘驛，羽轡行邊六日程。天下一家無內外，烽銷堠罷不論兵。」〔註125〕這是康熙在榆林期間留存下來的僅有的詩，這與歸化城之行所留的詩歌無論是數量上，還是意境上截然不同。通過詩的內容可以發現，這是到安邊堡後所賦。它說明了從榆林至安邊走草地的原因就是長城內驛道不好走，而從關外走能節約時間，可見直到安邊後，康熙的心情稍微好了起來。十九日駐蹕定邊。二十日駐蹕花馬池。自此出了延綏鎮。（主事巴雅思呼報湖灘河朔至寧夏安塘之事。……止安十三塘）「諭內大臣等，朕今已到寧夏，可檄知大將軍伯費揚古，一應事務，俱由鄂爾多斯地方新設驛站馳報。（至今日紮營之地少井，有力之人不必言矣，小人不得飲馬，亦未可定。）」〔註126〕從這裡看出，康熙在榆林邊外行走期間，並沒有打算從原路返回，而是差遣鄂爾多斯部落另尋

〔註124〕《親征平定朔漠方略》第38卷。

〔註125〕道光《榆林府志》卷48《藝文志》

〔註126〕《清聖祖實錄》卷181，康熙三十六年三月辛未。

他路，即沿黃河而行。

二十一日至安定堡；次日至興武營。二十三日，駐蹕清水營。此時，獲得奏報：喀爾喀滾濟、鄂爾齊圖二人來降，他們之前兵敗被準噶爾丹津阿喇布坦俘虜，得知：津阿喇布坦等「捕獸度日，如不獲獸，殺駝馬為食，下人嗟怨，言皇上於西方處處屯兵，盡執噶爾丹所差使人，我厄魯特今無路可行矣。奏至，上報聞，且以示議政諸臣。」〔註 127〕丹津阿喇布坦是噶爾丹的侄子和愛將，在準噶爾國歷史上顯赫一時，這個戰報是康熙此行中收到的最大喜訊。他藉此對內不光給自己證名，對外更打敗了自己強大的敵人，可以想見當時康熙有多麼高興。

二十四日，駐蹕橫城堡。「鄂爾多斯貝勒松阿喇布奏，向准臣等於橫城貿易，今乞於定邊、花馬池、平羅城三處，令諸蒙古就近貿易（則諸蒙古各就近地行商，大為利便）。又（去歲貝勒汪舒克公杜棱及我眾蒙古等奏請）邊外車林他拉、蘇海、阿魯等處，乞發邊內漢人，與蒙古人一同耕種（皆漢人、蒙古皆有利益。命問之漢人再諭。今當耕種之時，謹奏請旨）。上命大學士、戶部及理藩院會同議奏。尋議覆，應俱如所請，令貝勒松阿喇布等及地方官，各自約束其人，勿致爭鬥。得旨，依議，如後倘有爭鬥，蒙古欺凌漢人之事，即令停止。」〔註 128〕從這裡我們能夠看出，在康熙三十五年時，鄂爾多斯六旗奏請開放禁留地，因康熙三十三、四年陝西發生過災荒等因，康熙當時並沒有立刻答應，但這次康熙和大臣竟然都答應了。

二十五日，自橫城堡渡黃河，駐蹕河崖。（「上曰：鄂爾多斯今已備四個月糧，現有駱駝。於事甚便。」）二十六日，駐蹕寧夏。（閏三月初六（乙酉）上諭皇太子曰：朕至寧夏將十日矣。每日籌劃兵馬糧餉之事。略無刻暇。途中晨則蒙霧露，晝則冒塵沙，口疲於督責，手敝於轡策，而來此數千里之外者。亦為此噶爾丹一遺孽也。朕於此時，倘在京城，非不能朝玩名花，晝坐樹蔭，以聽鳴鳥。熱則息，涼則行，安樂為上也。亦以此志欲展丈夫之心胸耳。恐皇太子純孝之人，見花鳥見魚見獸，必念朕沙磧窮邊之勞苦，而惻然心痛也。……有沿途自定邊至寧夏，皆沙磧無草，城蒿城刺、沙蒿度苃苃之外，皆城與鹵，寧夏四周皆稻田。）這裡表明了兩層意思：一是康熙在榆林邊外吃了不少苦；二是定邊至寧夏，固定沙丘很多。

〔註 127〕《清聖祖實錄》卷 181，康熙三十六年三月甲戌。
〔註 128〕《清聖祖實錄》卷 181，康熙三十六年三月乙亥。

此後，鄂爾多斯松阿喇布更加伺候殷勤，設置了沿黃河北歸的驛站、為康熙隨從放養騎馬，賞賚鄂爾多斯兵丁人各 2 兩，即使這些兵丁存在大規模的私逃行為、貽誤軍機，康熙也不處罰鄂爾多斯諸王公。事實上，康熙在陝蒙交界 21 天內，除了三月十五日在鄂爾多斯短暫休息、打獵外，在定邊因下雨可能打獵，其他時間都是疲於奔命，根本沒有遊玩。

上文中，筆者不厭其煩地講述康熙親征的過程，緣於筆者堅信禁留地的開墾緣自康熙的榆林之行的窘迫，帶有很強的感情色彩。作為歷史研究，本不能以這樣的角度來觀察，但是事實就是如此。下文進行詳細分析：

第一，歸化城土默特開墾的牽引作用。第二次親征準噶爾，康熙路過歸化城及鄂爾多斯後套地區（今托克托、清水河縣、和林格爾等地）。歸化城開墾後帶來的繁榮以及鄂爾多斯後套地區狩獵的樂趣，不光給康熙帶來了美好印象，也給鄂爾多斯王公看到了招民農墾能夠帶了的好處。於是同年，全體鄂爾多斯王公上奏請求開墾蒙地，但是康熙以「先徵詢漢人意見」為由拒絕了。需要說明的是，康熙在此期間諭皇太子曰：「朕至鄂爾多斯地方，見其人皆有禮貌，不失舊時蒙古規模。各旗俱和睦如一體，無盜賊，駝馬牛羊不必防守。生計周全，牲畜蕃盛，較他蒙古殷富。圍獵嫻熟，雉兔復多。所獻馬皆極馴，取馬不用套竿，隨手執之。水土食物皆甚相宜。」〔註 129〕而非對陝蒙交界地方的評價。

事實上，康熙在經行陝蒙交界地區 21 天內，更多是疲於奔命，根本沒有遊玩。康熙四十七年（1708 年），康熙回憶起第三次親征打獵的經歷：「朕帶領兵丁於鄂爾多斯、花馬池、定邊等處行圍，每日殺兔數千。一日所獲，可作兵丁幾日乾糧。朕於花馬池地方，一日殺兔三百一十八隻。自寧夏回時，至黃河渡口，因無大船，朕量帶侍衛人等乘小舟順流而下，以所帶乾糧甚少，每日往山間畋獵、河中網魚而食，二十餘日並未用及乾糧。至湖灘河朔渡口，朕日御小舟，令新滿洲四人棹舟，追射雁鴨等物，一日可得數百隻。彼時朕年方壯，兼之熟悉水性，故毫不介意，迄今思之轉覺自懼也。」〔註 130〕可見，第三次親征去寧夏途中，康熙只是在臨近三月十五日在鄂爾多斯打獵以及臨近寧夏城時，在定邊和花馬池打獵（儘管《清實錄》和《親征平定朔漠方略》多隱晦，說康熙因為雨天和珍惜馬力，拒絕行獵，看來康熙仍是行獵了）。所以，康熙對鄂爾

〔註 129〕《清史稿》列傳 307，藩部 3《鄂爾多斯部》。
〔註 130〕《清聖祖實錄》卷 232，康熙四十七年三月己巳。

多斯美好的印象更多來自從寧夏返程以及後套原屬鄂爾多斯的地方。

第二，在榆林的不愉快的旅程直接影響了禁留地的開墾。康熙第三次親征面對大臣們指責其浪費國帑、擾害百姓，他內心是苦悶的。他自己對此行督徵是否能帶來戰果並沒有確定把握，他內心更害怕自己如明武宗一樣無功而返。於是他選擇走長城以內道路，以證明自己並非擾民。但是經過山西漫長的旅途，他已經看到山西長城內的貧瘠，並發布詔書示諭山、陝百姓。但是一進入府谷縣，他便改變主意，想從鄂爾多斯草原上橫穿，直接到達寧夏。我們通過他在府谷、神木、榆林以及在榆林至安邊路途中四次派人探查口外前往鄂爾多斯的路，以及給皇太子的信中看出，他對延綏鎮道路的不滿以及希望離開的心情，還有從之後設置了沿黃河的新塘，並立即示諭太子和前線所報公文應走新塘一事，都可以看出他並不想走回頭路。總之，他對陝蒙交界的所見環境是震驚的，對陝蒙交界的旅行是厭惡的，在旅途中他根本沒有想到原路返回而是令重新尋找新的塘路。皇帝尚且如此苦悶，隨行的官員更應如此。所以，一到花馬池、橫城，已經離目的地寧夏不遠了，加上定邊和花馬池的行獵休整，更重要的是康熙聽到丹津阿喇布坦的戰敗，康熙的心情才終於開朗起來。而次日，當鄂爾多斯請奏同漢民開墾禁留地，皇帝和大臣們半推半就地立刻全部答應了。所以，康熙答應開放禁留地，與他出發時背負的沉重壓力以及榆林的不愉快經歷有直接的關係。

第三，松阿剌布隨行康熙的殷勤。康熙入府谷後，過榆林以及經草地去安邊堡的過程，處處得到鄂爾多斯部殷勤款待，前來覲見、指路。儘管《清實錄》和《親征平定朔漠方略》要維護康熙親征並不擾民的形象，並未詳細記載，但理應對落魄的康熙以及隨行的官員幫助不少。尤其是按照康熙的說法，隨行只帶了 400 多員（隨行買賣的商人除外），但仍在草地上修築了道路，以供輜重通行。這些道路究竟是誰修築的？顯然鄂爾多斯蒙人出力不少。重要的是，在松阿剌布奏開禁留地開墾之前，康熙已經讓松阿剌布去設置沿黃河的塘站，誓不走回頭路，這對當時的康熙而言，也許除了準噶爾前線的戰況外，是極其重要的事了。所以，當松阿剌布奏報開墾禁留地時，康熙本人並沒有用頭一年拒絕理由回覆。而恰恰在第二天，康熙說，「鄂爾多斯今已備四個月糧，現有駱駝，於事甚便」，這又與不打擾地方的原則發生了矛盾。之後，鄂爾多斯替康熙放牧御馬和隨行官員的馬，恢復在榆林浪費的體力。回程時，一路走著鄂爾多斯開設的塘路，一路打著獵，隨行官員也由鄂爾多斯部落分批護送。然後坐著船順

流而下捕魚，享受兩岸蒙人的跪拜。這與路過延綏鎮是多麼大的區別啊！回京後，康熙三十七年（1698年），「以征噶爾丹功議敘封鄂爾多斯貝勒松阿喇布爲多羅郡王、公杜楞爲固山貝子」〔註131〕，次年鄂爾多斯會盟，康熙直接派出理藩院尚書班迪（班第）前往〔註132〕，對鄂爾多斯顯然關愛有加。所以，開放禁留地更多是康熙對松阿喇布等鄂爾多斯王公的賞賜。

第四，延綏鎮當時沒有開墾禁留地的動力和願望。費孝通曾經說過：「以農爲主的人，世代定居是常態，遷徙是變態。」〔註133〕一般來說，在沒有發生嚴重的自然災害、社會動亂或戰爭的情況下，不會出現大規模的、長距離的和集中進行的移民〔註134〕。之前已經言明，延綏鎮在康熙三十六年（1698年）前，由於戰亂和災荒，人口銳減，大量土地荒蕪，復墾的壓力很大，沒有外出長城開墾禁留地的人力和物力。同時，在康熙路過延綏鎮的過程中所見所聞，並沒有大的流民潮出現，人民相對安居樂業，加上康熙認爲榆林的兵丁整肅，應該有足夠的能力維護治安。這樣，內地民人根本沒有開墾禁留地的動力。

同時，從康熙在榆林四次選擇道路的過程，我們能都得出幾點：

一是從孤山堡至神木、榆林段道路不好行走，邊內有積沙出現；而經過實堪，從神木至榆林邊外的道路有沙；而從榆林至安邊的道路也不好行走，所以康熙才選擇邊外地；從定邊至花馬池，土壤沙化嚴重，屬於固定沙丘。

二是康熙從榆林至安邊，道路選擇的因素是需要水源且節約路程，事實上節約了一半路程。之後他回憶到：「朕昔親統大兵中路出征時，沿途必留有水草之處，以牧運米牲畜。」〔註135〕所以，水草、水源是邊外行軍的重要因素。由此可以推斷，在禁留地開放之初，百姓必然首先選擇有井、有河的地方開墾，選擇最便利的地方開墾，無疑沿著窟野河、禿尾河等大河向蒙地推進，這是開墾之初的一個方向。這也說明蒙地開墾並不是那麼隨意，而是嚴格受到自然條件限制。

三是康熙三十六年的邊外是禁留地，當時沒有開墾一寸土地，也不存

〔註131〕《清聖祖實錄》卷187，康熙三十七年二月壬寅。
〔註132〕《清聖祖實錄》卷192，康熙三十八年正月癸巳。
〔註133〕費孝通：《鄉土中國》，河北教育出版社，1999年，第51頁。
〔註134〕葛劍雄：《中國移民史》第一卷，福建人民出版社，1997年，第47頁。
〔註135〕《清聖祖實錄》卷267，康熙五十五年二月壬戌。

在私墾，否則大軍行進，必然會被發現。從記載中，至少邊外沒有開墾的任何記錄。

（二）康熙五十八年定界的原因

第三次親征延綏鎮沿邊之行，給康熙留下了難以磨滅的印象。直至晚年，他也經常提及。爲此，他採取了一些整肅吏治和減免賦稅的措施。耙梳《清實錄》，綜合康熙的言行，主要有以下幾點：

第一，榆林邊地苦寒。康熙三十六年，「頃由山西、陝西邊境，以致寧夏，觀山陝民生，甚是艱難」，「塞外情形不可臆度，必身歷其境，乃有確見」，「親蒞塞外，因念切民依，巡歷邊境，所至諮訪。目擊山西、陝西緣邊一路，地皆沙磧，難事耕耘，人多穴居，類鮮恒業，固已生計維艱。而地方遼遠，疾苦無由上聞」，「山陝裏井艱難」〔註136〕。康熙三十九年三月，「神木地方，朕前統領大兵經過，親見田畝瘠薄，人民稀少，最爲寒苦。」〔註137〕這是康熙實地得出的結果，陝蒙交界地區苦寒的直觀印象不可磨滅。

第二，對榆林軍事地位的重視。康熙三十六年，「明時爲恢復河套，討論紛紜，致大臣夏言、曾銑受戮。自朕觀之，此地無甚關係。若控馭蒙古有道，則河套雖爲所據，安能爲患，控馭無道，則何地不可爲亂。蒙古遊行之地，防之不可勝防，專言收復河套，亦何益乎？」〔註138〕康熙五十三年（1714年），康熙回憶：「朕幸寧夏，過鄂爾多斯地方，謂松阿喇布王云，爾等祖宗不過欺侮漢人，遂據河套耳。若朕則自橫城坐船帶糧，從鄂爾多斯之後抄出據守，爾等將若之何？」〔註139〕可見，最初康熙對自己駕馭河套蒙古的自信。但是，正是榆林之行，康熙對榆林的戰略地位越發重視。康熙三十九年時，裁神木道歸併榆林道監理，「神木地方……然逼近蒙古，實屬要地。」〔註140〕康熙三十六年，令陝西各衛買米穀分撥沿邊各堡，「此各衛堡米穀，若責令承收，官員自備轉運之費，路遠而險勢，必科派小民。巡撫之奏、戶部之議皆非也。其俟秋成後，令該撫酌支正供，買米運貯。」〔註141〕康熙三十七年，川陝總督吳赫言，「陝西邊疆緊要」，將沿邊武官一體升賞，「得旨，陝西沿邊地方武

〔註136〕《清聖祖實錄》卷183，康熙三十六年五月丙申、戊戌。

〔註137〕《清聖祖實錄》卷198，康熙三十九年三月丁巳。

〔註138〕《清聖祖實錄》卷183，康熙三十六年五月丙申、戊戌。

〔註139〕《清聖祖實錄》卷259，康熙五十三年六月丙子。

〔註140〕《清聖祖實錄》卷198，康熙三十九年三月丁巳。

〔註141〕《清聖祖實錄》卷184，康熙三十六年七月丙午。

職官員及督標員缺俱係緊要，果係居官素優越升一二等者，該督等保題引見，准其補授，若越升三等以上者不准。」〔註142〕「念陝西省爲嚴疆重地，當出師塞外時，曾經歷其邊境」〔註143〕，「秦省委天下要地。」〔註144〕在康熙五十六年，延綏鎮官兵還被派往穆賽等地遠征準格爾〔註145〕。這些史料都表明，榆林之行，康熙對延綏鎮防範鄂爾多斯的戰略地位的重新認識。

第三，整肅陝西吏治。康熙三十六年，「交納錢糧，曾面問總督吳赫，據言西安等府距省甚近，收耗尚輕，若沿邊所在地方火耗不免加重矣」，「今外寇已經蕩平，惟以綏乂地方，拊循百姓爲急務，山陝兩省關係緊要，應作何撫恤休養，著九卿詹事科道詳議以聞。尋議覆，山陝裏井艱難，皆緣督撫有司不能仰體皇上軫恤黎民之意，橫征私派之所致也」，於是飭山陝督撫嚴肅吏治〔註146〕。《親征平定朔漠方略》作者溫達說，「山陝爲沿邊重地，疆宇遼闊，山高土瘠，民俗勁悍，與他省不同。尤國家所宜加諸意者。皇上於比歲兩省災傷，多方拯濟。……因車駕出塞，親見邊土蹺薄，民生艱窘之故。故恫稟（？）動念，既訓飭寧夏人民謀生之道。禮儀之方。又重飭官員，期於悉杜侵漁，永除扣尅，務使小廉大法，上下肅清。蓋於凱旋振旅之時，即更爲綢繆桑土之計。）〔註147〕溫達等人直接講出了康熙山陝之行，對沿邊風土人情、戰略地位的重新認識，爲此通過肅清吏治來達到民生安樂的目的。

第四，強化遇災、遇征的蠲免政策。康熙四十二年（1703年），「秦省委天下要地，時廑朕懷曩者連歲荒旱，所司未經奏報，朕防聞得實，即多方籌劃，運米拯救。……但秦省關係最重，且不通水運，撫綏尤宜加意。……今將陝西巡撫及甘肅巡撫所屬地方，康熙四十二年以前，各項積欠銀米草豆錢糧，盡行蠲免。俟四十三年，直隸各省咸獲豐稔。當將秦省四十四年正供，亦行免徵。該督撫即通行曉諭，俾窮鄉僻壤，小民均霑實惠。」〔註148〕五十

〔註142〕《清聖祖實錄》卷189，康熙三十七年七月己卯。

〔註143〕《清聖祖實錄》卷213，康熙四十二年十月丁丑

〔註144〕《清聖祖實錄》卷214，康熙四十二年十一月戊午。

〔註145〕《清聖祖實錄》卷271，康熙五十六年三月甲子；卷272，康熙五十六年六月己亥。

〔註146〕《清聖祖實錄》卷183，康熙三十六年五月丙申、戊戌。

〔註147〕《親征平定朔漠方略》第42卷。

〔註148〕《清聖祖實錄》卷214，康熙四十二年十一月戊午。

四年，「賑陝西延安府屬龍州堡等九處霜災窮民米穀有差。」〔註149〕五十五年（1716 年），準備攻打策妄阿喇布坦，雖然當年山、陝豐收，「但便民效力轉輸，在所宜恤。茲特大沛恩膏」，將延綏鎮及延安府所屬州縣次年的額徵銀米以及之前的拖欠，全部蠲免。〔註150〕同年，山、陝豐收，「但西邊見有軍務，沿邊一帶地方錢糧及舊欠錢糧應予蠲免，其在軍前綠旗兵丁所借錢糧，免其坐扣。」〔註151〕康熙五十七年，「轉輸挽運，陝西百姓勞苦急公，實堪憫恤。……應將陝西巡撫、甘肅巡撫所屬通省各府州縣衛所錢糧、米豆、草束，悉予蠲免」，並將米豆、草束、康熙五十八年的地丁銀並歷年積欠銀一體蠲免。〔註152〕同時，蠲免了陝西沿邊的延綏鎮所屬城堡、延安府所屬州縣及甘肅、固原等地六十六州縣衛所堡康熙五十九年錢糧、米豆、草束、額徵銀全部蠲免。〔註153〕康熙五十九年五月，「總兵官金國正奏，陝西兩年歉收，百姓有流離之狀。地方關係緊要。」〔註154〕七月，陝西總督鄂海報：「陝西西安等四府一州，連年豐收，百姓並無流離，惟延安府屬沿邊堡所，去秋薄收。」〔註155〕當時，陝西文武官員，大半隨軍，「但陝西地方，現有軍務，又年歲歉收，故朕預頒諭旨……除陝西歷年錢糧屢經蠲免，並明歲錢糧另頒諭旨蠲免外，見令動支倉穀散賑。而地方官員大半悉在軍前，辦事之人殊少」〔註156〕，延綏鎮官兵還被派往穆賽等地遠征準格爾。〔註157〕康熙於是蠲免康熙六十年陝西全部的米穀、草束和地丁銀並且差官開倉賑濟。〔註158〕從這裡我們可以看出，康熙五十七年始，延綏鎮發生了旱災，由於對準格爾戰爭，延綏鎮武官和地方官員隨徵，百姓運輸任務繁重，儘管賑濟和蠲免了賦稅，但是可能仍有一部份民人逃到鄂爾多斯，與當地蒙人發生衝突，於是才有

〔註149〕《清聖祖實錄》卷 266，康熙五十四年十一月乙未。
〔註150〕《清聖祖實錄》卷 270，康熙五十五年十月癸巳。
〔註151〕《清聖祖實錄》卷 269，康熙五十五年九月甲申。
〔註152〕《清聖祖實錄》卷 281，康熙五十七年八月戊辰。
〔註153〕《清聖祖實錄》卷 286，康熙五十八年十二月辛酉。
〔註154〕《清聖祖實錄》卷 288，康熙五十九年五月辛巳；康熙五十九年六月己亥。
〔註155〕《清聖祖實錄》卷 288，康熙五十九年七月癸酉。
〔註156〕《清聖祖實錄》卷 288，康熙五十九年六月己亥；卷 289，康熙五十九年十月戊申。
〔註157〕《清聖祖實錄》卷 271，康熙五十六年三月甲子；卷 272，康熙五十六年六月己亥。
〔註158〕《清聖祖實錄》卷 288，康熙五十九年十月戊申、庚戌；卷 290，康熙五十九年十二月甲辰；卷 292，康熙六十年二月戊申。

康熙五十八年劃界。

康熙五十八年（1719 年），當時鄂托克札薩克的奏摺這樣描述到：「民人有出口墾種者，由地方官查明人數，照例給票照，准令春季出口，秋收後照例查點進口，不准擅留口外過多」，但是「耕種之地不曾定界」，「內地民人有越界前去種地者，蒙古之眾隨意收取地租，致起爭端」，請求定界。〔註 159〕可見此時，是由於民人沒有遵從票照制度，私自外出口外種地，與收租的官員發生糾紛。而康熙三十六年開禁蒙地的一個要求是：如果發生糾紛，即行停止耕種。據此，我們能夠得出以下三點：

第一，康熙五十八年定界的原因可能是一部份民人因災荒、或逃避運糧勞役而逃亡口外種地。「見在西陲用兵，地方官民運米運餉，甚屬勞苦、山、陝二年歉收，民有流離者。去歲陝省地震，兵民受傷。」〔註 160〕但是，絕不是因為賦稅沉重而外出，因為連續三四年，地方所有賦稅全面蠲免。

第二，根據鄂托克札薩克所奏報定界的原因，極大可能是延綏鎮官兵、延安府地方官外調前線，致使延綏鎮地方牌照徵稽制度相對鬆弛，有民人不拿牌照外出種地，至收租時與蒙官發生衝突。對照康熙對封禁地開墾之初所定的要求，此時蒙漢發生衝突，有可能致朝廷收回封禁地，所以鄂托克札薩克才予以奏報。所以，康熙五十八年定界絕對不是陝北民人私墾發展到一定程度，主動向蒙地延伸。事實上，直到乾隆八年陝蒙定界時，鄂爾多斯諸旗除了郡王旗和札薩克旗因為未劃定界限才越界較多，其他三旗基本沒有越界。

第三，由於長期的戰爭，致使國庫虧空，陝西轉運任務更加繁重，加速了沿邊民人逃亡。康熙六十一年（1722 年），「近天下錢糧，各省皆有虧空，陝西尤甚。其所以致此者，皆有根源。蓋自用兵以來，大兵經行之處，督撫及地方官惟期過伊地方，便可畢事，因資助馬匹、盤費、衣服、食物甚多，倉卒間無可設法，勢必挪用庫帑，及撤兵時又給各兵丁馬匹、銀兩。……且今年陝省地震，因言倉糧朽爛，奏請蠲免。夫地震何至糧朽，此皆州縣官藉端開銷耳。今各省雖有虧空，而陝省尤屬緊要。」〔註 161〕

從上面的分析我們能夠輕易得出，康熙第三次親征路過陝西延綏鎮，對延綏鎮的戰略地位認識進一步加深，對促進生產而採取的整肅官吏、蠲免錢

〔註 159〕《鄂爾泰檔》、道光《榆林府志》卷 3「建置志上・疆界附邊界」，《馬爾泰檔1》、《馬爾泰檔 2》、《班第檔》、都有相類似的記載。
〔註 160〕《清聖祖實錄》290，康熙五十九年十二月甲辰。
〔註 161〕《清聖祖實錄》卷 299，康熙六十一年十月甲寅。

糧的活動，無疑能夠促進延綏鎮和延安府經濟的發展。但是，隨著康熙五十八年（1719 年）對準噶爾新一輪的戰爭，延綏鎮官兵直接征戰、延安府官員抽調奔赴前線，百姓承擔起轉運軍糧的重任，儘管賦稅得到多次的全部蠲免，但是百姓的負擔仍然很沉重。也正是官兵的遠征，致使地方官方治安力量出現了一定的鬆弛，不遵牌照出邊耕種情況出現，蒙漢出現了一定的糾紛，禁留地面臨被再次封禁的危險，所以蒙旗主動提出定界要求，是爲康熙五十八年第一次定界。

（三）歸化城土默特開墾的牽引及雍正乾隆年間兩次定界的原因

1、康熙末至乾隆八年歸化城土默特地區的開墾

（1）康熙末期至乾隆八年歸化城土默特的開墾

第二次親征準格爾時的歸化城之行對康熙留下了深刻印象，更加堅定了發展蒙墾信心。康熙三十八年（1699 年），商人申請開採殺虎口外大青山等地方，康熙以「查殺虎口外，從不砍木之例」和「內外之民俱屬一體，大青山木伐賣，商民均爲有意，著照該撫所請」〔註 162〕爲由，允許開採。同時對蒙旗派人教諭農墾和嚴禁盜賊，以增進生計。他認爲蒙古剛開始發展農業不興的原因：一是蒙古民族特性是懶、貪、愚昧，他說，「蒙古之性懶惰」、「族類性貪」、「性情怠惰愚蠢、貪得無厭」，但是性情樸直，可以派官教化其耕種，「順其性以漸導」、「教彼耕種，亦甚緊要」。二是蒙古各部王公「俱各承襲父爵，年在童稚，率皆不能教養所屬，安輯民人」，處於一個政治新老更替階段。三是蒙古對地理情況並不瞭解，耕種方式不成熟，「蒙古地方既已耕種，不可牧馬，非數十年草不復茂，爾等酌量耕種。其草佳者應多留之，蒙古牲口惟賴牧地而已」，「田土播種後，即各處游牧。穀雖熟，不事刈穫。時至霜隕穗落，亦不收斂，反謂歲歉」。四是嚴禁盜賊，因爲「蒙古生養之計，惟馬匹牛羊是賴」，而盜賊增多，蒙古不得不「將馬畜皆置之近側，夜則圈之宿處」，致使馬畜瘦死，「生計窘乏」，「其盜賊之事，亦係緊要」，必須嚴禁〔註 163〕。

〔註 162〕《清聖祖實錄》卷 193，康熙三十八年四月戊午。

〔註 163〕參見：《清聖祖實錄》卷 195 康熙三十八年九月戊午；卷 191 康熙三十八年十二月丁巳；卷 193 康熙三十八年六月丙辰；卷 195 康熙三十八年九月甲寅、戊午；卷 196 康熙三十八年十一月戊午；卷 198 康熙三十九年三月甲午；卷 200 康熙三十九年八月癸酉；卷 203 康熙四十年三月戊申；卷 204 康熙四十年四月甲子；卷 204 康熙四十年四月甲子、六月甲子；卷 218 康熙四十三年

可以說，康熙對口外開墾之初的政治、經濟和文化背景，以及口外地理、地貌和發展農墾的措施，已經有了相當的瞭解。從現在看，這些認識很多是客觀的，措施也是得當的。他同時認為「朕意養民之道，亦在相地區處而已」，而「陝西臨洮、鞏昌等地方，雖不可耕種……而百姓但狃於種地，不能行此。」〔註164〕區分土地，相宜地土，或農或牧，這也是現代農業的做法。但是當看到南方「內地之田，雖在豐年，每畝所收止一、二石」，而口外「禾苗有高七尺、穗長一尺五寸者」，「邊外之田所獲更倍」，其原因是「盡人力」〔註165〕，顯然又誇大了人力的作用。由於口外長期封禁，開墾不久，開墾空間很大，地力富集，收穫頗豐，但是一旦地力耗盡，就會遠遠低於南方各地。由於由牧至農存在一個過渡期，很多生態問題並未顯現，而往往這些生態破壞造成的影響更大。這也說明，康熙的某些口外開墾的認識是非實證〔註166〕。在看到蒙地開墾的暫時利益時，康熙似乎更注重擴墾過程中人力因素，而事實上降低地理因素的作用；不擇地段、不顧地力隨意開墾後，一些環境較差的地段的環境破壞就不可逆，這都為後來環境問題的出現埋下了種子。

在康熙倡導下，包括歸化城在內的口外農墾發展迅速。康熙四十六年（1707年），康熙巡邊見，「各處皆有山東人，或行商或力田，至數十萬人之多」〔註167〕；四十八年，「民往邊外開墾者多，大都京城之米自口外來者甚多，……京師亦常賴之」〔註168〕，「蒙古漸次皆已富饒」〔註169〕；五十一年，「今地少人稠，各處人民往邊外居住耕種者甚多，比年又皆豐收」〔註170〕，「山

<hr>

十一月癸丑；卷210康熙四十一年十二月癸巳；卷218康熙四十三年十一月癸丑；卷221康熙四十四年五月壬午；卷245康熙五十年三月丁未。
〔註164〕《清聖祖實錄》卷268，康熙五十五年閏三月壬午。
〔註165〕《清聖祖實錄》卷231，康熙四十六年十月己亥。
〔註166〕康熙年後期，康熙回憶第二次親征噶爾丹在寧夏的見聞，在寧夏、豫州時見到乾涸的河漕因他的到來而突發大水，至察漢托灰（寧夏平羅縣附近）時，看到「泉流甚細」，命駐紮掘井，「八井之水，泛溢而出，人馬俱賴以濟」，不久恪靖固倫公主出嫁路過此地，「已無涓滴矣」。康熙和大臣們都認為這是瑞祥之兆，神佛保祐，忽視了乾旱區河流季節性和來水偶發性，也忽視了乾旱區某些地段地下水開採存在暫時性的特點。見《清聖祖實錄》卷274，康熙五十六年九月癸酉。
〔註167〕《清聖祖實錄》卷230，康熙四十六年七月戊寅；卷245康熙五十年三月丁未；倦鳥262康熙五十四年三月己亥。
〔註168〕《清聖祖實錄》卷240，康熙四十九年十一月庚寅。
〔註169〕《清聖祖實錄》卷242，康熙四十八年四月乙巳。
〔註170〕《清聖祖實錄》卷250，康熙五十一年四月乙亥。

東民人往來口外墾地者，多至十萬餘」〔註171〕；五十四年，「奉、錦兩府多係招徠民人」〔註172〕；五十五年，開始開墾新收復的領土「巴爾庫爾、科布多、烏蘭古木等處」以便就近解決軍糧〔註173〕。

歸化城附近的開墾情況也是一片喜人。康熙五十八年（1719 年）范昭逵奉命勘測臺站行至歸化城土默特地界，「隨行至殺虎口……，次佛爺溝（今和林格爾縣新豐鄉佛爺溝），此後所履，皆屬蒙古地。蓋歸化城南間有山、陝人雜處，而歸化城以北，更無華民矣」，「抵二十家（今和林格爾），尚有店可住，係陝人所開」，「（歸化城）地頗肥饒，人皆樸野，牛羊驟馬，貿易中外」，在大力廟（即土默特右旗美岱召）「有陝人於此種地，獻瓜茄蔥蒜等物。」〔註174〕我們得見，當時歸化城地區開墾的重點主要集中在和林格爾和歸化城南面，而且仍有很大的發展空間，這也為後朝的開發提供了基礎。

實際上，「經順治、康熙兩朝七八十年之懷柔安輯，於前明所創凜不可犯之漢民出塞禁令，已漸由寬緩而日近廢馳」〔註175〕。雍正元年（1723 年），雍正命令：「嗣後各省，凡有可墾之處，聽民相度地宜，自墾自報。地方官不得勒索，胥吏亦不得阻撓」，規定了「水田仍以六年起科，旱地以十年起科，著為定例」，將督耕的成績作為官員考察的重要標準，「務使野無曠土，家給人足，以副朕富民阜俗之意」〔註176〕。在蒙古地區，這叫做「借地養民令」。頒佈此條命令的原因大略是內地因人口增殖造成了人多地少局面出現，以及災害致使流民安置任務繁重。學者對此也進行了深入的研究。筆者贊同，下文僅就在此政策推動下，歸化城土默特地區農墾的發展進行研究。

〔註171〕《清聖祖實錄》卷 250，康熙五十一年四月乙亥、五月壬寅。

〔註172〕《清聖祖實錄》卷 262，康熙五十四年二月癸巳。

〔註173〕《清聖祖實錄》卷 267，康熙五十五年二月乙丑。

〔註174〕〔清〕范昭逵：《從西紀略》。忒莫勒點校版，呼和浩特市民族事務委員會編輯出版《民族古籍與蒙古文化》，總 1～2 合期，2001 年，第 1～34 頁。

〔註175〕傅增湘：《綏遠通志稿》卷 1《盟旗疆域沿革》，內蒙古人民出版社，2007 年。

〔註176〕原文：「朕臨御以來，宵旰憂勤，凡有益於民生者，無不廣為籌度。因念國家承平日久，生齒殷繁，地土所出，僅可瞻給。偶遇荒歉，民食維艱。將來戶口日滋，何以為業？惟開墾一事，於百姓最有裨益。但向來開墾之弊，自州縣以至督撫，俱需索陋規，致墾荒之費，浮於買價，百姓畏縮不前。往往膏腴荒棄，豈不可惜。嗣後各省，凡有可墾之處，聽民相度地宜，自墾自報。地方官不得勒索，胥吏亦不得阻撓。至升科之例，水田仍以六年起科，旱田以十年起科，著著為定例。其府州縣官，能勸諭百姓開墾地畝多者，准令議敘。督撫大吏，能督率各屬開墾地畝多者，亦准議敘。務使野無曠土，家給人足，以副朕富民阜俗之意。」見《清世宗實錄》卷 6，雍正元年四月乙亥。

　　雍正年間，清廷逐步增大歸化城土默特地區的開墾力度。雍正元年（1723年）八月，添設理事司員，隸大同知府，專管歸化城土默特兩旗境內漢人〔註177〕。七年，改隸朔平府〔註178〕，十二年，又因「地廣事繁」，在林格爾、坤都倫、托克托城、薩爾齊四處分別添設一名筆帖式，三年限滿更換，協助同知辦理蒙漢事務〔註179〕。筆帖式的增置，緣於漢族墾民的增多。由於聚集效應，漢民及附近的蒙古部落開始向歸化城集中，十一年令「除貿易行走之人」，各旗回原游牧地，嗣後不准越界；漢人登記造冊，娶蒙婦所生子嗣編入旗籍，其中願回原籍的漢人可以帶妻子回原籍，並再次嚴禁蒙漢通婚〔註180〕。我們從這裡也能看出，雍正力圖採取印信的形式，將已發展到一定規模的歸化城農墾控制在國家允許的範圍內。成書於雍正十一年的《從軍雜記》描述了當時歸化城土默特旗開墾的盛況：「自張家口至山西殺虎口，沿邊千里，窯民與土默特人咸業耕種，北路軍糧，歲取給於此，內地無挽輸之勞。」〔註181〕

　　雍正末年與準噶爾達成停戰協議後大軍回撤，歸化城隨之成為第二道防線的重心。於是，乾隆派滿族八旗軍入住，開設「大糧地」屯田並籌劃建立綏遠城。雍正十三年（1735年），新登大寶的乾隆派出歸化城都統丹津等人「相視形勢」、「築城墾田」〔註182〕。乾隆元年（1736年）籌劃新城建立後將歸化城附近土地改為軍墾，「歸化城一帶地畝，不便改為民種升科」，待新城建成後，「歸化城周圍田地，悉行開墾」〔註183〕。同年七月又添設協辦同知事務筆帖式一員，「管理開墾田畝、辦理地方事務」〔註184〕。先後開墾的地段有：善岱、西爾格、補退、什拉烏素、清水河、特穆爾昂力行、渾津等八處，共四萬餘頃，雖是軍屯，但是更多是招民開墾。在修築綏遠城時，尚書通智奏稱「清水河右衛地方寬大，可以開墾千頃；殺虎口外有賞給右衛兵丁徵租之地，招民耕種」，防備因修綏遠城、駐防滿兵而帶來的糧食短缺，「於修城之時，乘穀石價賤，買糧數萬石收貯」〔註185〕。

〔註177〕《清世宗實錄》卷10，雍正元年八月癸亥。
〔註178〕《清世宗實錄》卷79，雍正七年三月丙寅。
〔註179〕《清世宗實錄》卷150，雍正十二年十二月乙巳。
〔註180〕《清世宗實錄》卷129，雍正十一年三月丙戌。
〔註181〕〔清〕方承觀：《從軍雜記》，《小方壺齋輿地叢鈔》第2帙第1冊。
〔註182〕《清高宗實錄》卷9，雍正十三年十二月丙戌。
〔註183〕《清高宗實錄》卷16，乾隆元年四月甲戌。
〔註184〕《清高宗實錄》卷23，乾隆元年七月庚申。
〔註185〕《清高宗實錄》卷18，乾隆元年五月甲辰、丙午。

由於初開軍屯,「歸化城應徵粟米,不敷支放之用」,需要從內地調運軍糧,為了避免運輸擾民,歸化城改革賦稅制度,本地「其上則者,每畝請徵米三升,草十斤;中則者,米二升,草八斤;下則者,米一升,草六斤」〔註186〕,「折本色糧石」〔註187〕;「離城五十里以內者,聽民自納。五十里以外者。酌給運價」〔註188〕。興軍屯後,不久便發揮賑濟受災鄂爾多斯旗的作用,「現在將托克托城內倉貯米石,動用散給」〔註189〕。五年,將歸化城附近的「煤窯八十餘座,盡行開採」〔註190〕。經過陸續開墾,至乾隆七年,「民人聚集歸化城貿易,並攜眷在各村與蒙古雜處種地者四五十萬」〔註191〕。

官方牧場地的開墾。「雍正年間,奏給右衛八旗馬廠,在和廳界內」,面積共 2389.565 頃,位於林格爾縣新店鎮西南〔註192〕。隨著對準戰爭的推進,乾隆三年(1738 年)又在大青山後的土默特蒙古牧地內設立了「綏遠八旗馬廠」軍用牧場,共計地 3204 頃〔註193〕。這些牧場不斷出租給民人私墾。經過幾十年的分出土地,土默特二旗自由游牧地大大減少。後來蒙人自墾和招墾,加上人口滋生,歸化城土默特兩旗自由牧場逐步變小,乾隆八年(1743 年)開始整理地籍。對於整理地籍的原因,山西巡撫喀爾吉善等所上奏摺中〔註194〕說得很詳細:

第一,蒙人自有牧場日蹙。之前,土默特旗旗官、兵丁不給俸餉,「自備鞍馬,屢次出征,並每歲納糧當差及養贍家口」,「惟資地畝以為養贍」,「甚為充裕」。但是山西「地窄人稠,內地民人苦於無地可耕」。康熙三十年(1691年)為了備戰準格爾,歸化城等地放墾,「蒙古等始行耕作,其有力之人雖開

〔註186〕《清高宗實錄》卷 52,乾隆二年閏九月戊辰。
〔註187〕《清高宗實錄》卷 46,乾隆二年七月丁酉。
〔註188〕《清高宗實錄》卷 40,乾隆二年四月戊辰。
〔註189〕《清高宗實錄》卷 72,乾隆三年七月戊午。同時參看《清高宗實錄》卷 54 乾隆二年十月丙戌,卷 64 乾隆三年三月癸亥。
〔註190〕《清高宗實錄》卷 110,乾隆五年二月丁丑。
〔註191〕《山西巡撫喀爾吉善等所上奏摺》(乾隆七年),《清代奏摺彙編・農業・環境》,第 69～70 頁。
〔註192〕光緒《山西通志》卷 65《田賦略七・歸綏道戶口》。〔清〕貽谷:《土默特旗志》卷 5 下《經政略》;日安齋庫治:《清末綏遠的開墾》。
〔註193〕〔清〕貽谷:《綏遠旗志》卷 5 下《經政略》。
〔註194〕《山西巡撫喀爾吉善等所上奏摺》(乾隆七年),《清代奏摺彙編・農業・環境》,第 69～70 頁。

墾耕種，仍賴草地滋生牲畜」，相比民人而言，蒙人「不諳耕種」。加上歸化城商業氛圍濃厚，「鮮衣美食漸染成風」，喇嘛眾建寺廟，由蒙人供養，「用度日繁」，有的甚至將「所有地畝典給民人，遂至生計窘迫」。

第二，人口增殖。土默特蒙古兩旗原設二十個佐領，之後增編為四十個佐領，連蒿奇特兩個佐領，共為六十二個佐領。「現今官一百六十員，額甲五千名，壯丁、幼丁三千八百餘名。其出征、年老、殘廢、退甲人等，並伊等妻子、寡婦、孤子家口以及喇嘛、沙弼那爾共六萬餘口」，人口增長過快，必使人均佔有牧場的數量減少，以致生活窘迫。

第三，民人數量增多，擠佔蒙人生活空間。「數十年以來，民人聚集歸化城貿易，並攜眷在各村與蒙古雜處種地者四五十萬，是以地方日窄，而蒙古生計日窘」〔註195〕。我們從這裡看到，儘管禁令森嚴，但漢民仍攜眷耕種，已經逐步定居並擠佔蒙人生活空間。

喀爾吉善的奏則引發了朝廷的重視，於是清理歸化城土默特牧場。清理原因、過程、原來的方案和改動的方案保存在《清實錄》歸化城都統噶爾璽的奏則中〔註196〕。對噶爾璽提出的方案，乾隆皇帝全部贊同，「是。汝等即會同速辦！」下面結合喀爾吉善和噶爾璽的兩篇奏則，討論歸化城土默特人口和自有土地的利用情況。

第一，清理過程。喀爾吉善上奏後，乾隆下令：「將土默特蒙古典給民人地畝，年滿贖回，分給貧乏蒙古」，「照官租例：一具令納銀三兩，給貧乏蒙古。其田地照數指給，從明年起自行耕種」，曉諭眾蒙古和民人「將牧場禁止開墾」，並派官「覆查蒙古地畝及人口數目」。因為「蒙古耕地，不計頃畝，只計牛具」，「向俱任意開墾，無冊檔可稽」，清查難度很大。經過先後兩次清查，終於查清歸化城土默特二旗人口、土地情況，雖然這個結果與「去年各佐領呈出數目，……亦不相符」，但畢竟是乾隆批准的調查，同時由歸化城都統噶爾璽主持，參領查核，理應更準確。同時我們要注意：當時乾隆為了逐步削弱土默特世襲權，改授京官擔任歸化城都統。土默特左翼都統丹津去世，清廷以其無嗣為由，否決了丹津妻以族子襲位的請求〔註197〕，左翼都統空缺。乾隆二年（1737年），改授京官塔勒瑪善，並在次年幫辦因病

〔註195〕 《山西巡撫喀爾吉善等所上奏摺》（乾隆七年），《清代奏摺彙編·農業·環境》，第69～70頁。

〔註196〕 《清高宗實錄》卷198，乾隆八年八月壬子。

〔註197〕 《欽定外藩蒙古回部王公表傳》卷112。

的右翼都統〔註198〕。由於土默特人對乾隆剝奪其都統世襲權不滿，轉而對塔勒瑪善發洩怨恨，進行控告，塔勒瑪善調任鄂爾坤軍營、參贊大臣上行走。續任的瑪尼、噶爾璽等人同為京官補授〔註199〕，對朝廷當更忠誠，對蒙旗當更圓潤。事實上，噶爾璽也是經過兩次踏勘，由參領承辦。

第二，歸化城土默特旗漢蒙民人口倒掛嚴重。土默特兩旗，「當年經歷任將軍，即由本旗界內之地，奏明與綏遠城八旗撥出大小糧地、各召廟游牧香火地、莊頭地、公主府地。此外，除去山河、沙城等處，具係皇恩原賞土默特十二參領所屬六十佐領蒙古官兵當差養贍」。〔註200〕所以，在土默特旗農墾發展過程中，必須釐清土地的分割所有制關係和人口管理的關係。即土默特旗能夠掌管的土地，只有土默特貴族自由土地和蒙民戶口地，其直接管轄的人口僅僅限與本旗官員、丁口及家屬。而對各召廟游牧香火地、莊頭地、公主府地、綏遠城將軍管轄的軍墾地及人口都沒有直接支配權，當然對這些土地上附著的漢民，無論是按牌照官方招徠，還是私自招徠的，也沒有管轄權。清末貽谷放墾的過程中，也是對這些土地分別放墾，分別收租。

噶爾璽查得：土默特兩旗共有蒙人 43559 口，兩旗原有地畝、牧場及典出田地共 75048 頃。這些土地僅是土默特蒙人的「戶口地」（蒙丁地），不包括土默特貴族直接控制的自有土地和僕人。其理由如下：一是清初，「土默特自聖祖仁皇帝征服以後，留一公爵，而不預札薩克事，別以都統治之。每兵一名，給地五頃」〔註201〕，即「戶口地」，「兵士五千名，弁兵無俸餉，馬皆自備，均給田有差。每兵一名，種地一頃，官弁遞增」〔註202〕。這些貴族的土地屬於朝廷封賜，交予家中的僕人和貧困蒙人輪流當差耕種，不納入朝廷管理。雖然乾隆初年剛剛取消土默特貴族的都統世襲權，但貴族的土地不可能剝奪。二是從清理土地的方案看，最後進行土地重新分配，即剝奪一部份

〔註198〕《清高宗實錄》卷50，乾隆二年九月甲午；卷62，乾隆三年二月丙戌。

〔註199〕參見《清高宗實錄》，卷92乾隆四年五月丙辰；卷94，乾隆四年六月癸未；卷161，乾隆七年二月乙卯；卷203，乾隆八年十月乙丑；卷339，乾隆十四年四月壬寅；卷339，乾隆十四年四月壬寅。

〔註200〕《歸化城土默特兵、戶司掌關防參領伊朗精額、福祿等官聯名呈請清丈土默特蒙古地畝》（光緒三十年十二月初七日），《內蒙古中西部墾務志》，第311頁。

〔註201〕《鹿傳霖、紹英奏為查明墾務大臣被參各款謹分別輕重據臚陳並保薦賢員辦理善後事宜以綏蒙藩而收實效一摺》（光緒三十四年初二日奉朱批另有旨欽此），《清末內蒙古墾務檔案彙編》，第1116頁。該文亦收錄於《蒙墾續供》。

〔註202〕《土默特旗志》卷7。

富戶的土地重新分配給貧戶，顯然都是「戶口地」，貴族的土地不可能分配。三是根據理藩院所定的比丁和徵賦制度〔註203〕，以及《準格爾衙門檔案中》記載的乾隆年間準格爾旗的比丁情況〔註204〕看，比丁制度中不包括貴族以及家人、奴僕等。

　　所以，喀爾吉善奏土默特兩旗全部人口為「六萬餘口」，歸化城土默特地區漢民「四、五十萬」。這些漢人顯然包括歸化城土默特兩旗招徠的民人，以及駐軍屯地、莊頭地、公主屬地上招徠的，包括日常活動在歸化、綏遠兩城的漢商，也應包括受領牌照官方允許的官墾農和私墾以及違法出境的農人家眷。鑒於複雜性，喀爾吉善用了概數，筆者取平均，為45萬。而噶爾璽查得土默特兩旗共有蒙人 43559 口，顯然此數也不包括歸化城駐紮滿、漢、其他蒙旗的軍人及家屬、莊頭、公主屬人，以及「喇嘛、沙弼那爾」，上述人等，各有所轄，非歸化城土默特兩旗管轄；更不包括貴族和 160 名官員及所屬僕人的數量。將兩個數據進行比較發現，歸化城土默特地區漢人是土默特兩旗蒙人數量的10.33倍，蒙漢人口倒掛嚴重。

　　第三，歸化城土默特旗出現了農牧倒掛現象，且耕種的土地以蒙人自種為主。噶爾璽查得土默特兩旗原有地畝、牧場及典出田地共 75048 頃，現有牧場地 14268 頃，其餘的 60780 頃土地由蒙人自己耕種或出租給漢人耕種。耕地的數量是牧場數量的 5.26 倍，農牧倒掛。在 60780 頃耕地中，典給民人地畝 4000 頃（下稱佃租地），則蒙民自種 56780 頃（下稱自耕地），蒙人自耕地是漢民佃租地的 14.20 倍。這有力駁斥了「蒙旗土地主要是由漢人開墾，蒙旗的生態破壞是漢人造成的」等錯誤觀點。這裡的佃租地，不是「照官租例、一具令納銀三兩」，顯然是蒙人私自招墾。同時，噶爾璽奏則中並沒有說明自耕地中，是否存在蒙漢合種情況。筆者認為肯定存在，但應隱匿的數量不多，否則無法應對皇命。結合喀爾吉善奏則中所言的蒙人當時還「不諳耕種」，雖有開墾，但是仍依靠畜牧生存。那麼，下個階段，是否會仍私招民人，提高

〔註203〕乾隆朝抄本《理藩院則例》《錄勳清理司‧比丁》，第 12 頁；《理藩院則例》卷 12《徵賦》。

〔註204〕《理藩院為增設蘇木札伊克昭盟盟長文》，乾隆三十九年七月初三日，第 202～206 頁；《理藩院為督促呈報增設蘇木詳情札準格爾貝子納木札勒多爾濟文》，乾隆四十一年五月初五日，第 268～277 頁；《理藩院為沙克都爾札布旗增設蘇木之事札準格爾札薩克納木札勒多爾濟》，乾隆四十一年十月十一日，P299～301，《清末內蒙古墾務檔案彙編》。

農業生產率？這理應成爲蒙地開墾的普遍現象，爲我們分析鄂爾多斯夥盤地的北進、深入蒙旗提供了一個很好的線索。

表 6-2　乾隆初期歸化城土默特蒙旗農業發展情況比較

貧戶	人口（個）		自耕地（頃）			
	數量	比重	總面積	人均面積	占全旗耕地比重	占全旗自耕地比重
	4968	11.41%	334	0.067	0.005%	0.006%
中戶	22104	50.74%	13465	0.609	22.15%	23.71%
富戶	16487	37.85%	42800	2.586	70.42%	75.38%

資料來源：《清高宗實錄》卷 198，乾隆八年八月壬子

第四，歸化城土默特旗內出現了土地集中和貧富分化現象。（見表 6-2）按照噶爾璽上面的數據，歸化城土默特兩旗，每個蒙人平均擁有戶口地 1.723 頃，其中牧地 0.328 頃，耕地 1.395 頃，自耕地 1.304 頃。

其中：貧困蒙民：實無地畝之蒙古 2812 口、人多地少之蒙古 2156 口，共 4968 口，占蒙旗人口總數的 11.41%。自耕地共 334 頃（原文是「三百三十四頃有奇」，取整數去掉畝數，下同）占全旗耕地的 0.005%、全旗自耕地 0.006%。均擁有自耕地 0.067 頃，是全旗人均耕地數的 4.8%、全旗均自耕地的 5.1%。

中戶蒙民：有田 0.2～1 頃的中戶，共 22104 口占 50.74%。自耕地共 13465 頃占全旗耕地的 22.15%、全旗自耕地的 23.71%。均擁有自耕地 0.609 頃，是全旗人均耕地數 43.7%、全旗均自耕地的 46.7%。

富戶蒙民：田地多餘之人，共 16487 口占 37.85%，自耕地畝 42800 頃占全旗耕地的 70.42%、全旗自耕地的 75.38%。均擁有自耕地 2.586 頃，是全旗人均耕地數的 1.85 倍、是全旗均自耕地的 1.98 倍。

從上面的數據看，乾隆八年（1743 年），歸化城土默特的社會分層已經完成，出現了土地相對集中的狀況，貧困的蒙民生活平均擁有自耕地數量極少，且人數較多，貧困兩級分化嚴重。我們無法確知貴族和官員的土地，僅就戶口地而言，從現代人口社會結構來分析，這種基於土地佔有的人口分佈類似於「橄欖形」穩定社會模型，且經濟水平處於中上等蒙戶總數占比較高，中等蒙戶總數占比也較高。但是，我們發現這種社會結構存在以下幾種風險：

　　一是這種社會結構建立的基礎並不牢固。這種社會結構建立在耕地佔有量的基礎上。但是，在歸化城土默特地區，土壤與內地江南地區相差很大，土壤沙城非常嚴重，而且雨雪愆期是一種常態，本身農業生產條件就比較差，產出自然就少。不得不採取以牛犋耕種來計算，休耕、間作、拋荒等土地利用方式是常態。所以，農業生產並不穩定，在此基礎上建立的社會模型也並不穩定。

　　二是貧困蒙戶數量較大，且過於貧困。貧困人口占 11.41%，比例較高。貧困人口人均擁有自耕地 0.067 頃，合 67 畝。在當地的生產生活環境下，實際利用面積必然更少，姑且以三分之二計算，即存在三分之一的地畝拋荒，實在無法讓人生存。

　　三是中戶蒙古人數不占絕對數量。按照現代社會學理論：中戶蒙古人屬於中產階級（middle class）。龐大的中產階級具有對社會貧富分化較強調節功能和對社會利益衝突較強的緩衝功能。雖然中戶蒙古人數占 50.74%，但是並不占絕對數量，所以橄欖形的中間部份並不突出，較容易向上或向下拓展，打破橄欖形格局，變成「倒三角形」或「啞鈴形」兩類不穩定的社會結構。中戶人口土地僅占全旗戶口地的 22.15%，如果計入土默特貴族和官員可能龐大的自有耕地數目，這個比例將更小，中戶人口擁有的財產也極可能被剝奪。事實上，在歸化城土默特地區，蒙民受自然因素影響較大，不管從事農業或牧業，都較容易破產，所以更多形成「啞鈴形」格局。

　　第五，處理結果。一是牧場地和中戶土地不動，仍舊。二是將富戶的 42800 頃自耕地中，撥出 4633.12 頃分給貧困蒙人，「每口以一頃為率，以為常業」。事實上，撥出的「4633.12 頃」數量正是按照貧困蒙人總人數 4968 口和他們自耕地 334 頃計算的，這樣分配後，正好能夠達到「每口一頃」的標準。分配後「分別造冊，送戶部、理藩院備查」。三是原來擬定於乾隆八年（1743 年）秋，將 4000 畝佃租地收回，清退佃農。次年分給 4968 口貧困蒙戶耕種，「照官租例、一具令納銀三兩」，即將蒙人私租的土地，轉租給貧困蒙民。後來此方案改為：不需立刻收回，而是按照租期「陸續年滿撤回」；在分配上，因為貧困人戶已經重新進行了分配，耕地都達到「每頃一口」的標準，所以不需要重給。而應在全旗「惟於地少之戶，均勻派撥」，陸續年滿收回的佃租地，也按這樣的方式處理。通過這樣的分配方式，事實上剝奪了佃租地原主和富戶的 4633.12 頃地的土地所有權，並將所有權進行了重新分配。

第六，建立土地流轉程序和檔案。由於土默特二旗，原來沒有地籍，所以要求建立地籍。自乾隆九年（1744 年）起，歸化城土默特二旗，「凡有地畝，俱著丈量」。在清查時，如果發現隱藏土地、上報不實的：「較原查之數，多至一頃以上者，計畝撤徹出分給」，即隱匿土地超過 1 頃的沒收並重新在貧困蒙人中平均分配；「如所餘無幾，仍歸本主耕種」，即將少量隱匿的土地的所有權，經過官方確認，給原來的所有者。「將實數於各名下，注明備查，以免隱匿。」

6.2.2　歸化城開墾過程中的原因和啟示

一是旅蒙商對開墾的拉動作用。康熙二十二年（1683 年），限制準格爾入關貿易人數，「限二百名以內，准入邊關，其餘俱令在張家口、歸化城等處貿易」〔註205〕，歸化城的旅蒙商開始增多；後來漢商運輸軍糧，漢人、漢商出入口外越來越多〔註206〕。同時，清廷給予旅蒙商優待，如雍正十一年（1733 年）歸化城清籍時保留了商人，乾隆曾言：「數年以來，歸化城商人糊口裕如，家貲殷富，全賴軍營貿易生理，又全藉駝隻牛馬腳力，即為商人營運之資本」〔註207〕，康熙三十五年（1696 年），康熙親見歸化城「商賈叢集」，「馬駝甚多，其價亦賤」〔註208〕。乾隆二年（1737 年）新建的綏遠城「鋪面房一千五百三十間」〔註209〕，又為進一步商業發展打下基礎。「查（歸化城、托克托城）口外地方，俱係各省民人，前來貿易居住」〔註210〕，到了乾隆二十六年（1761 年），歸化城已經是「商賈雲集，諸貨流通，而蒙古一帶土產日多，漸漸成行市」，「居民稠密，行戶眾多，一切外來貨物先彙集該城囤積，然後陸續分撥各處售賣」〔註211〕。商業的繁榮推動了

〔註205〕《清世祖實錄》卷77，順治十年七月辛酉。

〔註206〕《清世宗實錄》卷89，雍正七年十二月辛丑。載：「山西巡撫覺羅石麟疏言：軍需所用駝屜等項，晉省士民，情願自備車騾，運送歸化城，踊躍爭先，似難禁阻。得旨：前因軍前需用駱駝鞍屜，令晉省製辦三萬副。該省人民。急公趨事。」

〔註207〕《清高宗實錄》卷20，乾隆元年六月丙辰。另《清高宗實錄》卷12「乾隆元年二月丁丑「條載：「（鄂爾昆等處）軍營存米。益以歸化城尚書通智、商人范毓馪運致米石，足供四年支用。」

〔註208〕《清聖祖實錄》卷177，康熙三十五年十月乙未、丙申。

〔註209〕《清高宗實錄》卷36，乾隆二年二月乙丑。

〔註210〕《清高宗實錄》卷103，乾隆四年十月己亥。

〔註211〕〔清〕巴延三：《查明歸化城稅務情形》，清檔軍機處錄副，中國第一歷史檔案館藏。

歸化城及周邊地區農業的發展。這種拉動作用一直延續到清末，光緒後期，歸化城「人口三萬餘，喇嘛亦兩萬」〔註212〕，「內地商民持布幣往者，輪蹄萬記」〔註213〕。

二是歸化城農墾對周邊地區的賑濟和平抑糧價的作用逐步顯現。雍正三年（1725年），因歸化城土默特地方，「年來五穀豐登，米價甚賤」，雍正令陝西、山西在歸化城購米。同時，在歸化城、大青山、黃河岸邊以及土拉庫四地建立倉庫、造船沿黃河送至土拉庫、潼關等內地〔註214〕。乾隆三年（1738年），鄂爾多斯災荒，出托克托城倉庫米賑濟〔註215〕。乾隆八年（1743年），「歸化城、托克托城一帶，連歲豐收」，運糧平抑山西山右糧價〔註216〕。十年，「口內歉收，貧民就食歸化」〔註217〕；次年，歸化城支出「米二千二百七十餘石。茶五千六百八十餘斛」賑濟土謝圖部車淩等六旗〔註218〕；十九年，「車淩等所種之地歉收」，又從歸化城運糧賑濟〔註219〕。二十年，「榆林府屬歉收」，因歸化城倉「秋收止六分」，無法資運，從托克托倉「撥三四萬石，令官商買糴」〔註220〕。歸化城農業的發展不僅能滿足自身需求，更能有力調劑相鄰地區，這種作用反過來更加促進了本地和相鄰地區農業的發展。

三是由於地理原因，歸化城的開墾並不是一帆風順。與之相伴的是緩徵租賦、擴大開墾面積。乾隆二年（1737年），歸化城新增軍墾，因「田禾被旱，收成歉薄。兩旗佐領等請借倉穀」〔註221〕並分年緩徵民人租賦〔註222〕。次年，歸化城又陰雨連綿，黃河泛漲，西爾哈安樂等六村莊頭地本年「應徵田二十三頃」豁免，「明年升科之新墾田一千零二十八頃」緩徵〔註223〕。從這裡可以看出，乾隆二年莊頭地的開墾力度之大。由於豐歉不定，致使歸化城「米價

〔註212〕 〔清〕姚明輝：《蒙古志》卷2《都會》，臺灣成文出版社據光緒三十三年（1907年）刊本影印本，1968年。
〔註213〕 《清朝文獻通考》卷26《征榷》。上海商務印書館，民國二十五年。
〔註214〕 《清世宗實錄》卷34，雍正三年七月壬戌。
〔註215〕 《清高宗實錄》卷72，乾隆三年七月戊午。
〔註216〕 《清高宗實錄》卷203，乾隆八年十月己卯。
〔註217〕 《清高宗實錄》卷265，乾隆十一年四月甲申。
〔註218〕 《清高宗實錄》卷278，乾隆十一年十一月丙午。
〔註219〕 《清高宗實錄》卷471，乾隆十九年八月癸亥。
〔註220〕 《清高宗實錄》卷503，乾隆二十年十二月戊辰。
〔註221〕 《清高宗實錄》卷54，乾隆二年十月丙戌。
〔註222〕 《清高宗實錄》卷64，乾隆三年三月癸亥。
〔註223〕 《清高宗實錄》卷75，乾隆三年八月乙巳。

低昂難定」〔註 224〕。因歸化城土默特蒙古「屢年遭旱」，至乾隆六年「歉
收壓欠穀一萬二千二百石」，為了蒙古生機以及不誤來年耕種，稅收予以緩
交減免〔註 225〕。而此年終於「雨雪調勻」，莊頭正植種地之際，卻無法度
過難關，於是向歸化城倉借穀〔註 226〕。乾隆八年，「歸化城、托克托城一
帶，連歲豐收」〔註 227〕；乾隆二十年，「榆林府屬歉收」，因歸化城倉「秋
收止六分」，無法資運〔註 228〕。

　　四是清廷極力將開墾納入管控範圍，所以這種開墾是有限的。事實上，
清廷允許民人出口種地，一直採取牌照制度，康熙五十一年（1712 年），「山
東人民出口種地者多至十萬有餘。伊等皆朕黎庶，既到口外種田生理，若不
容留，令伊等何往？但不互相對閱查明，將來俱為蒙古矣。嗣後，山東民人
有到口外種田者，該撫查明年貌、姓名、籍貫，造冊移送稽察。有口外回山
東去者，亦查明造冊，移送該撫對閱稽查，則百姓不得任意往返，而事亦得
清釐矣。」〔註 229〕當時是要求口外同知、副將查緝，但康熙年間並未實行，
至雍正初年方實行，至到雍正五年，令口外同知和州縣縣官共同管理，「嗣後
再有出口種地之人，俱著該同知一面安插，一面移諮本籍，查無過犯逃遁等
情，准其居住耕種，年終造冊報部。從之。」〔註 230〕可見，此時口外種地的
內外兩條線核查以及年終報送中央，共同組成的稽查制度更加嚴密。

　　口外種地的民人，必須嚴格按照指定的範圍開墾。雍正八年（1730 年），
雍正諭察哈爾八旗都統，「察哈爾地方原係蒙古游牧處所。若招民開種，則
游牧地方必至狹隘。且民人、蒙古雜居一處，亦屬無益。著行文察哈爾總
管等，查有此等擅行招民開種之處，作速據實呈報，將前罪悉行寬免。倘
仍復隱匿，一經發覺，加倍治罪。」〔註 231〕所以，總的來說，清廷是利用
漢民出口耕種解決軍糧，但同時制定了嚴格的稽查制度並指定開墾地段，
盡力將口外開墾納入官方管理。雍正十一年（1733 年），清理歸化城民人，

〔註 224〕《清高宗實錄》卷 103，乾隆四年十月己亥。
〔註 225〕《清高宗實錄》卷 145，乾隆六年六月庚戌。
〔註 226〕《清高宗實錄》卷 144，乾隆六年六月甲午。
〔註 227〕《清高宗實錄》卷 203，乾隆八年十月己卯。
〔註 228〕《清高宗實錄》卷 503，乾隆二十年十二月戊辰。
〔註 229〕《清聖祖實錄》卷 250，康熙五十一年五月壬寅；《清世宗實錄》卷 53，雍正
　　　　 五年二月庚辰。
〔註 230〕《清世宗實錄》卷 53，雍正五年二月庚辰。
〔註 231〕《清世宗實錄》卷 98，雍正八年九月乙未。

重申牌照出邊開墾制度；〔註232〕乾隆元年（1736年），清退歸化舊城和擬建新城之間及附近的民墾，改爲軍墾〔註233〕，同時清理清水營（今清水營縣）附近的公主地私墾，重新發放牌照招民開墾。〔註234〕四年，將殺虎口至歸化新、舊城之間的蒙古驛員，改爲八旗滿漢官兵駐守、增加站員人數，並增設歸化城臺站，「以查偷販逃匪」〔註235〕，次年又因殺虎口至歸化新、舊城一線曠野及該二城城外關廂地方，逃犯及土默特蒙古所犯劫盜案增多，將司法權收歸綏遠城建威將軍並嚴令查稽〔註236〕。乾隆三年，整理歸化城土默特察漢庫侖以與之相鄰的察哈爾界內原墾地，「其兩旗交錯地畝，均畫界立石，毋許越種」〔註237〕。

　　由於連續幾年的旱災，乾隆五年（1740年）開始整頓吏治以撫民。此時作爲滿洲「根本之地」的奉天由於私墾大行致使官墾不興，加上「生齒日繁」，「米價漸增」，同時旗人「爲流俗所染，生計風俗，不如從前」，爲此清廷肅清地方，制定新例，嚴肅關禁：「出口耕田者，亦應一體給票，俟入口時繳銷」，不准攜帶家屬，官吏如果放縱、隱匿、從重治罪，並令山西等省督撫，曉諭商民〔註238〕。朝廷更定口外理事司員同知的補授等制度：口外理事同知，由原來僅由理藩院揀選，改爲由各部、理藩院共同揀選，報吏部補授，以期與內地各省理事同知「畫一辦理」〔註239〕；理藩院柔遠前、後兩司，分別鑄印信並設二員督催專事稽查，鑄給關防，三月一奏，一年一換，同時爲駐紮神木理事官、哈密、瓜州部員添關防；歸化城等口外筆帖式人員，酌量陞轉〔註240〕；明確了蒙漢民糾紛的處罰、審判制度〔註241〕。顯然，這樣的改革提高了口外理事司員的地位，暢通了他們的升遷路徑，多部門共同揀選口外理事同

〔註232〕《清世宗實錄》卷129，雍正十一年三月丙戌。

〔註233〕《清高宗實錄》卷16，乾隆元年四月甲戌。

〔註234〕《清高宗實錄》卷18，乾隆元年五月乙巳。同時參見杜曉黎：《恪靖公主品級・封號・金冊考釋》，《內蒙古文物考古》，2002年第2期，60～64頁。《清世祖實錄》卷4雍正元年二月；卷5雍正元年三月丁酉；卷110雍正九年九月辛未卷153；雍正十三年三月壬午；《清高宗實錄》卷142乾隆六年五月乙亥；《雍正朝起居錄》第一冊，「雍正五年九月十二日」條，中國歷史檔案館編，中華書局，第472頁。

〔註235〕《清高宗實錄》卷87，乾隆四年二月（日不明）。

〔註236〕《清高宗實錄》卷115乾隆五年四月辛卯、四月丁酉。

〔註237〕《清高宗實錄》卷74，乾隆三年八月乙酉。

〔註238〕《清高宗實錄》卷115，乾隆五年四月甲午。

〔註239〕《清高宗實錄》卷124，乾隆五年八月丙午。

〔註240〕《清高宗實錄》卷125，乾隆五年九月乙亥。

〔註241〕《清高宗實錄》卷127，乾隆五年九月壬辰。

治，能夠確保選出更優秀的官員，而制定蒙漢民糾紛的會審等制度確保了糾紛迅速解決，這一切充分說明朝廷對口外蒙墾更加重視、對蒙墾管理更加嚴密。乾隆六年，因歸化城「同知通判，不足整率」，添設巡道駐歸化城，「控制和林格爾、托克托城、薩拉齋、昆都侖、清水河、善岱、等處」「總理旗民事務」〔註 242〕。乾隆六年（1741 年），歸化城由於蒙墾增多，人員複雜，盜命案激增，蒙官很難按期破獲，積案較多，歸化城都統瑪尼等奏請減輕逾期不獲的蒙官責任和處罰〔註 243〕，隨之，歸化城附近又添官添兵、增設遞馬、嚴禁卡倫，訂立了《夷漢章程》〔註 244〕。

從歸化城土默特農業發展的軌跡看，能夠為研究陝蒙交界土地開墾提供以下啟示：

第一，蒙墾政策及牽引作用。清代的口外開墾政策對於歸化城土默特和鄂爾多斯是大體相同的。我們能夠通過研究歸化城土默特地區的開墾政策，查找推動和限制陝蒙交界土地利用過程中政策因素的同異，衡量這些政策因素在蒙墾過程中所起的推動或抑製作用。歸化城土默特獨特的政治環境、地理區位、商業環境等因素，共同決定了其必然比鄂爾多斯蒙墾總是先行一步，進而發揮帶動牽引作用。這種牽引作用，在陝蒙交界禁留地開墾之初便發生作用，而且事實上一直延續到建國後。

第二，土地類型。乾隆元年（1736 年）歸化城土默特地區農墾格局已經最終確立，分為公主地，大糧地、戶口地等等，鄂爾多斯事實上也存在這種「分割所有制」形式。從研究土地流傳關係入手，進而對陝蒙交界土地發展狀態及其產生原因進行分析，無疑首先必須確定這種土地形式。而歸化城土默特旗的土地形式給我們下文的研究提供了啟示。

第三，私墾原因。歸化城土默特初期的私墾原因我們已經獲悉，就是基於土地分割所有制下，公主地、滿八旗和綠營軍的大糧地、驛站地、馬場地、莊頭地相繼招募漢人耕種，繼而帶動了戶口地的私墾。事實上，這個過程是交融的並且相互促進的，是合力的結果。我們可以以此作為「分割土地所有制」下陝蒙交界蒙地私墾的突破口。同時，戶口地私墾後，由於蒙民對耕種方式並不

〔註 242〕《清高宗實錄》卷 137，乾隆六年二月辛酉；卷 149，乾隆六年八月丙辰。
〔註 243〕《清高宗實錄》卷 141，乾隆六年四月丙辰；卷 157，乾隆六年十二月辛亥。
〔註 244〕《清高宗實錄》卷 166，乾隆七年五月戊辰、已巳；卷 170，乾隆七年七月丙寅；卷 153，乾隆六年十月庚申；卷 163，乾隆七年三月辛巳；卷 203，乾隆八年十月（日不詳）；卷 225，乾隆九年九月壬辰。

熟悉，生產效率低下，而招募漢人耕種，無疑對提高生產力是有好處的，這種生產力決定生產關係的作用，必然能夠突破政策因素的限制，所以私墾能夠不斷發展。通過這一點，我們能夠從根源上找到蒙地私墾產生的原因。

6.2.3 雍正、乾隆兩朝陝蒙定界的原因

雍正八年（1730 年），裁榆林衛設榆林府。「陝省延安府屬榆林、靖邊、神木三廳。管轄沿邊三十堡。除神木同知所轄東十堡、已改歸州縣管轄外。其榆林同知所管中十堡。靖邊同知所管西十堡。現今夷漢雜居，必須大員彈壓。請於榆林地方，設知府一員，照磨一員。即將榆林州同、靖邊經歷、定邊縣丞、各改為知縣。懷遠堡亦改設知縣。四縣俱添設典史一員。……榆林添設府縣。……榆林道原轄延安綏德鄜州等處，今榆林既改為府。請將神木道改為延綏道移駐綏德州，管轄延安、綏德、鄜州等處。其新設之榆林府並延綏道所屬之直隸葭州、吳堡府谷神木等州縣，俱改歸榆林道管轄。均應如所請。從之。」〔註245〕

我們可以從這裡得知，榆林衛內地化的初步完成〔註246〕，與禁留地的開墾不無關係，「現今夷漢雜居，必須大員彈壓」。這一點，民國榆林道道尹王健說得很明白：「至雍正八年理藩院尚書特故忒條奏五十里禁留之地，何得蒙古收租，乃議令徵收糧草歸地方官貯倉，九年改榆林衛為府，並於沿邊牆地方設榆林、懷遠即今橫山、靖邊、定邊四縣，隸之治城，皆逼近邊牆，邊外墾地暨蒙漢交涉，即歸各該縣就近管轄。由此觀之，榆林府屬之成立，原資邊地為要素在設治之始，其用意蓋深遠矣。十年以蒙古荒歉，復將該項糧草奉特恩照舊給予蒙人。」〔註247〕

〔註245〕《清世宗實錄》卷100，雍正八年十一月壬午。
〔註246〕延綏鎮內地化在乾隆時期仍繼續深化。雍正十三年，「陝西巡撫碩色奏，榆林府屬之靖邊定邊二縣，距府六七百里，距省千九百餘里，請改隸延安府管轄，榆林一府，僅轄榆林懷遠二縣，請將直隸葭州，及葭州所屬之神木府谷二縣，歸榆林府管轄，無庸更設直隸州，惟向隸葭州之吳堡，地在葭州之南，距榆林稍遠，請就近歸直隸綏德州管轄，下部行之」（《清高宗實錄》卷2，雍正十三年九月戊申）；乾隆六年，「戶部議准陝西進撫張楷奏、綏德、米脂、分隸榆林衛地畝。即在榆林縣城內外。離綏德二百五十里。離米脂一百七十里。納糧不便。請統歸榆林管理。從之」（《清高宗實錄》卷137，乾隆六年二月壬戌）。
〔註247〕《榆林道道尹王健呈省長文》（民國九年六月二十七日），《陝綏劃界紀要》卷1。

　　我們無法確知雍正八年清廷收回禁留地的土地出租權和議設榆林府的具體時間孰先孰後，但是可以確認的是：收回禁留地的出租權並賦予農民土地所有權，是在延綏鎮內地化進程的重要一個步驟。換句話說，正是榆林府的成立，促成了雍正九年（1731年）的陝蒙第二次劃界。《清實錄》說得很明白：雍正九年九月乙丑，諭內閣：「寧夏橫城口及皇甫川邊外閒地，與鄂爾多斯接壤。內地民人、越界耕種，而蒙古等私索租價。每至生事互爭，經該部堂官奏請，照例定界。朕遂降上日（有誤，疑爲：「下昭」）：交與該督撫確查定議。今據該地方官、派員與鄂爾多斯之札薩克等會勘，請照原定之例分界。經大學士議政大臣等、議覆准行。……若照廷議立界，俾民人蒙古、各守疆址，彼此無爭，揆之事勢，似屬有益……。」〔註248〕雍正十年（1732年），「鄂爾多斯地方荒旱，世宗憲皇帝特頒諭旨，照侍郎拉都渾酌定二十里舊界，仍令給租」〔註249〕。

　　榆林府設立前後，延綏鎮原設屯地也相應內屬。雍正六年（1728年），「戶部議覆、川陝總督岳鍾琪疏言，綏德州所隸綏德衛地，雜處於綏德、米脂、清澗三州縣及榆林中十營堡之中。其間有阻隔一縣，而遙爲管轄者。亦有四圍俱係縣土，而一區孤懸者。地既分歸，民亦散處。該管官難於經理。請將該屬地方。近州者仍歸州轄，近縣者改歸縣轄。應如所請。從之。」〔註250〕這樣，綏德衛近邊屯地劃歸爲新設的榆林、懷遠等縣，腹裏屯地則劃歸爲綏德州及所屬縣管理。這種改革並不徹底，「然其中又不願改撥他縣者，其時官師不能強，如州西距城一百二十里之周家鹼、雙廟兒州，南距城八十里之徐家河、九十餘里之苜蓿河等村，至今仍越界隸綏，其土田民人在峰崖溪澗中忽續不止，犬牙相錯已也。」〔註251〕這種飛地甚至延續到乾隆中期。乾隆六年（1741年）二月，「戶部議准陝西進撫張楷奏：綏德、米脂分隸榆林衛地畝，即在榆林縣城內外，離綏德二百五十里，離米脂一百七十里，納糧不便，請統歸榆林管理。」〔註252〕乾隆二十六年，「吏部等部議准、陝西巡撫鍾音疏稱：葭州屬之高家堡請改隸神木縣管轄，建安堡改隸榆林縣管轄，榆林縣屬之下

〔註248〕《清世宗實錄》卷110，雍正九年九月乙丑。
〔註249〕《署川陝總督馬爾泰揭請酌定榆林邊境民人種地收租事宜並越界私墾治罪之例》，乾隆八年六月二十六日之四，《明清檔案》A123-94。
〔註250〕《清世祖實錄》卷69，雍正六年五月丁巳。
〔註251〕乾隆《綏德州直隸州志》卷1《疆域》。
〔註252〕《清高宗實錄》卷137，乾隆六年二月壬戌。

方連等村莊改隸葭州管轄。從之。」〔註253〕同時，屯地的管理、賦稅、徵稽制度卻至清末，一直沒有變化，這一點下文詳述。

劃定禁留地所有權後，陝蒙之間的民間交往向深入方向發展。雍正十二年（1734年），鄂爾多斯各部、榆林府等地發生災荒，榆林等地買入鄂爾多斯蒙民為妻為奴。當時延綏鎮總兵米國正奏報：「榆林邊城之外即係河套。夷民雜處，交易為生。鄂爾多斯一部落風氣素稱渾樸。近日多有內地民人，指引進口夷人偷盜牲畜，窩藏分利。而神木口開店民人熟悉夷情，多端欺誘。或不肖弁兵，通同容隱；或該管衙門，糢糊了事。致夷人無從申訴。應請飭行沿邊文員，一體稽查，以安夷眾。再榆林居民鮮知禮義，賣妻子，相習成風，甚至回明地方官。彼此交易並請嚴飭地方有司，立法禁止，以端風化。得聖：與該地方文武官員，實力奉行。仍令督撫提鎮等不時稽查。」〔註254〕可見，雍正年間，伴隨著延綏鎮內地化的完成，蒙漢雙方交往越來越密切。也是由於這次災荒，乾隆元年（1736年），米國正請奏照擴大夥盤地範圍，按照康熙五十八年的五十里邊界開墾，聽蒙、民自便開墾，將私墾合法化，這一點上文已經說明。「榆林、神木等處邊口，越種蒙古餘閒套地，約三、四千頃，歲得糧十萬石。邊民獲糧，蒙古得租，彼此兩便，事屬可行。其強種勒索者禁止，應如所請。從之。」〔註255〕米國正的奏則看，二三十里外至五十里之內私墾的土地有三、四千頃，規模不是很大，但是收穫卻很大，「歲得糧十萬石」。

另一個方面，雍正年間，延綏鎮和鄂爾多斯官兵隨軍出征、護送糧草〔註256〕，加之歸化城土默特、察哈爾八旗內屬化的進程加快，陝蒙交界的蒙漢兵丁逐步獲得清廷的信任。對於鄂爾多斯兵丁，額設三千，在康熙中期以後已經衰落，加上信仰喇嘛教等原因，對清廷的威脅性逐步降低。其中，喇嘛教對蒙旗尚武精神的鈍化起到了很大的作用，雍正九年（1731年），雍正認為喀爾喀被噶爾丹擊敗的原因是「因爾等先世但知好佛誦經，廢弛戎務」〔註257〕。次年，由於協理臺吉策旺多爾濟等人私換，鄂爾多斯出征的三千名兵丁中，

〔註253〕《清高宗實錄》卷632，乾隆二十六年三月丙寅。

〔註254〕《清世宗實錄》卷154，雍正十三年四月己未。

〔註255〕《清高宗實錄》卷15，乾隆元年三月丁巳。

〔註256〕《清世祖實錄》卷112，雍正九年十一月乙丑；卷115，雍正十年二月壬子。卷54，雍正五年三月壬辰；卷156，雍正十三年五月丙寅；卷157，雍正十三年六月己丑；

〔註257〕《清世祖實錄》卷104，雍正九年三月甲子。

有五百餘名不堪調用，逃走了四百多，「此係札薩克等從來未有之事」；「鄂爾多斯札薩克王、臺吉內，能辦事之人甚少。令王查木陽帶四五人馳驛至鄂爾多斯，俟侍郎納延泰到彼，會同揀選兵一千名，於明年三月間，著查木陽親領前赴軍營。」〔註258〕而副將軍、郡王查木陽「並不將伊屬下精兵派出，且遲延日期，梳脫兵丁，甚屬不合，著削去郡王」〔註259〕。同時，貝子齊旺班珠爾藹蕾臧等人也降職〔註260〕。從這次事件中，我們也發現了鄂爾多斯三、四代王公從能力、品質及尚武精神各方面，已經沒有先輩的銳氣，全面衰落，在某種程度上，這也是清廷所樂見的。

不得不說的是，蔓延於蒙旗的慵懶之風致使王公一遇到自然災難等變故，並不能有效維持蒙民生計。這一點康熙皇帝已多次嚴斥。雍正十三年（1735年），札魯特等旗連遭旱澇災，雍正令其移駐就「近河潮濕之地」，但是王公「並不防護」，致使河水氾濫時，部民損失慘重，「此被災旗分之札薩克臺吉等，身圖安逸、怠玩公事，苦累屬下，不加愛惜。其所屬人等，不知親上之義，法紀罔遵，貪營小利，互相盜竊」，「此皆怠惰成習，昧於謀生，後此可不加謹慎耶。著將此旨行文眾札薩克等，令其遍行傳諭，各加勉勵。」〔註261〕鄂爾多斯在雍正末期受到自然災害，蒙民竟然賣兒賣女，數目高達三四千，蒙旗札薩克罔顧生靈如此，怠慢職責，不得不說，這種慵懶之氣起到很大的作用。同時，也正是這是庸懶之氣的蔓延，致使乾隆初年劃定札薩克旗時，郡王旗和準格爾旗長期不遵聖諭，為爭奪屬地而遲遲不能定界。這也是乾隆八年陝蒙定界後，私墾長期發展的重要原因。因超出筆者研究重點，同時無法定性研究，僅在此簡單說明。

延綏鎮一直駐紮著相當數量的綠營軍，直至清末。在雍正年間，由於長期的兵備，陝西承擔了繁重的賦役，民怨沸騰，出現了「陝西之民竟有怨胅而私相謗議者」，為此雍正派出貢生前往訓導，派出欽差查察軍隊擾民、額外暴斂事件〔註262〕。為了加強管理，雍正十三年（1735年）十一月，米國正奏請團練鄉兵，「查延綏、榆林一帶，地廣人稀，或數十家為一堡，或兩三戶為

〔註258〕《清世祖實錄》卷124，雍正十年十月戊辰。
〔註259〕《清世祖實錄》卷130，雍正十一年四月壬子。
〔註260〕《清世祖實錄》卷130，雍正十一年四月壬子；卷136雍正十一年十月庚午；卷140，雍正十二年二月己酉。
〔註261〕《清世祖實錄》卷157，雍正十三年五月丙戌。
〔註262〕《清世祖實錄》卷105，雍正九年四月癸巳。

一村。相去數里、數十里不等。沿邊民戶俱於邊外耕種夷地，春夏則出邊耕作，秋成以後又須採割柴草，豫人畜禦冬之需」。到了乾隆二年詔停，重要的一個理由是「延綏鎮額兵九千三百五十七名，分佈三十六營堡，聲勢相聯，情形既非單弱」〔註263〕。

乾隆八年陝蒙定界時，《班第檔》記載，鄂爾多斯各蒙旗王公們都稱：「先前，允准民人於口外種地，其時蒙古民人互相併無爭執。故應我等呈請，侍郎拉都貢等奉旨前來查勘口外二、三十里之地畝，劃定地界，不准民人越界墾種。此後，本郡王奉命出征，定咱喇什旗（札薩克旗）地界尚未劃定之際，民人等屢屢越過界限，漸漸深入蒙旗腹地。」顯然，發生越界的行為發生在乾隆元年左右，米國正也是在乾隆元年奏請將越過二三十里舊界至五十里的私墾地官方化的。當時要從郡王等旗劃出札薩克旗，於是農民在官方的默許下，越界越來越遠。根據《班第檔》中各旗越界的範圍，只有郡王旗和札薩克旗越界較遠，即相鄰的神木縣和府谷縣部份地段民人越界較遠，而其他的各縣基本上仍在舊界範圍內。

神木、府谷縣民人為什麼越界較遠，原因有六：

一是這兩縣民人靠近長城，軍民混雜，在明代的時候就有越界耕種的傳統，比如明成化中期「二邊」剛剛修築不到兩三年，這兩縣民人就越出「二邊」，進入夾道，甚至越過「大邊」一線種菜、墾殖。兩縣中，神木縣直接挨著「大邊」，府谷縣則處於黃河邊，相對遠離「大邊」，所以神木縣的民人在清乾隆初年越界耕種的現象明顯多於府谷。此時府谷縣所臨的準格爾旗根本沒有越界情況發生。

二是康熙五十八年劃界時，由於神木所屬及相鄰各城堡，「柏林堡、大柏油堡、神木縣、鎮羌堡等地，沙丘巨大，可耕之地少，於三十里外立界」（見馬爾泰檔1）。劃界時由於有沙丘，所以以三十里劃界。上文也提及康熙三十六年康熙第三次親征路過神木，當時神木邊外至榆林沙丘很多，無法行走。所以本身舊界範圍內墾地就少，當開墾殆盡後，選擇向北開墾，情理之中。

三是郡王等旗劃出札薩克旗，因久拖不決，遲遲未予劃界，權屬不清，這為漢人向北拓展提供了便利；

四是當時神木縣北的札薩克旗和郡王旗蒙人自有農墾也很發達，對漢民越界開墾有牽引作用。乾隆五年（1740年），「郡王札木揚、貝子喇什色稜現

〔註263〕《清高宗實錄》卷49，乾隆二年八月戊寅。

劃補給本札薩克之牧地，足以安置旗內屬民。只是該地界內各旗屬民雜居已
久，不宜遷徙，請允准安置於原地。爲此呈行。……惟因郡王札木揚、貝子
喇什色稜新析出地界中尙有彼等兩旗屬民居住，巴日圖等處亦有定咱喇什屬
民居住。照舊例，彼等均應遷歸各自旗界之內。惟因彼等以耕耘爲生者頗多，
若棄地遷移，勢必勞民傷財。故此，奴才等令其就地安生。奴才等再查，沿
邊牆均有墾種之地畝，常有民人出邊租種該地畝。現已勘定地界，若不曉諭
民人，不知情理者誤將租銀交予無關之人，不免滋生爭執、訴訟之事。」〔註
264〕可見，兩地交界地方蒙人自有墾地較爲發達，所以一直無法劃分札薩克旗
地界的重要原因。蒙民自有墾地的發展，筆者認爲是蒙旗自身發展和漢民開
墾的引導的雙重結果使然。同樣，蒙地自有農業肯定會對當地漢族向北越界
五十里禁留地開墾有牽引作用。

　　第五，米國正已經在乾隆元年奏報，允許民人延伸到 50 里禁留地範圍內
耕種。所以，當時開墾禁止地的全部土地是合法的〔註265〕。

　　第六，也是最重要的原因。上文已經論述，延綏鎮近邊地區土質一直不
好，收成頗薄。同時，離邊二三十里的舊界經過幾十年開墾，地力下降，促
使神木縣民人向北尋找新的開墾地點。《馬爾泰檔 2》說：「查二十里、三十里
之界內，原係蒙古不得游牧，寔同內地，又墾種多年，已成瘠薄。」這樣，
一旦災荒或者地力耗盡，必然牽引民人向北私墾。

　　雍正末至乾隆初，榆林及鄂爾多斯連續多年發生較大災荒。雍正十二至
十三年（1734～1735 年），鄂爾多斯各部、榆林府等地發生災荒，榆林等地買
入鄂爾多斯蒙民爲妻爲奴，姑且不論。乾隆二年（1737 年），「今歲夏秋兩收
俱皆歉薄，惟安邊迤西稍有收成，而口外鄂爾多斯又皆亢旱，明歲青黃不接
之時，民食兵糈皆當預爲籌劃」，爲此，清廷調延安府倉庫救濟榆林〔註266〕，
當年府谷、神木及靖邊、定邊、安定、葭州、米脂、吳堡八州縣，「秋收歉薄，
民食艱難，分別緩徵蠲免」，共蠲免了「正銀一千二百九十四兩四錢五分二釐
零，耗銀一百七兩一錢六分零，本色糧二千八百三十一石四斗一升零，本色
草八百三束零」。從神木縣和府谷縣蠲免的額度看，受災極其嚴重，次年這些

〔註264〕《理藩院爲勘定鄂爾多斯七旗地界札飭伊克昭盟長文》（乾隆六年二月十二
　　　　日），《準噶爾旗衙門檔案》第一冊。
〔註265〕《清高宗實錄》卷 15，乾隆元年三月丁巳。
〔註266〕《陝西巡撫張楷揭請核銷撥濟榆綏二府州屬糧石用過腳價》（乾隆六年二月二
　　　　十九日），《明清檔案》A99-137。

地方又發生了雹災〔註 267〕。乾隆四年榆林各屬縣及相鄰州縣又發生了旱災，當時葭州（時轄府谷、神木、葭州）知縣彙報：雨水愆期，「迨至七月十九二十兩日得雨六寸，州屬普遍，但得雨普遍之時，已屆處暑，節令禾苗被旱枯槁者不能復補種者出土僅止數寸，不能吐穗結籽等」，而懷遠縣「共計三百九十村，共被災實熟地五百九十五頃一十四畝五分，查被災八分七分六分共一百一十九村，被災既重」、「查今歲被旱歉收各村多係乾隆二三兩年秋禾被旱歉收之村，連年旱乾歉收，民力艱難」，陝西巡撫張楷認為原因是「其告阜乾燥之地，禾苗本來薄弱，又因受旱日久，竟無裨益」、「陝省各屬地方，今歲夏秋之間雨暘時若，秋禾俱獲，豐登，黎民稱慶。惟榆林府屬葭州懷遠縣地處邊興，土性寒薄，且因夏秋兩澤愆期，秋禾間有焊旱。」〔註 268〕所以，天災加土質原因，致使神木等地民人越界，這是根本原因。

但是，我們不能過份估計乾隆八年劃界時民人越界的範圍和規模。

首先，這是在政府默許甚至鼓勵下的開墾行為，盡然僅有神木一縣越界。而相鄰的府谷縣根本沒有越過準噶爾旗的「二三十里」原界；受災如此嚴重的懷遠縣僅稍微越界。可想，當時，越界並不普遍。正如馬爾泰等人奏稱：這是蒙旗王公看到民人私墾非自己所有的蒙地而不能獲得地租，所以心裏不舒服才上報定界。其實，更是札薩克、郡王、烏審旗等王公在未定界時，互相看不慣其他旗從私墾中受益才上報定界。

其次，從米國正乾隆元年的奏報看，當時開墾的僅僅三四千頃，如果折成牛犋，不到二百牛犋。而定界後，郡王旗五十里夥盤地中有兩千牛犋，準格爾旗「二三十里」夥盤地有一千牛犋〔註 269〕。顯然，乾隆八年前陝蒙交界

〔註 267〕《陝西巡撫張楷揭報安塞等州縣被災奉免銀兩俱係急需之項請准撥補》（乾隆四年八月十六日），《明清檔案》A90-5。又見《清高宗實錄》卷 39，乾隆二年三月己酉條「免陝西定邊縣雹災額賦」，卷 51 乾隆二年九月乙卯條：「戶部議覆署理陝西巡撫事崔紀疏請：豁免神木、府谷、榆林、懷遠、靖邊等縣雍正十三年分借給鄂爾多斯乏食蒙古京斗米五千四百九十石有奇。應如所請。從之」；卷 71，乾隆三年七月戊午條：「鄂爾多斯地方饑貧蒙古，自七月至八月，應行賑給兩月米石。以資接濟。查那木札爾色楞旗下托克托，距歸化城較近，現在將托克托城內倉貯米石。動用散給。得旨。知道了。所辦甚是」。

〔註 268〕《陝西巡撫張楷揭報葭州懷遠秋禾被旱情形》（乾隆四年十月十日），《明清檔案》A90-109。又見《清高宗實錄》卷 115 乾隆五年四月己丑條：「免陝西葭州。懷遠二州縣。乾隆四年分旱災額賦有差。」

〔註 269〕《札薩克多羅郡王車淩多爾濟為查明地租銀糧存檔呈盟長文》，乾隆三十七年十二月十五日，第 140 頁。

全部夥盤地裏、在二三十里舊界至五十里新界中開墾的範圍很少。

最後，從現有的史料看，在乾隆八年劃界前，整個陝西仍存在很大的復墾壓力，榆林府也理應如此。乾隆五年，陝西巡撫張楷報告整個陝西的復墾情況：「秦省開墾增額多係近山貧戶所有石土相兼之處，稍可耕種，貧民便為零星開墾，時值稍旱寸苗不生，輸納維艱，寔為貧民之累，請將開墾額糧盡行豁免。……據各州縣報到臣統計雍正十年，已經具題寔墾內尚有不寔民屯更名地共二千七百七十餘頃，又雍正十一、十二兩年未經具題不寔民屯更名地四千六十餘頃。……今據該撫張（楷）疏稱，除榆林府及興乾高鄜四州並無虛報不寔地畝外。」〔註270〕事實上，在整個清代，延綏鎮屯地遠遠未恢復到明萬曆時的水平。

綜上，我們可以理清陝蒙交界禁留地在乾隆八年前的開墾情況和原因：

第一，禁留地首次利用是康熙二十一年（1682年），鄂爾多斯右翼前旗（烏審旗）貝勒達爾札因災借牧禁留地。這是清代對蒙旗受災時可以經申請借牧制度決定的。

第二，禁留地首次開墾是康熙三十五年（1696年），貝勒松阿喇布利用康熙路過延綏鎮、鄂爾多斯的艱難旅途中申請的，是蒙旗受到歸化城土默特地區開墾牽引下的自利行為。當時延綏鎮民人沒有開墾禁留地的動力和要求。

第三，雍正八年陝蒙50里劃界是伴隨著延綏鎮內地化、榆林府的設立而實現的。榆林府民人獲得禁留地的土地所有權。但是次年由於鄂爾多斯災荒，蒙旗又獲得禁留地內離長城二三十里的夥盤地收租權，二三十里外又被禁止開墾。

第四，乾隆初年因災，官方對開墾禁留地範圍內二三十里外土地採取默許和鼓勵的態度。由於天災、禁留地二三十里範圍內地力消退、札薩克旗旗界未分、蒙旗自身農業發展的牽引作用等多重原因，神木縣民人越過「二三十里」夥盤地、向北拓展。其中，天災和禁留地二三十里範圍內地力消退是根本原因。但是僅限於神木縣夥盤地且規模不大。

第五，乾隆七年（1742年），主要由於蒙旗王公見到在神木縣夥盤地拓展過程中，本旗和本人卻沒有收益，進而提出劃界要求。最終蒙旗獲得五十里禁留地所有權，農民獲得了永佃權，夥盤地的發展處於相對穩定的發展階段。

〔註270〕《陝西巡撫張楷揭報陝屬各地開墾地畝應課應免數額》（乾隆五年十二月七日），《明清檔案》A97-119。

6.3 陝蒙地區土地形式的多樣化是私墾不斷的經濟原因

6.3.1 地權理論與分割所有制

最早對蒙古社會組織及土地使用權進行研究的是前蘇聯學者符拉基米爾佐夫，隨後日本學者田山茂對符的觀點進行了補充，之後學界逐步開展研究，最新的研究成果當屬楊強的《清代蒙古法制變遷》﹝註 271﹞。該書中專章《清代蒙古族土地制度變遷》，對以前學者和自己稍早前發表的相關文章的觀點進行綜述。而安齋庫治則從地域的角度，將二十世紀四十年代的蒙地土地關係（主要以內蒙古西部地區為考查對象）劃分為三大類型，即第一是「總有制」，維持游牧業的錫林郭勒、烏蘭察布等地區占支配地位；第二是「分割所有制」地域，在移民進出較頻繁、農業相對發達的察哈爾南部、土默特全域和烏蘭察布的一部份地區占支配地位；第三地域是所謂「單一所有制」的失去蒙古地主土地所有權的察哈爾南部等地區﹝註 272﹞。

下文筆者進行各種觀點綜合並提出以下幾點：

1、清代以前的蒙旗土地性質是公有性質

這一點筆者同意楊強的觀點，在蒙地農墾出現之前，蒙旗土地都是公有的。由於蒙古經濟具有流動性，只能是利用自然，而不是改造自然，不同於農業社會對農田進行灌溉和精耕細作，出於對游牧經濟自身的認識，必須利用不同的畜群、不同的草場特點進行定期的遷徙，共同使用生產場所。因此，不能對牧場進行分割，因此仍保留原有的氏族去管轄、保護和經營牧場，土地必須以公有制的形式存在。同時，蒙古封建主制具有很強的人身依附關係，下級封建主和平民以「服役貢賦」的形式對上級封建主承擔相應的封建義務。蒙古封建社會土地所有權的本質，就是土地的授予和封建義務相結合，實現使用土地的權利和承擔封建義務的對稱和統一。

﹝註 271﹞ 楊強：《清代蒙古法制變遷研究》，中國政法大學出版社，2010 年；《論蒙古土地所有制》，《西北民族研究》，2010 年第 2 期，129～136 頁；《論清代蒙古社會的土地所有制》，《天水師範學院學報》，2004 年 12 月，第 17～19 頁；《論清代前期蒙古族行政組織制度的變遷》，第 507～520 頁。

﹝註 272﹞ 〔日〕田山茂，潘世憲譯：《清代蒙古社會制度》，商務印書館，1987 年，第 169 頁。

2、清代前期的蒙旗土地性質仍是公有性質

這一點楊強已經通過清「前期」蒙古族行政組織制度與蒙古社會原有社會結構的繼承關係看出若干端倪。楊強認爲「土地」也有是過於專注制度變遷，或者是因爲蒙旗制度本身區分很複雜，且各地土地程度並不一樣，似乎對清代「前期」和「後期」的分段並不清晰。尤其表現在他認爲私有制是清「後期」隨著開墾出現的，但又言蒙墾自順治年間開始，存在一個漸近的過程，究竟什麼時候蒙墾到達到什麼規模才能「量變」爲土地私有制？具體到「後期」的哪個階段？楊強對此並未作仔細研究。同時，楊強研究清初蒙旗行政組織法律制度主要的史料來源是乾隆《理藩院則例》、乾隆《大清會典》、嘉慶《大清會典》、《欽定理藩院會典事例》、《欽定理藩部則例》等，這些法律文件都是清中期的史料，且是對蒙旗制度發展到較爲成熟階段的總結性、概括性的法律規定。那麼，在此之前、蒙旗從初建立到相對成熟再到成熟，這些過程中蒙古土地的狀態呢？似乎從這些史料中並不能分析得出。

蒙旗制度發展有一個過程，應該分時間、分地域研究。比如蒙旗制度中關於禁止越界的規定，以伊克昭盟爲例，天聰九年（1635 年）歸附，按照後來的內外札薩克旗的設置，其應屬於外札薩克旗性質；順治六、七年（1649～1650 年）伊克昭盟設置郡王旗六旗，此時設置的六旗應是內札薩克旗，各旗的範圍按照歸附時間、功勞大小，按照「跑馬圈地」的形式劃定，梁冰認爲當時僅僅爲了畫地爲牢，由理藩院「隨意劃定，甚至變更。」〔註273〕「順治七年（1650 年）定，外藩蒙古每十五丁，給地廣一里，縱二十里」〔註274〕，可見，隨後清廷對外藩蒙地的劃分就有一定的規範了。乾隆元年（1736 年）因軍功增設札薩克旗，至乾隆四～五年（1739～1740 年）才劃定旗界，按照蒙古舊有以森林、山川、沼澤等邊界，在缺乏明顯的自然邊界的地方，設立敖包（鄂博）以標界限，南界均以「邊牆」爲界〔註275〕，同時繪圖上報理藩

〔註273〕梁冰：《鄂爾多斯通史稿》，內蒙古大學出版社，2009 年，第 547 頁。

〔註274〕《欽定大清會典事例·理藩院》卷 979，《耕牧·耕種地畝》，第 229 頁。

〔註275〕〔日〕田山茂：《清代蒙古社會制度》，第 167 頁。這一點準格爾旗檔案中記載得十分詳細，參見《神木理事司員劉智、巴雅爾、伊克昭盟盟長齊旺班珠爾等爲勘界存檔之事札札薩克協理臺宙札布、華興文》，乾隆五年十二月十五，第 4～6 頁；《理藩院爲勘定鄂爾多斯七旗地界札飭伊克昭盟長文》，乾隆六年二月十二日，第 123～131 頁，《準格爾旗衙門檔案選譯》第一輯，內蒙古人民出版社，2008 年。

院〔註276〕。此時，鄂爾多斯的盟旗制度才眞正算是建立起來。同樣，蒙旗土地所有制的變化也一樣，也應該分時間、分地段研究。

但無論如何，清初的禁留地是國家所有的性質。基於其在放墾前，蒙漢都無法使用，更是基於在放墾過程中清廷對禁留地究竟是屬於「中國」還是屬於「蒙古」的態度變化。

3、清代中期的蒙旗土地性質開始成為私有性質

蒙旗開墾，隨之出現了私有制。這一點，絕大多數學者都贊同。但是對私有制出現的時間和地點，以及蒙旗土地內部的權屬的劃分，存在一定的分歧。日本學者矢野仁和田山茂認爲「順治七年定，外藩蒙古每十五丁，給地廣一里，縱二十里」的記載是不眞實的，理由是這條記載，耕地或是牧地區別不清；缺乏足夠的能佐證的史料。田山茂進而闡述，這樣規定，「恐怕是由於原來就是總有性的土地所有，而不像私有或共有那樣，個人人格具有高度獨立性的所有形態還不發達的緣故」，「對於構成封建機構下層的旗丁分給耕地，可以認爲是旗內實行割土分封，開始向農奴封建制轉化的徵兆」，「部份牧地可能在順治年代就已經實行封建的土地授予了」〔註277〕。田山茂的論述是符合實際的。

以陝蒙交界蒙墾爲例，隨著康熙五十八年禁留地的開墾，蒙旗獲得了收租權、漢民獲得使用權，到了至乾隆四～五年（1739～1740 年）蒙旗定界及所繪地圖中，都明確以「邊牆」爲界，蒙旗獲得了「禁留地」土地的所有權。隨後的乾隆八年（1743 年）陝蒙定界，應該確切地說是陝蒙爲禁留地範圍內漢族能夠使用的範圍定界，即漢族夥盤地使用權的定界。隨後的乾隆二十一年（1756 年）《理藩院則例》也明確指明鄂爾多斯「南至長城爲界」〔註278〕。

〔註276〕 所繪地圖以及相關研究，參見〔日〕田清波著、米濟生譯：《關於鄂爾多斯蒙古七旗地圖》，《鄂爾多斯研究文集》第二輯，第1～71 頁。郝志成：《也論清代鄂爾多斯七旗的劃界問題》，《內蒙古師範大學學報》（哲社版），2006 年 5 月，第10～24 頁。田清波認爲該圖繪製於1740～1744 年，郝志成認爲該圖繪製於1740 年底。通過比對得知，郝文中所譯的藏於鄂爾多斯檔案館內杭錦旗衙門檔案《乾隆六年關於札薩克臺吉多數牧地已不足利用一事報院後 奉上命專員高勒套等秉公酌斷增足了他們的游牧地印文一份》（全宗號 57，目錄號 1，案卷號 49，文件序號 12），與藏於準格爾旗衙門檔案《理藩院爲勘定鄂爾多斯七旗地界札飭伊克昭盟長文》其實完全相同。而郝文中所引的另一份杭錦旗檔案講的是杭錦旗與鄰旗的邊界走向。

〔註277〕 〔日〕田山茂：《清代蒙古社會制度》，第170～171 頁。

〔註278〕 乾隆朝內府抄本《理藩院則例》，《錄勳清吏司上·疆理》，趙雲田點校，中國藏學出版社，2006 年，第6 頁。趙雲田在前言中認爲該書成書於乾隆二十一

　　同時，不要忽視蒙旗自己開墾的土地。上文已經說明，乾隆二十七年（1762年）左右，隨著蒙旗自墾農業的發展，陝蒙邊界黑界地開始出現，以作爲蒙、漢各自農業的分界區域。所以，黑界地的出現，本身就說明蒙旗內部土地私有化已經到了一定的程度。伊克昭盟蒙旗土地私有化後，不同的土地擁有不同的權屬主體。於是在乾隆末年《準格爾旗衙門檔案》中開始大量記載蒙旗之間以及旗與廳縣之間的土地矛盾糾紛、旗與驛站的土地糾紛、蒙人之間及蒙漢之間的土地糾紛以及蒙旗內部的土地兼併事件等案件，哈斯巴根似乎也認識到了此點，可惜沒有深入展開〔註279〕。事實上，蒙旗之間、蒙旗與廳縣之間、蒙人與蒙人之間土地糾紛的原因，很多爭議土地權屬沒有劃分而產生的越界自墾、招墾行爲。這些未定權屬的蒙地往往成爲私墾的突破口，蒙旗部份土地權屬不清成爲私墾發展的重要原因。

　　伊克昭盟的土地權屬十分複雜。從所有權看，蒙旗內部份屬於不同的主體。在整體看，有蒙旗土地與昭廟地、土爾扈特部土地、驛站地的區分；在蒙旗內部，有王公土地、官員土地、蒙旗公共共有地、蒙民昭廟地以及蒙旗內部禁墾地（如神山神湖）等的區分，其中夥盤地屬於蒙旗共有土地，收益部份歸王公、部份分給貧困蒙人。筆者認爲蒙旗土地所有制是一種區分所有制關係，田山茂對此簡略提及。不同的蒙地有不同的所有制形態，整個蒙地區分爲王公、蒙旗官員、蒙民的個人所有制，以及蒙旗公共土地、蒙旗內禁止開墾的土地、臺站、夥盤地等形態的共同所有制。這種形態一直保留到清末、民國，安齋庫治認識到了這一點。但是他認爲分割所有制存在於蒙旗與農民之間，且分爲察哈爾王公牧場型、土默特戶口地型、河套永租型等三大類型，將分割所有制看做是農民與蒙旗之間的分割，這一點不能理解爲貽谷放墾前蒙地的土地形態，而只能理解爲貽谷放墾後部份地區的農民獲得土地使用權後形成的大「分割所有制」。因爲，在貽谷放墾前，不論是朝廷允許的放墾、還是私墾所形成的夥盤地，都是在蒙旗土地所有權的基礎上，不存在區分問題。漢民與蒙旗之間的矛盾，只是蒙旗土地使用權上的矛盾：私墾——夥盤地向蒙旗的擴展，竭力擴大更多蒙地土地的使用權；賴租、抗租——漢民想將永佃權變成自己的個人土地所有制。在此過程中，蒙地的所有權很

年（1756年）。

〔註279〕N・哈撒巴根：《18～20世紀前期鄂爾多斯農牧交錯區研究——以伊克昭盟準格爾旗爲中心》，第64頁。

明確，永佃權儘管接近於所有權，但二者權屬性質截然不同，這一點清中後期榆林檔案中有很明確的記載，後文詳述。

4、清代末期的蒙旗土地性質私有制形態複雜

清末尤其是光緒年間貽谷放墾並不徹底，各盟的土地所有性質十分複雜。有完全放墾變成農民土地所有制的，主要出現在東蒙各盟旗；有蒙旗內部土地分割制和農民土地所有制並存的，主要出現在西蒙各蒙旗，包括伊克昭盟；在西蒙各盟旗內，又有所不同，比如準格爾旗的河套地（今巴彥淖爾等地）農民土地所有製成分更大。所以，到了二十世紀四十年代，當安齋庫治考察西蒙土地時，面對這樣如此複雜的土地形態，他將僅僅存在蒙旗土地分割所有制的地域稱爲「總有制」地域，認爲游牧業占支配地位；將蒙旗土地分割制與漢民土地私有制並存的區域稱爲「分割所有制地域」；將完全是漢民土地所有制的區域稱爲「單一所有制」，這樣從蒙旗土地所有制是否變化來進行區分，應該說是符合當時的情況的。只是他的「分割所有制地域」應該理解爲貽谷放墾後所形成的蒙旗內部份割所有制和漢人土地私有制在內的大「分割」。

在陝蒙交界地區，從貽谷放墾的目的以及放墾土地的地段看，實際上是他將以前已經變爲農墾地的土地通過官方發給部照等形式，轉化爲漢人個人土地所有制或蒙古個人土地所有制，而前者佔據絕大多數。農民獲得土地所有權後，「永爲世業」，能夠使用、繼承甚至買賣。這種形式類同與蒙古「絕買」、讓渡土地所有權，而購地價金由蒙旗和朝廷分享。沒有放墾的土地，無論是之前官放還是私墾，仍屬於蒙古個人所有或蒙旗共有，只是普遍強化了漢民的土地用佃權。同時，由蒙旗和朝廷共同享有收租權，事實上是蒙旗王公、貴族把部份收租權讓渡給朝廷，以便朝廷增加稅收，度過危機。顯然，這必然觸動蒙旗原有土地所有者的利益，於是發生抗墾，隨著貽谷被撤、加上清廷短命，民國又通過法律保障蒙旗王公的所有權。

6.3.2　榆林府地權的禁錮

榆林府雖然設立，但是延綏鎮兵丁卻長期駐防，而且衛所屯地的賦額、徵收方式長期不變。在下文中，筆者將根據榆林市榆陽區檔案館所藏的地契，具體分析一下清代延綏鎮屯地變化的情況。因原檔沒有分類且有脫字、掉字現象，筆者將其整理分列下表：

表 6-3 清中後期榆林府屯地所有權變動情況

序號	時 間	地 點	性質及事由	數量及隨帶年應徵米糧（應徵丁銀略）
1	康熙 34 年 2 月	祖佃到馮貴百戶趙興屯地三分，其中張弘勳分到：莊科峁、門前圪塔等	分祖地	糧 23 斗，草 3 束
2	康熙 50 年 3 月	張魁今接到族兄張弘毅奉分地一半	過接	
3	雍正元年 2 月	祖佃馮貴百戶趙興屯地均分四份。共墳墕一段，貝塔一段，黃蒿峁一段，狗槽澗白草塔，大坬陽圿一塊，柴興梁一塊，杏樹峁一塊，小澗墕一塊，山黃梁一塊	過接，被過接人張弘毅從無人耕種	7.7 斗，草 1 束
4	乾隆 3 年 4 月	祖置趙興地一勾	質當	1 段 1 勾
5	乾隆 10 年 3 月	祖佃到馮貴百戶趙興張家畔地一勾，莊窯社餗一勾，沙灣麻地渠場畔小莊餗頁梁兒，子梁小苦菜峁大苦菜峁黃柏貝坬門前、圪塔莊餗峁貝灣卜調峁北峁子	過接；官錢糧草，不能辦納	4 段 2 勾多
6	乾隆 22 年 12 月	馮貴百戶下小陽旗故軍王五則前峁一塊，後峁隨連川地		
7	乾隆 23 年 5 月	始祖佃到馮貴百戶趙興地一分，內有明土窯一十五孔	分窯	
8	乾隆 25 年 12 月	自置山地糜糧山地、常合梁地、紫土塔地、廟兒梁地、炭窯兒峁地	官糧緊急，絕賣	共 14 段
9	乾隆 30 年 10 月	自己分到馮貴百戶小楊旗軍頭趙興地張家大塌地、小張家峁地、山黃梁地、門前現地、莊果峁地、狗槽地、卜弔峁地、苦菜峁地、下峁地		地 56 坰，屯糧 1.92 斗
10	乾隆 31 年 10 月	馮貴百戶趙興地內有陽背嘴地一段	過接	祖置分到 1 段 35 坰，應納屯糧 1.2 斗
11	乾隆 31 年 11 月	祖置馮貴百戶趙興地內白草塌地一塊，小角見墕地一塊，苦菜峁地一塊，馮合梁陽圿地一段，老墳墕地一塊，寨則南峁地一塊，頁梁現地一塊	過接，用銀緊急	7 段 38 坰，應納糧 1.3 斗

12	乾隆32年2月	因康熙雍正年間祖父將佃到馮貴百戶山坡地一分，過接於張士美	其他	
13	乾隆39年12月	祖上分到馮貴百戶小楊旗軍頭趙興祖地卜弔峁地、孤槽剷地、才喜梁地、古探峁、倍他圿	官糧緊急絕賣	22.5 坰，糧 0.78 斗
14	乾隆39年12月	祖置糜糧山地、朱家北峁山地、樹兒梁山地、常合梁背圿山地	用錢，絕賣	山地 3 段
15	康熙50年後，具體日期不詳	祖置上水灘地一段，右地一段，有地一段，火場地一塊，內有東泥菴三間門憲坑皂栓關俱全，又有畔馬圈草馱二處，東西俱至關姓處為界，南至老火場牆為界，北至關姓場畔為界。老火場房基地一塊，草馱圈洛相連，碾磨俱全等	因需不使用	
16	咸豐 7 年2 月	祖置南郊外金剛寺東南梁新窯溝峁、朱家峁山地、常合梁背圿地	需錢，絕賣	山地 32.5 坰，圿地 10 坰餘
17	咸豐 7 年7 月	自己分到交泥兒梁地一段	兌換	1 段 2.5 坰
18	咸豐 8 年3 月	父置石峁下灣水旱灘地	需錢，絕賣	1 段 8 坰餘
19	同治 5 年3 月	自己分到地馮貴百戶付世英旗紫家峁梁北峁地、斬旦兒峁背圿地、大牛井則陽圿地、玄梁陽圿接連南峁則地	官糧緊急，絕賣	33 坰，米豆 1.65 斗
20	同治 5 年4 月	自己分到祖地李奉百戶劉吉旗郝家塌、背井圿、陽梁地		7.5 坰，米豆 0.36 斗
21	同治 5 年3 月	自己分到馮貴百戶小陽旗柴家梁北拐地、井路峁南陽圿地	不詳，絕賣	7 坰，米斗 0.35 斗
22	同治 5 年11 月	自己祖地李奉百戶頭五馬沙旗馬安梁地一段，等	絕賣	4 段約 18.5 坰，米豆 0.37 斗
23	同治 5 年11 月	馮貴百戶小陽旗柴家梁北陽畔地、柴家梁背條地、井路峁地南沙塔地	不詳，絕賣	自己分到地 7.5 坰，米豆 0.36 斗
24	同治 6 年1 月	共子 3 人、孫 2 人。子張天有分得：地峁兒地、玄梁兒地等	分祖地	子張天有分得 18 段約有 91 坰
25	同治 6 年3 月	祖置分到馮貴百戶小楊旗趙興屯張家畔屯地段內馮長二峁地、半琵琶塔並炭窯兒峁大圿地、半墳壕梁連下圿並狼峁地、牛舌頭峁連溝條地，等	不詳，絕賣	6 段 74 坰，糧正項 3.25 斗

26	同治 9 年 5 月	自己分到馮貴百戶軍頭劉全旗山河梁陽灣地一段，山河梁北梁地一段	官糧緊急，年歲荒旱，度日艱難，絕賣	2 段 3 垧，米豆 0.075 斗
27	同治 9 年 12 月	自己分到祖地馮貴百戶小陽旗吉梁地一段，底峁地一段，苦菜峁地一段		3 段 5 垧，米斗 0.09 斗
28	同治 10 年 1 月	分到祖地馮貴百戶小陽旗軍頭狗槽簡地，張家大塌南楊瓜地		2 段約 5 垧，米豆 0.2 斗
29	同治 11 年 10 月	本身分到中嘴馮貴百戶小陽旗地名中嘴峁山地	不詳，絕賣	1 段約有 5 垧，米豆 0.22 斗
30	光緒 1 年 2 月	祖地柴家梁地一段，中嘴峁地一段	兌換	2 段約 11 垧
31	光緒 1 年 2 月	祖地中嘴峁地一段	兌換	1 段約 5 垧
32	光緒 2 年 10 月	本身分到馮貴百戶付世英旗斬斷峁地一段，中嘴峁地一段，玄梁北陽瓜地一段	不詳，絕賣	3 段 33 垧，米豆 1.65 斗
33	光緒 4 年 1 月	自己分到馮貴百戶小陽旗白草塔地一段，莊窠峁路瑪地一段，山皇梁地一段	不詳	3 段約 9 垧，米豆 0.31 斗
34	光緒 4 年 1 月	自己伯祖分到馮貴百戶小陽旗卜弔峁地一段、苦菜峁南塘地一段、吃皮梁資瓜地一段、張家大塔低峁地一段、小張家峁地一段	用錢荒年無度官糧緊急，絕賣	5 段約 14.5 垧，米豆 0.46 斗
35	光緒 4 年 2 月	自己分到米脂萬分六甲田地紅麇兒塔南拐地一段		1 段 6 垧，米豆 0.0616 斗
36	光緒 4 年 2 月	自己本身分到祖地馮貴百戶劉全旗孝梁兒貝瓜地一段		1 段 4 垧，米豆 0.2 斗
37	光緒 4 年 2 月	自己本身份到馮貴百戶劉全旗斬段兒峁上陽瓜地一段		1 段 4 垧，米豆 0.2 斗
38	光緒 4 年 2 月	自己伯祖分到馮貴百戶小陽旗贅塔臺地一段，贅塔後臺地一段，莊窠峁下瑪地一段，吉梁北拐地一段		4 段約 9.1 垧，米豆 0.28 斗
39	光緒 4 年 3 月	自己本身分到李奉百戶劉吉旗大沙嘴陽瑪山地一段，上陽條地一段，大沙嘴立背瑪地一段	不詳，絕賣	4 段 6 垧，米豆 0.42 斗
40	光緒 4 年 3 月	李奉百戶劉吉旗宋家峁見贅瓜地一段		一段 3.5 垧，米豆 0.52 斗

41	光緒 4 年 3 月	自己分到李吉旗大沙嘴陽梁地一段		1 段約 3 垧,米豆 0.21 斗
42	光緒 4 年 3 月	自己分到馮貴百戶劉忠旗斬段兒峁賃圿地一段、瑤兒灣峁則地一段	絕賣	2 段約 5 垧,米豆 0.25 斗
43	光緒 4 年 4 月	自己本身分到馮貴百戶劉全旗斬段兒峁兒山地一段	絕賣	1 段 3 垧,米豆 0.15 斗
44	光緒 4 年 4 月	自己分到祖地馮貴百戶小陽旗中嘴峁陽賃灣竭連地一段、莊窠峁賃拐地一段、苦菜峁中塘地一段	絕賣	3 段約 4 垧,米豆 0.11 斗
45	光緒 4 年 4 月	自己分到祖地李奉百戶五馬沙旗馮家賃塔地一段、馬家嘴北陽圿地一段、墳懷旗小平兒賃地一段、五馬沙旗馬家墳灣陽圿地一段	絕賣	4 段 9 垧,米豆 0.2 斗
46	光緒 4 年 5 月	自己分到馮貴百戶劉全旗郭老山峁則陽圿地一段、磚圪塔南陽圿地一段	絕賣	2 段約 11 垧,米豆 0.32 斗
47	光緒 4 年 11 月	自己分到馮貴小湯旗趙興馮長峁地一段、琵琶塔並炭窯兒峁,接連大圿地一段、墳壕梁接連下圿並狼峁地兒一段、牛舌頭峁接連溝條地一段、廟兒圿並小塔兒地一段、榆樹圿地一段	官糧無處,絕賣	6 段約 74 垧,米豆 3.25 斗
48	光緒 5 年 1 月	自己本身分到李奉百戶五馬沙旗馬安梁賃圿陽梁地一段、馮家賃塔中塘峁地一段、(小馮家賃塔上樑地)圪岔嘴上樑地一段、谷家溝臺地一段	官糧緊急,絕賣	地 4 段約 13 垧,米豆 0.26 斗
49	光緒 5 年 11 月	分到地米脂萬分六甲田地紅糜兒塔山地一段	絕賣	1 段約 8 垧,米豆 0.08 斗
50	光緒 5 年 12 月	自己兌到李奉百戶劉吉旗官嘴圪墶地一段、杆樹圪椿地一段	絕賣	2 段約 8 垧,米豆 0.7 斗
51	光緒 5 年 12 月	自己兌到李奉百戶五馬沙旗馮家賃塔地一段、上賃圿地一段	絕賣	2 段約 6 垧,米豆 0.1 斗
52	光緒 8 年 2 月	自置地李奉百戶劉吉旗小地名高常家峁下峁地一段,家峁兒南梁地一段	兌換	2 段約 7 垧
53	光緒 8 年 12 月	自己兌到米脂萬分六甲良谷地塌地一段	絕賣	1 段約 8 垧,米豆 0.07
54	光緒 9 年 12 月	自己本身分到李奉百戶劉吉旗官嘴圪墶西梁北拐地一段、上東梁賃圿地一段、陽梁地一段、下陽灣地一段	絕賣	米斗 0.96 斗

55	光緒 9 年 12 月	自己分到米脂萬分六甲小地名糧穀地塌地一段	絕賣	1 段約 7 垧，米豆 0.056 斗
56	光緒 9 年 12 月	自己分到李奉百戶劉吉旗少沙嘴兒地一段	官糧緊急，絕賣	1 段約 3 垧，米豆 0.21 斗
57	光緒 10 年 2 月	米脂萬分六甲劉祖嘴陽圳地一段、趙治峁地一段	絕賣	自己分到 2 段約 10 垧，隨帶本地官糧米都五升
58	光緒 10 年 11 月	自己置得李奉百戶劉吉旗榆林縣按下承約田地一分軍頭杆樹圪椿地一段、楊高山廟貲圳地一段、農儀峁貲圳地一段、農儀峁下貲畔地一段	荒年用錢官糧緊急	4 段約 7 垧，米豆 1.167 斗
59	光緒 10 年 11 月	祖父置到李奉百戶劉吉旗田地大沙嘴下中塘地一段、大沙嘴下貲圳地一段、農儀峁楊梁地一段、雙身百戶田地付沙嘴陽圳地、下南沙峁李姓公沙地一段		4 段約 13 垧，本地米豆 0.75 斗，雙身本地米豆 0.77 斗
60	光緒 11 年 11 月	自己分到雙身百戶王家山，前後接連背圳貲梁地一段		1 段 5 垧，米豆 0.446 斗
61	光緒 11 年 12 月	自己分到李奉百戶劉吉旗大沙嘴陽圳地一段、楊高山廟梁楊圳地一段、杆樹圪椿貲圳地一段	不詳，絕賣	3 段約 6 垧，米豆 0.42 斗
62	光緒 11 年 12 月	祖置分到米脂萬分（豐）六甲良谷地塌下峁地一段、小長（常）兒塔地一段、老墳塔陽圳地一段	絕賣	3 段約 11 垧，米豆 0.088 斗
63	光緒 12 年 2 月	祖置分到米脂萬分（豐）六甲田地土山則峁貲圳地一段	絕賣	1 段 5 垧，米豆 0.04 斗
64	光緒 12 年 3 月	自己分到地米脂萬分六甲小長兒塔地一段、後塔地一段、崖窯峁則地一段	絕賣	3 段 11 垧，米豆 0.088 斗
65	光緒 12 年 11 月	自己分到米脂萬分（豐）六甲名小嘴則背梁地一段	絕賣	1 段 10 垧，米豆 0.08 斗
66	光緒 12 年 11 月	分到祖地李奉百戶劉吉旗大沙嘴陽圳地一段	絕賣	1 段 7 垧，米豆 0.49 斗
67	光緒 12 年 12 月	祖置分到米脂萬分六甲老墳塔陽圳接連地一段	絕賣	1 段約 17 垧，米豆 0.136 斗
68	光緒 12 年 12 月	自分到米脂萬分六甲小嘴則陽峁地一段、上陽圳地一段、老墳塌陽圳地一段	絕賣	3 段約 9 垧，米豆 0.072 斗

69	光緒12年12月	祖置分到米脂萬分六甲老墳塔地一段	絕賣	1段約10坰，官糧0.08斗
70	光緒12年12月	祖置分到米脂萬分六甲小嘴則陽峁地一段，小嘴則上陽圪地一段，老墳塔陽圪地一段	絕賣	3段9坰，米豆0.072斗
71	光緒13年4月	祖置分到米脂萬分六甲良谷地塌地一段，走馬梁陽灣地一段，	絕賣	2段9坰，米豆0.072斗
72	光緒14年12月	自己分到米脂萬分六甲走馬梁南陽梁地一段，黑豆路背峁地一段，良谷地塔地一段	絕賣	3段約14坰，米豆0.112斗
73	光緒15年1月	祖置分到李奉百戶劉吉旗農儀峁陽圪下沙峁地一段	官糧用錢緊急，絕賣	1段2坰，米豆0.72斗
74	光緒15年1月	自己分到米脂萬分六甲老墳塔陽圪地一段	絕賣	1段約7坰，米豆0.057斗
75	光緒15年1月	自己分到李奉劉吉旗小地名龍義峁地一段，	絕賣	1段約2坰，米豆0.5斗
76	光緒15年12月	自己分到李奉劉吉旗陽高山廟梁南圪墶地一段	絕賣	1段約4坰，米豆0.5斗
77	光緒15年12月	本身分到米脂萬分六甲田地走馬梁南貲梁地一段、北梁地一段、老墳塔南梁地一段	絕賣	3段約19坰，米豆0.152斗
78	光緒15年12月	本身分到李奉百戶劉吉旗陽高山廟梁南塘地一段	官糧緊急，荒年，絕賣	1段約4坰，米豆0.5斗
79	光緒16年12月	自己分到米脂萬豐六甲走馬梁北貲圪地一段、走馬梁南陽圪地一段、黃家山陽圪地一段、黑豆路地一段	絕賣	4段約13坰，米豆0.104斗
80	光緒16年12月	自己分到李奉百戶劉吉旗高常家峁上貲梁地一段、下陽塘地一段、乾樹圪椿貲圪地一段	絕賣	3段5.5坰，米豆0.38斗
81	光緒17年1月	張大智名下：分到黃背圪南拐上地六坰，山和梁前後二塊地四坰莊窠峁背圪淩底四坰，等	分祖地	張大智名下分得共地24段約103坰
82	光緒18年3月	自己分到馮貴百戶小陽旗常兒峁地一段、門前兒下峁地一段、卜弔峁地一段、莊窠峁地一段、黃貲圪地一段、墳貲灣地一段、小見路瑪地一段、狼峁北梁地一段	官糧度日難忍，絕賣	8段32坰，米豆1斗

83	光緒19年 12月	自己分到馮貴付世英旗清谷地山大峁連接小峁地二段	官糧緊急，絕賣	2段約73垧，米豆3.65斗
84	光緒20年 2月	自己分到李奉百戶劉吉旗高常家峁北梁地一段、接連一段	絕賣	2段2.5垧，米豆0.175斗
85	光緒21年 2月	祖置分到馮貴百戶付世英旗孝梁兒賫坬地一段	絕賣	1段約3垧，米豆0.15斗
86	光緒21年 12月	自己分到馮貴百戶小陽旗陽嘴兒地一段、大杏峁地一段、琵琶塔地上貝半地一段、琵琶塔下峁地一段、莊窠峁路瑪地一段、墳梁南拐地一段	官糧用錢緊急，絕賣	6段約28垧，米豆1斗
87	光緒22年 1月	自己分到馮貴百戶小陽旗大坬陽梁地一段	絕賣	1段約5垧，米豆0.16斗
88	光緒22年 2月	自分到馮貴百戶小陽旗莊窠峁下地一段、柴喜梁陽灣接連大坬沙峁則地一段	絕賣	2段7垧，米豆0.256斗
89	光緒34年 11月	祖置中灣稻旱水地郊外中灣	需錢，絕賣	

資料來源：榆陽區檔案館藏《榆林縣地契》等

從上表6-3中我們能夠輕易得出：

第一，在第1～8條中，延綏鎮的屯地，儘管按照雍正十年（1732年）六月，「<u>悉照民田之例報稅，按軍田之例納糧</u>」，「<u>照常稅契，永爲己業</u>」〔註280〕，但是在乾隆23年（1758年）前，這些屯地似乎仍屬於國家所有，屯民只是採取佃租的形式按時納稅，並沒有獲得所有權。所以，屯民之間對屯地的所有權處理，不能買賣，而採取過接形式，讓渡屯地的土地使用權。在乾隆23年後，屯民已經獲得正式土地所有權，能夠採取絕賣等形式。

第二，在軍墾地中買賣中，「自己分到的屯地」，直接寫明轉讓、典當等事由是「軍糧緊急」或「荒年無度」的原因的有第9、11、13、19、21、26～28、34～38、47～48、56、58～60、78～82、86共25條。其他軍墾地中交易過程中，雖然沒有寫明事由，但是從上下文時間來推斷，其原因也大略爲此。綜合考慮延綏鎮仍保存著一定規模的駐軍並且軍糧主要由軍墾地稅收供應，我們發現：延綏鎮駐軍軍糧對當地軍墾地的發展形成制約。「軍糧緊急」、「荒年無度」成爲屯民轉讓軍墾地、制約軍墾地發展的重要原因。

〔註280〕《榆林地契》不分卷，榆林檔案館藏。

　　第三，從總的來說，乾隆 23 年後，屯民獲得的軍墾地數量還是很大的。以第 11 條為例，當時轉讓了 7 段 38 坰地（一坰為 3 畝），此次轉讓了 108 畝地。轉讓人當時有張喜儒及三個兒子，被轉讓人是張喜儒的堂弟，轉讓的土地中，「馮貴百戶趙興地內白草塌地一塊，約有八坰，……南至本身地界」〔註281〕，轉讓人理應仍保留著相當數量的屯地。筆者在整理榆林地契過程中也發現，屯地轉讓者轉讓或採取其他形式讓渡土地使用權或所有權時，自身仍保存著相當數量的土地，這些交易的主體都是普通的屯民。需要說明的是，榆林地區一直到民國，土地集中的現象較少出現。所以，我們初步得出結論，屯民自身擁有較多土地，不會因為「地少人多」而出口耕種，軍糧供應的浩繁可能是出口耕種的重要原因。（見表 6-3）。

表 6-4　民國以後原榆林府屯地、民地所有權變動情況

序號	時　間	地　點	性質及事由	數量及隨帶年應徵米糧（應徵丁銀略）
1	民 3 年 5 月	張大治有：宋家峁地一段	發新地契	張大治共 3 段約 32 坰
2	民 3 年 5 月	張大治有：馮貴苦菜峁地一段	發新地契	張大治共 1 段約 40 坰
3	民 3 年 11 月	自己分到李奉百戶劉吉旗小地名羊圈圪澇接連宋家峁東拐地一段	兌換，地遠，難耕種	1 段 5 坰
4	民 4 年 10 月	張世芳分到馮貴百戶小陽旗柴吉梁陽灣地、南貝坬地、莊苦峁路瑪等地	分祖地	張世芳共分得 12 段約 32.5 坰
5	民 18 年 8 月	自置水園地大小圪壋上一段	需錢絕賣	400 餘畦
6	民 19 年 1 月	自己分到百戶五馬沙故軍馬安梁北貝坬地一段、上陽坬中地、馮貝塔地一段、馮貝塔上拐地一段、馮貝塔上瑪地一段	絕賣	5 段 12 坰，米豆 0.19 斗

〔註281〕《張喜儒同子張界/起/煥將祖置馮貴百戶地過接於堂弟張在中文約》（乾隆三十一年十一月初七日），《榆林地契》。

7	民 19 年 1 月	自己分馮貴百戶小陽旗故軍張家大塔底峁地一段、青谷地山底峁地一段、小峁上貝圪地一段、莊窠峁地一段，門牆底峁地一段、大圪陽圪（陽梁）地一段	絕賣	6 段約 21（27）坰，米豆 0.95 斗
8	民 19 年 5 月	張世芳分得：青谷地山下峁地一段、貝圪地一段	分祖產	張世芳分得 2 段 10 坰
9	民 19 年 5 月	自己分到胡北山、西陽圪山地墳地	絕賣	
10	民 19 年 5 月	自己分到李奉劉吉旗故軍宋家峁南拐貝條地一段、乾樹疙棹地一段、廟陽臺地一段、廟怀地一等	絕賣	5 段 12 坰
11	民 20 年 6 月	自己分到馬安梁老噴拓山地	用洋緊急，出典	1 段 4 坰，米豆 0.04 斗
12	民 22 年 2 月	自己分到米脂萬分六甲梁圪地瘩中低一段	典當，用錢緊急	1 段 5 坰，米豆 0.047 斗
13	民 24 年 5 月	自有園地榆林城內	不詳，絕賣	120 畦
14	民 25 年 3 月	自置園地大小圪壋上	不詳，絕賣	150 餘畦
15	民 26 年 2 月	自己分到李奉劉吉旗走馬梁前貝圪地一段	用錢緊急，出典	1 段 4 坰
16	民 28 年 12 月	自己本身份到馮貴百戶小陽旗吃皮梁地一段		1 段約 1 坰，糧 0.004 斗
17	民 28 年 12 月	自己分到地名牛樣嘴地		1 段 1 坰
18	民 29 年 12 月	祖置河灘地榆林城南門外臭雞灣	不詳，絕賣	
19	民 29 年 2 月	祖置老糧田雙身旗小地桑樸梁山地一段、連二里畔山地一段，	出賣	2 段 7 坰，米豆 0.56 斗
20	民 30 年 10 月	自己分到小地名狼峁指上臺地	用錢緊急，出典	1 段 1.5 坰
21	民 31 年 3 月	自己分到米脂萬分六甲紅糜塔下中灣地一段		1 段 2.5 坰

22	民 31 年 4 月	自己分到馮貴百戶小陽旗清谷地山下峁地一段、莊窠峁南頭地一段		2 段 2.5 垧，米豆 0.14 斗
23	民 31 年 10 月	自己分到馮貴百戶付業英旗井路峁貝瓜地一段		1 段約 11 垧
24	民 31 年 12 月	銷地名清谷地山地一段		用銀緊急，1 段約 3 垧
25	民 33 年 2 月	自己分到祖產小地名走馬梁地一段		1 段 6.5 垧
26	民 33 年 2 月	本身分到田地馮貴百戶小陽旗清谷地山上陽瓜地一段、下峁南瓜地一段		2 段約 6 垧
27	民 34 年 2 月	小地名宋家峁貝峁地	兌換	2 段約 4 垧
28	民 34 年 10 月	自己分到五馬沙馬安梁陽貝梁地一段	因爲用錢，出典	1 段 4 垧，米豆 0.09 斗
29	民 34 年 11 月	分到米脂萬分六甲老墳塔南陽瓜上下地二段		2 段 6.5 垧
30	民 35 年 3 月	自己分到米脂萬分六甲澇墳塔南灣地一段		1 段 2.5 垧，糧米 0.02 斗
31	民 36 年 2 月	自己分到米脂萬分六甲老墳塔北貝梁地一段		1 段 1.5 垧
32	民 38 年 12 月	自己分到馮貴百戶小陽旗小肩墕梁地	出賣	1 段 4 垧，米豆 0.14 斗
33	民 39 年 10 月	自己分到李奉劉吉旗龍義峁拐地一段	兌換	1 段 1 垧
34	民 40 年 1 月	自己分到馮貴百戶小陽旗常峁則地一段	出賣	1 段 4 垧，米豆 0.14 斗
35	1953 年 12 月	自己分到本身份到上大瓜地一段，下大瓜地一段，小界墕地一段	出賣	3 段 5 垧

資料來源：榆陽區檔案館藏《榆林縣地契》等

　　從 6-4 中我們能夠得出：即使到了民國時期，延綏鎮原有的軍墾地的稅賦徵繳方式、稅收用途仍是沒有改變。

表 6-5　同治五年至光緒年部份地糧統計

時　　間	土地佔有（垧）	租糧（升）	時　　間	土地佔有（垧）	租糧（升）
同治 5 年 3 月	趙文鼎 33	5	同治 5 年 3 月	趙美全 10	5
同治 5 年 3 月	趙美珍 7.5	——	同治 5 年 10 月	高和 7 垧	——
同 5 年 11 月	趙美雲 7.5	——	同治 5 年 11 月	趙馮成等 4 人 18	——
同治 6 年 3 月	張生章 12.2	5.42	同治 8 年 11 月	高凌霄／閣 2 人 14	10
同治 9 年 5 月	賈蘭 3	0.075	同治 9 年 12 月	張大士 2.1	0.9
同 10 年 1 月	張大協／猛 2 人 5	0.2	同治 12 年 10 月	趙美雲 5	0.22
光緒 2 年 10 月	趙世信 32	16.3	光緒 4 年 1 月	張天信等 3 人 14.5	4.6
光緒 4 年 1 月	張大元 9	3.1	光緒 4 年 1 月	張大順 3.2	1.1
光緒 4 年 2 月	趙養成兒 4	2	光緒 4 年 2 月	趙世發 4	2
光緒 4 年 2 月	高凌德兒 5	1.5	光緒 4 年 2 月	高凌正界北地 6	0.6
光緒 4 年 2 月	李士雲 4	0.3517	光緒 4 年 3 月	張天仗順／世珍 9.1	2.8
光緒 4 年 3 月	高凌付 6	4.2	光緒 4 年 3 月	高科地 3	2.1
光緒 4 年 3 月	李士秀 3.5	5.2	光緒 4 年 3 月	趙連付 5	2.5
光緒 4 年 4 月	趙養成兒 3	1.5	光緒 4 年 4 月	馮標／錄地 14	2.6
光緒 4 年 4 月	張大怀世珍 4	1.1	光緒 5 年 1 月	馮錄 13	2.6
光緒 5 年 3 月	馮錄 6	1	光緒 5 年 5 月	趙養成兒 11	3.2
光緒 5 年 11 月	高凌閣承志 8	0.8	光緒 5 年 12 月	高胤有 8	7
光緒 8 年 12 月	高胤有 8	0.7	光緒 9 年 12 月	高胤志 7	0.56
光緒 9 年 12 月	高胤志 12	9.6	光緒 9 年 12 月	高凌剛 3	2.1
光緒 10 年 2 月	李士魁 11.5	——	光緒 10 年 2 月	李士魁 10	5
光緒 10 年 2 月	李士魁 13	——	光緒 10 年 11 月	高凌占 7	——
光 10 年 11 月	李士魁 5	4.46	光緒 10 年 11 月	高凌魁／有 2 人 6	4.2
光 10 年 11 月	張鎖成兒 18.1	7.6	光緒 11 年 12 月	高凌魁 11	0.88

光緒12年2月	高鳳有 5	0.4	光緒12年3月	高鳳彩／淩 2 人 11	0.88
光 12 年 11 月	高淩閣 7	4.9	光緒 12 年 11 月	高淩閣／有 2 人 10	0.8
光 12 年 12 月	高胤志 9	0.73	光緒 12 年 12 月	高鳳才 17	1.36
光 12 年 12 月	高淩魁／彪 2 人 10	——	光緒 13 年 10 月	高淩閣 9	0.72
光緒 15 年 1 月	高淩德／有 7	0.57	光緒 15 年 1 月	高淩德／有 2	0.72
光 15 年 12 月	高鳳祥 4	5	光緒 15 年 12 月	高淩金鳳祥 19	——
光緒 16 年 12 月	高淩明／庫 2 人 5.5	3.8	光緒 16 年 12 月	高淩有／魁／等 3 人 13	1.4
光緒 18 年 3 月	張世正 32	10	光緒 19 年 12 月	趙世信 72	36.5
光緒 20 年 2 月	高淩剛 2.5	1.75	光緒 21 年 2 月	趙世凳 3	1.8
光 21 年 10 月	張世禎 28	10	光緒 22 年 1 月	張世顯／寬 2 人 5	1.6
光緒 22 年 2 月	張門李氏子張四兒 7	2.6			

資料來源：榆陽區檔案館藏《榆林縣地契》等。備註：「——」爲字跡模糊，無法辨別

表 6-6　光緒二十一年三月開米脂萬豐六甲糧

耕種人及租期	耕種數量（坰）	徵糧（升／年）	耕種人及耕種時間	耕種數量（坰）	徵糧（升／年）
高淩正 4 年	6	0.6	李士雲	4	0.55
高淩閣胤志 5 年	8	0.8	高胤有 8 年	8	0.7
高鳳志 9 年	7	0.56	李士魁 10 年	10	50
高淩魁 11 年	11	0.88	高鳳有 12 年	5	0.4
高淩德／鳳彩 12 年	11	0.88	高淩閣／有 2 人 12 年	10	0.8
高鳳彩 12 年	17	1.36	高趙氏 12 年	9	0.72
高淩魁／彪 2 人 12 年	10	0.8	高淩閣 13 年	9	0.72

高淩彪／高鳳有／高鳳吉 3 人 14 年	14	1.12	高淩金 15 年	14	1.12
高鳳祥 15 年	5	0.4	高淩有／魁／彪三人 15 年	13	1.4
買米脂地，170 坰，低價					

資料來源：榆陽區檔案館藏《榆林縣地契》等

因爲契約內很多文字不清，所以對光緒 23 年（1897 年）後的一些情況，筆者沒有統計。同時爲了統計方便，筆者對一些細節也略去。但是僅從表 6-5、6-6 中，我們能夠輕易地得出：

第一，榆林縣的軍地與民地區分十分明顯。榆林縣軍墾地與米脂萬豐六甲地等民地嚴格區分，且這些軍墾地中，屯地設置、徵收途徑等又與民地不同。同時，表 6-6 中有「買米脂地一百七十坰，低價」，這是榆林縣屯民購買米脂民地的記載。

第二，在榆林縣的軍墾地內，按照年份、耕種的數目、地質好壞等因素徵收稅收，並且有人作保（筆者未錄）。如「光緒廿二年正月廿日，張世顯、張世寬二人地五坰，糧一升六合，鄉約趙世勤」，即由趙世勤作保並負責徵收。因爲是按地質等因素徵收賦稅，軍墾地和相鄰民地的稅負孰輕孰重根本無法比較，但是我們可以得知軍墾地的稅收徵稽制度十分嚴格。

第三，筆者發現僅從表 6-5 榆林縣的軍墾地的地和表 6-6 米脂萬豐六甲地兩處地看，榆林縣的軍墾地自身數量並不是很大，同時種植的人員固定但是數量並不多。

綜上：通過表 6-3、4、5、6 四則史料，我們有極大的理由初步確定三點：

第一，榆林地區的無論是軍墾地還是民地，在整個清代，仍有大量的拋荒情況存在。其中，直到道光二十一年（1841 年）軍墾地的復墾仍未達到明萬曆時期的 10%，民地雖然相對好些，但是復墾率也不會高過 50%。「人多地少」不是延綏鎮民人外出耕種的理由。

第二，榆林地區的軍墾地在整個清代仍是由屯民耕種，儘管屯地數量不多，但是軍墾地復墾數量也不是很多。所以，基本上屯民耕種軍墾地的形態是：人員固定，徵稽方式嚴格，稅收主要供給延綏鎮駐軍；民人根本無法佃租到軍墾地。

第三，榆林地區的軍墾地徵稽制度嚴格以及民人無法佃租到軍墾地的情形，在災荒年份，極可能是促使屯民、民人外出耕種夥盤地的重要原因之一。

6.3.3 盟旗土地的分割所有制

權屬複雜是蒙旗土地的特點。蒙旗土地所有制性質講，可分為兩類，共有土地和私有土地。其中共有土地包括夥盤地、黑界地以及神山鄂博、公共牧場、內倉等由蒙旗全體成員擁有的土地。私有土地則是由札薩克的自由土地以及蒙古的「戶口地」。

從整個蒙旗的土地所有佔有看，分為七旗土地和達爾扈特部土地；從旗內部土地佔有制看，有從屬與驛站地，寺廟地等飛地，前者直接屬於殺虎口臺站管理，後者則屬於宗教系統，相對獨立於蒙旗行政系統。

筆者將所收集的來自鄂爾多斯七旗衙門檔案（蒙文）（漢文）的部份案例進行綜合，改寫，說明事情的原因、發展及結果，重要史料直接引用。希望得到私墾發生的一些特徵和規律。

表 6-7　清中後期鄂爾多斯蒙旗私墾原因及突破口

事　件	原　因	私墾地點
嘉 16 年 3 月 29	劃界	阿拉善與杭錦旗因黃河改道界址不明，共議勸止阿旗招墾民人越界亂伐紅柳之事
道光 9 年 7 月、6 月末	欠債私墾官員私墾	達旗在道光 6 年前，行政稅收和軍事開銷靠旗屬 40 個蘇木蒙古牲畜供應。而在乾隆 57 年，達旗先後出租 3 蘇木以五年為限供漢人墾種還債，嘉慶八年旗定製租地五年為限，嘉慶 18 年定制：遇到災害無法還債，招墾漢人，一次抵消，記錄在案
道 6 年 2 月 13	越臨旗界耕種	達旗音德力格爾臺吉私越達、杭二旗接壤宿亥圖邊境墾種土地並扣押到杭旗胡都咀種地的巴音查干的馬
道 5 年 6 月 17 日	越臨旗界招民	杭、達邊境從什熱不臺咀子到格龍金巴廟十五里地段屬杭旗，達旗開散臺吉班地、臺吉班丹、臺吉德木初克等人私招內地農民耕種邊地
道 6 年 7 月 27 日	越界招民	達旗臺吉班丹私收張某稅銀，與杭旗白頂章蓋等人議定，到達旗魯達灘到敖日吉岱巴拉爾一地欲墾耕種

道 15 年	因債借債	神木衙門來信：翻檔案發現道光十五年，欠債的人特別多，真的是無力償還
道 16 年 12 月 8 日，道 17 年 4 月 29 日	借債私墾	「查我旗（杭旗）歷來無有存銀，一切公務均從漢民借貸中支付」，「我旗公用開支由蒙古繳納，後蒙古日漸貧困無法按時交稅。為償還債務暫租沙地招墾，被迫指交以土地抵債」，道光 13 年杭旗要求放墾，被迫指黃河稻田招墾，道 15 年民人擅墾被捉但未沒收麋穀，16 年又擅自開墾但只抓到 1 人
道 17 年 2 月 14	驛站招民私墾	阿如烏日圖站蒙民布仁爾嘎拉與漢民私墾
道 17 年 6 月 1、7 日	民人搶種	杭旗沿河地農人周空柱、張凡龍等夥計搶種；每年四月，盟長與薩拉齊共同檢查達旗黃河地區
道 17 年夏	民人抗墾	漢民張輝等人擅墾杭旗希日塔拉等地，
道 17 年	私墾他旗	道 16 年，達旗蒙古鬥保旦指杭旗土地與民人私墾
道 18 年、19 年 6 月 18 日	邊界不清，欠債私墾	道光三、四、五年間楊盤龍慫惠民眾自己帶頭去耕地，道光十五年楊盤龍等四人擅自佔領土地。「道光十三年是我旗遇到了罕見的災難，想利用那些沙地，奏請開放。」蒙人於是紛紛借債，楊盤龍說借錢可以但要用麥田抵押。杭達邊界不清。農民在杭旗土地上隨意耕種和砍伐，故意截斷河流
道 19 年 7 月 3 日	災害無法還清欠債	但現在災難接連發生，杭旗別說是還清債，連養活自己都是問題。道光 19 年春至夏末，滴雨未下，草及莊稼無法成長，災難比之前的更大，無力償還民人債務
道 20 年 7 月 18 日	蒙人私放，蒙漢合謀私放	道 18 年達旗喇嘛丹比尼瑪身無分文，將達旗哈希拉廟等地草場偷放，同年 4 月薩廳與盟長會晤共同清理地盤時查出，丹比尼瑪被抓，後行賄放出，19 年與與衙役合謀偷放
道 24 年 6 月 4 日	旗交界地私放	烏蘭淖爾草地是達、杭交界地，兩旗都認為屬於自己。道 23 年底，達旗賽音朝格圖將黨忠父親的茬地租給漢人，「此地水泡多年」，杭錦旗臺吉弓其格等以黑界為阻攔，只待分界，勸漢民未種
道 18 年 12 月 28	準旗私放黑界地	神木同知查得准旗道 18 年偷放黑界地，同年民人智占四等上京告狀準貝子拒賠徵銀和隸旗任意開放黑界牌子地，農人越界共 300 餘人
道 26 年 12 月 14	越界招民私墾	達旗臺吉巴雅爾、賽音朝格圖等 3 人為錢財，妄同漢民糾合墾種杭旗草地，被捉。道光 27 年竟然被放，又來杭旗開渠、打壩
道光 30 年 10 月 5 日	因債讓民人挖甘草	道光二十九年冬漢民張凡龍急催旗債，杭旗將東北一地容其挖甘草，以租還債，有挖甘草議定書證

道 19 年 1 月 16	越界蒙古自墾	遵烏審旗盟長令，杭旗於 10 月 30 日，杭旗統計了種田的蒙民，並強送越界蒙古人
道 19 年	因債招民	道光 17 年杭旗蒙古還債私招漢民，定租五年。後查出嚴懲
道 19 年 12 月	蒙漢私墾	漢民劉沙等人擅自開墾杭旗南站土地，破壞草原，請綏遠城將軍派人稽查驅趕
嘉慶年間	蒙人招租	杭旗西套吉爾班·蘇亥地區，漢人山掌櫃雇傭 30 多人來此種地 300 多具麥子、豆類，挖斷三蘇木飲用的流水
嘉 15 年	臨旗私墾	杭旗蒙人在阿拉善、杭旗等交界地區阿旗內招民私墾，
嘉 15 年 2 月 25	邊界糾紛私墾	阿拉善與達拉特因黃河改道，民人私墾發生糾紛
嘉 16 年 3 月 10	邊界糾紛越界伐木	阿拉善與杭旗應劃分界限，阿旗訴稱杭旗招引歸化城民人到兩旗交界地帶開墾，杭旗訴稱阿旗私招民人到杭旗私伐樹木
嘉慶 18 年 3 月 21 日	臨界招民私墾	郡王旗蒙人擅自招民到杭旗地畝私墾，後被驅逐
嘉 18 年秋 13 日	旗界糾紛招人私墾	阿拉善言杭旗中斷劃界，招引漢人在爭議地段私墾
道 15～20 年	黃河改道地權不分私墾	道 16 年 8 月，神木司員再次審理達旗私墾並派人審理杭旗黃河地域私墾
道 16 年 12 月 25	黃河改道地權不分私墾	準旗私墾，副盟長與該旗札薩克共同審理。夏季準旗未雨，草原、農田乾旱，出現蝗蟲，牧場被破壞；杭旗黃河流域地段被漢民強墾，派人驅逐，各地漢人共 200 餘暴力抗法
道 5 年 3 月 18 日	臨旗招民私墾	杭旗太極班達擅自招民於臨旗私墾
道 5 年 6 月	杭達邊界模糊私墾抗查	嘉慶十四年杭達因邊界糾紛，後以乾隆五年地圖劃界，設立敖包、堆子。後標記模糊，達旗臺吉和梅林帶領漢人至兩旗交界、杭旗境內開墾並抗拒杭旗副臺吉稽查，打死官員，致使杭旗禁墾一事和命案久拖不決
道 18 年 10 月 3 日	旗界模糊引發私墾	杭旗私墾三套梁地和佈道梁地被查。三套梁地蒙古因此生計困難，全部搬走；兩地四圍都與民人地畝相連，目前已經沙畫。三套梁地是杭、烏審相接地段
道 21 年 3 月 9 日	越界臨旗招民私墾	道光 19 年查處烏審旗蒙民與百餘名漢人合夥在杭旗私墾，盟長一直未派員會審

道 26 年 7 月 20	邊界糾紛私墾	達旗來文：杭達兩旗邊界糾紛，都是有關停止漢民種地、劃分邊界之事。應一同檢查審理上報。蒙漢勾結，如不停止漢民開墾，兩旗劃界即無法解決
道 26 年 12 月 14 日	地商招民私墾	道光 25 年漢民柴黨生等在杭旗哈日陶努蓋等地挖溝灌水，次年春又召集 10 餘民人私墾，已收穫。
道 24 年 6 月 4 日	越臨旗招民私墾	達旗來文：杭旗臺吉賽因朝克圖等人私招人到達旗種地，該墾種地段為兩旗交界地，應共同劃界
道 17 年 5 月 6 日	私開公共牧場	蒙古布仁吉日嘎拉得私招民人開墾準旗公用牧場
道 17 年 5 月 14 日	蒙漢勾結私墾	神木同知行文達、準：據查，嚴禁各旗蒙古私招漢民開墾。近年來，蒙古勾結漢民開墾案件中，不少臺吉、官員也參與其中，必須嚴懲，按例檢查牧場、清理草場、禁止開墾
道 17 年 6 月 21 日	越臨界開墾	達旗臺吉私招漢民開墾，神木衙門令達旗報送具體詳情
道 27 年 6 月 23	強行私墾	漢民楊盤龍私墾杭旗岸土地，漢民孟秀子等人搶佔草地私墾
道 17 年	偷墾	綏遠將軍衙門、神木同知來文：例由盟長和薩拉齊廳與每年 4 月巡查達旗黃河岸邊，當場嚴懲私墾。今又見民人墾奧老蓋、布拉噶等地
道 17 年 8 月 20	官員私墾	達旗臺吉雇傭漢民私墾，盟長催促盡快辦理
道 17 年 12 月 29 日	鄰旗搶佔私墾	杭旗朝爾吉彙報：為維持生計，我自己開墾戶口地，不想被達爾扈特棟羅普搶種。棟羅普之前還搶佔過朝爾吉的已墾田地，因對半均分，故未上報。後其偷偷收穫我農田；今秋又私墾我的其他土地。應交札薩克衙門懲處並劃分地界
道 27 年 7 月 24 日	開墾臨旗	達旗臺吉等人因生活窘迫，招民開墾杭達相鄰土地。一些漢民從中挑撥，致使兩旗發生糾紛
乾 35 年 10 月 8	開墾臨旗	準旗達日汗尼瑪、喇什本等侵佔達旗所轄溝壑地段，引起事端，劃界並收回準旗放牧
乾隆 39 年 6 月 1 日	劃分旗界	札薩克旗與準旗旗界糾紛，札旗私雇民人從準旗鹽湖馱鹽；準旗協力臺吉將札旗唐嘎日嘎等處夥盤地誤為本旗，收取地租 31 年，應還給札薩克旗貧窮蒙古；
乾隆 42 年 6 月 17 日	接他旗旗地私墾	在札薩克旗內，郡王旗有前郡王的廟並派三百戶守廟。劃界後一直未搬出，並居住、放牧，侵佔其大片牧場，應收回。並令各旗應在各自領地內取用柴草外，嚴禁妄自砍伐封禁紅柳

乾隆 56 年 5 月 8 日	私墾戶口地	乾隆 53 年，準旗蒙古將自耕地 5 頃以每年以十七兩銀租種給漢人，然三年內欠五十一兩，仍未還。而今年又擅自耕種地畝
乾隆 56 年 5 月 17 日	越界私招民墾驛站地	乾隆 55 年，準旗將驛站所屬場地出租給民人耕種。因旗內蒙眾在　驛站範圍內與站丁中雜處多年，仍可照舊居住，然嗣後無論如何不得招民耕種站內草場。今聞，貴旗蒙古又將站內草場租予民人耕種
乾隆 56 年 9 月 1 日	蒙古私租戶口地給漢民	蒙古在札哈不拉嘎地方耕種三牛犋，在乾隆 54、55、56 三年私租給漢人，漢人欠租不給
乾隆 56 年 9 月 19 日	合夥種地漢民搶種	乾隆 50 年，臺吉棟如卜招府谷民人合夥種地，乾隆 53 年蒙古向神木理事司員告狀破壞蒙地，責令封禁。56 年該民人搶種
乾隆 56 年 9 月	合夥種地	乾隆 56 年，蒙古什日瑪與府谷縣民人華木匠合夥墾種一小塊地畝，秋後對半分收。秋後分成後，蒙古言明年不租給漢人，自己耕種，於是產生糾紛
乾隆 56 年 10 月	地界不清民人私墾	準、達地界不清，致使民人私墾嚴重，神木理事司員會同歸綏道衙門驅逐全部民人
乾隆 56 年 11 月	合夥私墾	蒙古民人合夥私墾，民人欠蒙古地租不還
乾隆 57 年 1 月 20 日	蒙古合夥自種蒙地	榆樹灣（今東孔兌溝鎮榆樹灣）地方通事劉興稟稱：因什日巴與什日邁合夥種地，即在什日邁家住
乾隆 57 年 2 月 22 日	蒙古實招民人種地	準旗臺吉色旺多爾濟、喇嘛森丕叨諾爾布等，私招民人越界墾種，開設碾坊、鋪子一事屬實
乾隆 57 年 4 月 4 日	黃河改道準、土地界不清，招民私墾	黃河改道，準格爾旗和土默特旗地界不分。土默特齊達嘎齊認為這是自己的戶口地並招民耕種，準旗認為此地屬於本旗並招民耕種，其地租歸準旗貝子收取
乾隆 58 年 3 月		57 年多，準旗西部地區臺吉棟如卜、臺吉迪木楚克、臺吉伊希、參領登進招民私墾，現地均已封閉。……所種地畝皆平毀
乾隆 59 年 8 月 20 日	喇嘛圖利私招民人	喇嘛無牛犋，主動招引民人種地 16 牛犋。神木理事司員：經本官親自審問，發覺該喇嘛等，絕非守本分之人，理應嚴加承辦，以除其惡習
嘉慶元年 6 月 5 日	招民在他管轄地上私墾	準旗臺吉和巴雅爾、德格津等於乾隆 59 年夥同民人在他人管轄的蒙地上私墾，嘉慶元年仍舊
嘉慶元年 7 月 7 日	梅林監守自盜，招人私墾	乾隆 51 年任命梅林班都札布為達慶章京掌管準旗山林，乾隆 54 年他砍伐山林賣給民人被查緝，乾隆 60 年夥同民人私墾旗地，嘉慶元年又私放蒙地，被撤

嘉慶二年	私墾戶口地	乾隆 60 年，準旗章京色棱棟羅布招民私墾被甲喇告發；嘉慶 2 年，棟羅布又招民私墾，蒙古章珠尔告發；協理臺吉偏袒棟羅布，將章珠尔祖傳戶口地查禁。
嘉慶 6 年 2 月 6	旗界不清私墾黑牌子地	郡王、札薩克旗爭奪接壤阿貴圖烏蘭套刺垹等地，二旗爲越界耕種黑牌子地互相控告致發命案
嘉慶 6 年 3 月 8	蒙旗集體私放公共牧地	準旗協理臺吉等官員數人報：嘉慶 5 年冬將蒙旗空地租給民人，租期 1 年，以還旗債。致使準旗內有河曲縣、府谷縣等 5 縣民人，有強墾的，有蒙古擅自招墾的
嘉慶 11 年 3 月 23 日	因債放墾驛站牧場	2 月 16 日，托克廳民人強行耕種查干陶海等地並抗法；臺吉色旺多爾濟欠民人欠，以棟素海驛站牧地放墾抵債。嘉慶 11 年 3 月被發現，民人聚眾抗法；「顯係管理驛站章京、坤都等疏於查辦，致使不肖民人聚眾前來耕種。民人「強行耕種牧地，並搶種旗民米茬地（『生計地』即戶口地）及陵墓地」。「托克托廳通判衙門無視律例，一味祖護縱容，以致民人日益增多」。
嘉慶 11 年 3 月 24 日	民人搶墾	河曲縣民人搶種準旗「梅林巴音吉日嘎拉、管家喇嘛昔日布所屬之地，任意耕種臺吉拉拜之地」，長期留居碓吉札木蘇之地，驅逐不走並打傷蒙古
嘉慶 11 年 4 月 6 日，9 月 17 日	民人雇人搶種蒙地	偏關民人在嘉慶二年搶佔蒙地並呈報理藩院，嘉慶 11 年又越界搶種「鄙人（準旗甲喇雲木楚克）用以維生之地」，共收糧 163.3 石，雇傭所用 16 石，剩餘 155.3 石，沒收入偏關縣倉庫。
嘉慶 11 年 8 月 13 日	民人雇人搶佔蒙古戶口地	府谷民人耿猛帶領雇傭民人，趁蒙古外出之際，搶種蒙古侍衛好特老一家 20 多口「生計田」共兩犋耕地，致使蒙古「衣食無著」，共收糧 51.9 石，雇傭所用 16 石，剩餘 35.9 石，沒收入偏關縣官倉
嘉慶 12 年 2 月 17 日	民人留居蒙地，所屬廳瀆職	偏關縣民人留居準旗西喇喜布臺等地開店，民人毆打蒙官，驅逐不走，致使蒙民混居，諮行縣衙捉拿；準旗之前多次行文清水河通判衙門，望捉拿準旗乃林郭勒等地擅採礦民人，至今未回，故派旗兵驅逐
嘉慶 12 年 4 月 26 日	民人搶耕蒙古戶口地	4 月 1 日，托克托民人 30 餘越界搶種蒙古達魯噶格凌丹金屬地、達拉古蘇魯木札木耕地，民人抗法打傷蒙兵。
嘉慶 12 年 5 月 17 日	府谷官員偏袒民人	府谷縣衙向神木理事司員衙門呈稱：民人無偷伐之事，準旗貝子認爲府谷縣衙偏袒民人，懇請神木同知札府谷縣，會同蒙官一同會審

嘉慶 14 年 3 月 15 日	驛站蒙古私招民人開墾	「據查，棟素海驛站於本旗境內，本旗民眾及驛站箭丁混居於此，向以游牧爲生。進來，驛站箭丁多有招募民人越界耕種。」
嘉慶 19 年 6 月	臺吉招民開礦	臺吉朋蘇克私行招募民人何景福等於貴旗乃林郭勒開採煤窯
嘉慶 19 年 8 月 25 日	破壞旗分界鄂博，蒙古越界耕種	梅林多爾吉，阿木呼破壞郡、札兩旗邊界劃界鄂博，梅林桑布、箭丁烏爾圖那順越界耕種
嘉慶 20 年 5 月	站丁私墾	棟素海驛站牧地，驛丁蒙古多次招民耕種此地，本旗少數蒙古亦傚仿夥同民人越界耕種，望實力查禁，嚴懲越界民人
道光 3 年 1 月	民人抗墾	清水河廳民人在準旗乃林郭勒地擅採煤礦並非法定居，開設商鋪銷售，以致民人日增。梅林臺吉前往查禁，反受持有兵器的民人威脅。
道光 5 年 3	因債旗府放墾	準格爾旗所欠民人之債甚多，因此在嘉慶 18～19 年將空閒牧場開荒放墾，後民人不安分，於嘉慶 20 年封禁開荒地段
道光 9 年 3 月 12 日	香火地被漢民搶種	道光 4 年，神木同知和盟長會查香火地被蒙古私放，「後呈理藩院將此地封禁，嚴禁蒙古在此種地。其時神木理事司員同知曾黏貼告示，盟長處亦曾出具甘結交與喇哈巴喇嘛。今準旗廣福寺喇嘛喇哈巴稱：寺廟所屬香火地北民人擅自耕種，後派蒙官勸誡無效
道光五年 3 月 29 日	地商致富	準旗西召寺其寺所擁有之濟薩地（廟倉地，香火地）「自康熙時便開墾出租」，梁富廣租地後並收取租金，其「原先家境並不富有，後依靠此田發家致富
道光 5 年 5 月	驛丁私墾	「乾隆五十五年起，這些阿勒巴圖站丁人口漸增，大都無所事事游手好閒」，於是招民私墾，「此乃所屬旗蒙古與驛站糾紛之開端」
道光 5 年 8 月初 4 日	蒙古向蒙官租種的土地被漢民搶種	準旗披甲巴拉丹報稱：「今年春季，鄙人以二十四弔錢從梅林吉格木德處租種德格都郭勒地方兩塊田地，準備耕種之際，民人楊四、雷木匠三人前來強佔土地並強行耕種」。
道光 5 年 10 月 29 日	多重政治體制致私墾案件久拖不決	新任神木同知面對旗官集體私墾，無法查禁，向歸綏道、延榆綏道、延平道三道臺，責令其所屬各廳縣嚴格禁止民人出邊耕種，並責令盟長轉行準旗，「不得有誤」

| 道光6年10月3日 | 多重政治體制致私墾案件久拖不決 | 府谷人民私墾多，久禁無效。「照定例，凡陝甘地區蒙古民人糾紛之案件，均由神木理事司員衙門、延榆綏道員、所屬盟長等處會同審理」；令神木理事同知和伊盟盟長，將此文移交陝甘總督並由其責令延綏榆道員，三方會同辦理；由準旗備齊烏拉駱馬及其他用品送至各衙門處，召集黏單所蒙古備審 |

資料來源：鄂爾多斯七旗蒙文檔案

從上面案例進行分析：

一是時間上：乾隆中後期，沒有私墾案件的記載；乾隆末期開始出現私墾案件；道光初期，私墾案件增多。

二是私墾的突破口：私墾首先會從具有公共性質的黑界地產生，接著便從旗與旗、旗與站、旗與廟之間權屬未定的土地中產生，繼而開墾旗內的公共馬場、內倉地等公共用地，最後才是蒙旗的戶口地。因為開墾蒙旗戶口地畢竟面臨著巨大的法律、經濟和道德風險，所以理應是最後被開墾的。

乾隆末主要因黃河改道引發旗界糾紛引發私墾，旗界不明是私墾的重要原因和突破口；嘉慶中私墾主要出現出現在公共牧地，繼而道光初盜墾公共黑界地，之後便是私放戶口地。

三是私墾規模：乾隆末零星私墾，嘉慶中，蒙旗因災集體放墾；道光中，全旗官員、蒙古集體放墾，屢查不禁。

四是政治體制、司法體制的多重格局阻礙了私墾的查出。道光初，神木司員查禁無力、綏遠城將軍開始介入；漢族縣官、廳官、蒙官有各自包庇私墾、查禁不力的嫌疑。

所以地權不分，地權不清，地權複雜成為私墾的最大原因。而公共區域、地權不清的地域成為私墾的突破口。

根據「公共牧場」理論，由於地權不分，極容易造成過份使用資源。以鄂爾多斯為例，檔案中多次出現地商集體搶耕、抗耕破壞草場的行為；而這種私墾土地，帶有產權的不確定性，一旦發現，即被查出，莊稼被破壞，人財兩空，所以漢族必然極力破壞牧場。

根據「公共牧場」理論，避免環境悲劇的發生，必須建立統一、高效的權力機關加以控制。從道光前期看，神木司員的品級和權力過低，對私墾查禁不力，已經成為現實。

6.4 環境惡化是夥盤地發展的根本動因

當今的學者在研究乾隆後整個口外開墾的情形，多將內地與人口耕地面積進行比較（如表 6-8）。認為乾隆以來，準噶爾戰爭基本結束，社會秩序逐步穩定，人口持續增長，造成了人地矛盾。如乾隆五十九年（1794 年）中國人口突破了 3 億，是康熙年間的 15 倍〔註282〕；到了道光十四年（1834 年），全國人口數字增至 4 億，到 1840 年鴉片戰爭為 4.1 億〔註283〕。乾隆皇帝也認識到人地矛盾，所以默認口外墾殖，「以一人耕種而供十數人之食，蓋藏已不能如前充裕。且民戶既日益繁多，則廬舍所佔田土不啻倍蓰，生之者寡，食之者眾，與閭閻生計誠有關係……猶幸朕臨御以來，闢土開疆，幅員日廓，小民皆得開墾邊外地土，藉以暫謀口食。」〔註284〕大量的學者在研究山西人口口外墾殖歸化城土默特地區時也多採用這樣的方法：先是分析山西各州縣人口增加的情況，接著算出平均耕地數量，得出「人多地少」是山西人口外墾種的重要原因。而在分析榆林口外墾殖的動因時，有學者也是採用這樣的方法，可惜在分析中要麼過於籠統〔註285〕，要麼拿山西口外墾殖的原因說榆林口外〔註286〕，沒有釐清榆林百姓外出耕種夥盤地發展的真正原因。

筆者認為，「人多地少」在分析乾隆後整體蒙墾上或山西口外蒙墾上是對的，同時分析乾隆八年（1743 年）陝蒙定界後夥盤地的發展部份也對，但是，無法解釋乾隆八年以前夥盤地拓展的原因。

表 6-8 乾、嘉、道年間土地與人口比例變化表

年　代	土地面積	人　口	人均面積（畝）
乾隆 18 年（1753）	7801142	183678258	4.25
乾隆 31 年（1766）	7807156	208095796	3.75

〔註282〕《清高宗實錄》卷 1467，乾隆五十九年十二月己巳。
〔註283〕梁方仲：《中國歷代戶口、田地、田賦統計》，上海人民出版社，1980 年，第 251～256 頁。
〔註284〕《清高宗實錄》卷 1441，乾隆五十八年十一月乙巳。
〔註285〕張萍：《邊疆內地化背景下地域經濟整合與社會變遷——清代陝北長城內外的個案考察》，《民族研究》，2009 年第 5 期，第 91～110 頁；郭平若，劉祥秀：《清代陝北長城外農村聚落地理初步研究》，《宜賓學院學報》，2007 年第 5 期，第 90～93 頁。
〔註286〕肖瑞玲等：《明清內蒙古西部地區開發與土地沙化》，2006 年，中華書局，第 84～91 頁。

嘉慶 17 年（1812）	791339	361600000	2.19
道光 13 年（1833）	7410000	398942036	1.86

資料來源：田彤：《清代（1840 年）的人口危機及對近代社會經濟的影響》，《史學月刊》1994 年第 3 期，第 52 頁。

6.4.1　清前期人口消耗與恢復

　　明末清初，由於自然災害和戰爭，陝北人口大量消耗，上文已經言明。

　　吳三桂、王輔臣叛亂致使人口再一次銳減。由於明末陝北農民起義和王永彊叛亂，陝北的人口銳減，順治年間並未恢復。康熙十二年（1673 年），三衛改屯丁爲屯民，「然流亡者十不一二。……榆林衛戶丁實在三百二丁……，綏德衛戶丁實在二百九十二丁，……延安衛戶丁實在一百二十九丁。」〔註287〕至康熙十四年，延綏鎮綠營軍朱龍和孫崇雅等人響應吳三桂叛亂，戰火燒到延綏鎮，殺戮慘重，整個陝北地區又陷入浩劫。清平堡周濟民數千和定邊守將朱龍呼應，攻破延綏西路各城堡，圍攻鎮城三個月，攻打延綏東路。與此同時王輔臣佔據定邊、花馬池，並以之爲據點攻打興武營〔註288〕。從文獻看，吳堡、綏德、神木、保安、安塞、宜川、延長、安定等縣都發生了大的戰鬥〔註289〕。在平叛過程中，鄂爾多斯等蒙古部落「沿途頗行擾掠」，康熙不得不下令，「凡行軍駐營，俱令（蒙古）與滿州兵相近，勿得遠離」，鄂爾多斯部也趁機「侵掠寧花寨、平羌等堡」〔註290〕，沿邊人民經受敵我雙方施加的雙重苦難。雖然延綏鎮境內叛亂在一年內平靖了，但隨之戰事南移、西進，延綏鎮兵丁被調征四川。延綏鎮及延安府成爲大軍進攻西安以及寧夏、甘肅的軍事基地，糧草供饋浩繁。至康熙二十年，三藩之亂始平。我們可以看出，這場戰事覆蓋整個延安府、延綏鎮地區，戰爭破壞，人口損耗，顯而易見。24 年後，康熙回憶起這段往事，他說：「前三逆反叛，吳三桂煽惑人心，遂至滋蔓，竟至榆林等處，朕日夜綢繆，遣大兵幾費心力，方得撲滅。」〔註291〕在

〔註287〕康熙《延綏鎮志》卷 2《屯田》。
〔註288〕《清聖祖實錄》卷 53，康熙十四年三月丁丑、癸未；卷 54，康熙十四年四月庚寅，卷 55，康熙十四年閏五月庚寅；卷 55，康熙十四年閏五月甲午、壬子；道光《榆林府志》卷 9《紀事志》。
〔註289〕《清聖祖實錄》卷 54，康熙十四年夏四月；卷 55，康熙十四年閏五月壬子；卷 56，康熙十四年六月甲戌、壬午，七月庚寅、乙巳。
〔註290〕《清聖祖實錄》卷 57，康熙十四年八月己巳；卷 59，康熙十五年二月戊辰。
〔註291〕《清聖祖實錄》卷 180，康熙三十六年二月丙戌。

此過程中，鄂爾多斯部落應延綏總兵的要求，不等朝廷命令下達，主動進據神木、定邊等地，平叛有功，達爾札進封爲多羅貝勒，索諾慕進封爲多羅郡王，古魯封和碩親王、古木布拉錫、古祿西希卜都被封爲多羅貝勒〔註 292〕。

我們再根據縣志記載說明乾隆八年（1743 年）榆林、橫山、靖邊和定邊的人口情況。

雍正九年榆林縣、橫山縣、靖邊縣、定邊縣設立。時靖邊縣分爲三鄉一縣城，編爲 1354 牌，至光緒二十五年《靖邊志稿》修撰時，「村少丁稀，相地聯絡，或三村編爲一牌，或五村編爲一牌，其相距每在十里、八里或十餘里之遙，每牌頭管花戶十名」；共煙戶 3171 戶，男女大小人口共 18420 名。《靖邊縣志》的修撰者發出感慨：「嗟乎一縣之大寥廓周數百里，核厥民竟數竟不如南方一大村鎮也，良可慨也。」〔註 293〕至嘉慶年間，靖邊縣載入丁冊的僅 92 丁〔註 294〕。

雍正九年（1731 年），定邊縣設爲三鄉一縣城，編爲 985 牌，到了乾隆三十四年，共 832 村，1382 牌，13861 戶〔註 295〕。到了嘉慶年間，定邊縣載入丁冊的 293 丁〔註 296〕。

乾隆《懷遠縣志》〔註 297〕記載：懷遠縣內，順治 10 年時編審出綏德衛上、中、下丁 68 丁，榆林衛 4 丁，開除老丁等項目，至乾隆年間綏德衛共 127 丁，榆林衛 13 丁，這與《陝西省二十七府州縣屯衛賦役全書》記載相同。但是兩書中沒有雍正九年時具體的丁口記載。

榆林縣在雍正八年（1730 年）設縣時，現存史料也沒有具體的丁口記載，但根據《陝西省二十七府州縣屯衛賦役全書》至乾隆三十六年榆林縣實在 224 丁，又據道光《榆林府志》〔註 298〕、民國《榆林縣志》記載：乾隆四十年時，榆林縣有戶 13235，民 85679。

〔註 292〕《清聖祖實錄》卷 66，康熙十六年二月癸酉、甲戌：卷 86，康熙十八年十一月乙未：卷 93，康熙十九年十一月戊午。
〔註 293〕光緒《靖邊縣志》卷 1《戶口志》。
〔註 294〕嘉慶《延安府志》卷 28《戶口》。這與《賦役全書》的記載不同。
〔註 295〕嘉慶《定邊縣志》卷 4《田賦志·戶口》。
〔註 296〕嘉慶《延安府志》卷 28《戶口》。
〔註 297〕乾隆《懷遠縣志》卷 2《賦役》。
〔註 298〕道光《榆林府志》卷 22《食志·戶口》。

6.4.2　清中後期人口的增長

　　結合上文的研究，我們可以初步得出，在乾隆八年陝蒙定界前，陝西民地、軍地的復墾任務十分繁重，沒有動力前往夥盤地進行耕種。下文，我們分析乾隆八年（1730年）後至民國初年榆林府人口發展情況（見表6-8），進而研究人口的增殖對夥盤地開發所起的作用。

表6-9　榆林地區沿邊各縣歷年戶口統計

統計年份／縣名		府谷縣	神木縣	榆林縣	懷遠縣	靖邊縣	定邊縣	葭　州
1775	戶	15984	12000	13235	12973	——	13861	18421
	口	71283	75691	85679	83640	——	——	92127
1805	戶	20276	15454	14989	14266	——	15525	19041
	口	85414	109277	96512	92212	——	72811	96754
1823	戶	26071	15742	16540	13434	——	——	17410
	口	140046	109908	101283	87653〔註299〕	81300	74900	89979
1839	戶	26234	10650	20575	13711	——	——	17403
	口	204357	113717	103140	89031	——	——	89988
1877	戶	——	——	——	——	——	——	——
	口	——	——	149，500	——	——	——	——
1909	戶	——	——	——	——	3171	——	——
	口	——	——	168，699	——	18420	——	——
民國初	戶	21220	8086	18017	3827	——	——	——
	口	151780	96913	114781	——	——	——	——

資料來源：道光《榆林府志》卷22《食志·戶口》，民國12年《府谷縣鄉土志》、民國6年《榆林縣鄉土志》、民國5年《神木鄉土志》（民國3年數據）、《陝綏劃界紀要》（民國8年數據）、嘉慶《延安府志》卷28《戶口》、嘉慶《定邊縣志》卷4《田賦志·戶口》、光緒《靖邊縣志》卷1《戶口志》，道光《秦邊紀略》等

〔註299〕道光《秦邊紀略·懷遠縣》道光三年（1823）載：「男女大小共八萬七千六百餘名口。」而道光《榆林府志》卷22《食志·戶口》載道光三年爲97653口，根據下文道光19年數據，顯然《榆林府志》錯。另《秦邊紀略》所記載的數據與《榆林府志》相關數據除此外，大略相同。

表 6-10　榆林地區沿邊 1775～1839 年人口增長率統計

年均增長率 （%）	府谷縣	神木縣	榆林縣	懷遠縣	靖邊縣	定邊縣	葭　州
1775～1805	0.660793	1.479084	0.421457	0.341623	——	——	0.167414
1805～1823	3.553412	0.03208	0.274635	-0.27467		0.159393	-0.38902
1823～1839	2.870084	0.216602	0.114592	0.098257	——	——	0.000625

分析這些數據，我們得出：

第一，乾隆四十年（1775 年）各縣數據是互相移民的結果。清朝在乾隆 38 年後不再編審丁口〔註 300〕。所以，《陝西省二十七府州縣屯衛賦役全書》記載的都是乾隆 38 年的上、中、下丁數：榆林實在 224 丁，懷遠實在 140 丁，靖邊實在 92 丁，定邊實在 293 丁。而乾隆三十八年丁數爲下下丁 1652 丁〔註 301〕；雍正《神木縣志》記載雍正年間「實在丁二千九百九十七丁，俱折下下門六千五百七十二丁」，開墾民地 381.344 頃以及城堡糜穀地〔註 302〕，又道光《神木縣志》記載：「常額僅六千五百七十二丁」〔註 303〕，惜沒有至乾隆三十八年的丁數的增減情況。但是從府谷縣相關情況看，增減變化不多，確定爲上、中、下 3000 丁。

但是我們發現乾隆四十年（1775 年）統計數據：府谷、神木、榆林和懷遠縣，人口數相當，他們四縣與定邊縣的戶數也相當。這是不符合常理的。估計主要是府谷、神木、葭州等縣移民至榆林、懷遠、定邊、靖邊縣的結果。

第二，從乾隆四十年（1775）至嘉慶十年（1805）31 年時間內，神木縣增長了 33586 口，年增長率爲 14.8‰；府谷、榆林和懷遠增長了 1 萬餘口，年增值率爲 3～6‰，而葭州的年增值率是 1.7‰。筆者認爲葭州的年增長率是正常的。因爲在嘉慶七年（1802），因漢中、漢南動亂，不下於二、三萬人逃到榆林沿邊各邊，「延綏襟帶關陝，地方緊要，驟增流民數萬人，土地所產不足以資養贍，地方官早應籌辦」，儘管朝廷當時要求流民回籍〔註 304〕，但沒有下文。所

〔註 300〕乾隆《府谷縣志》卷 3《田賦》載：「乾隆二十七年江西布政司富條奏編審之年親審故套就爲省除。止照保甲冊年內開載戶口人丁各數目，分別造冊，至乾隆三十七年又奉條奏嗣後編審造冊之處永行停止。」
〔註 301〕乾隆《府谷縣志》卷 3《田賦》。
〔註 302〕雍正《神木縣志》卷 1《田賦》。
〔註 303〕道光《神木縣志》卷 4《建制下‧戶口》。
〔註 304〕《清仁宗實錄》卷 102，嘉慶七年八月丁未。

以筆者認爲，這部份流民很大部份入籍神木、府谷、榆林、懷遠等縣。

　　第三，嘉慶十年至道光三年（1805～1823 年）共 18 年時間內，府谷縣年增長率 35.5‰，這是不符合常理的。榆林縣的年增長率爲 2.7‰，這應屬正常，但是神木縣年增長率僅爲 0.3‰，而懷遠縣和葭州竟然出現了負增長，數值都相近。兩縣分屬沿邊和腹裏，離府谷都較遠，這說明這個 18 年以低增長率爲趨勢，這也反證了府谷縣的年增長率虛高。道光三年人口統計：保安縣有 51500 餘口，安定縣有 85600 餘口，綏德直隸州有 113300 餘口，米脂縣有 100900 餘口，吳堡縣有 26400 餘口〔註 305〕。這與榆林府各縣所轄人口規模大略相近。所以，整個陝西地區每個縣在道光三年人口保持在 7～10 萬，應屬正常。

　　第四，道光三年至道光十九年（1823～1839 年）共 17 年時間內，府谷縣年增長率 28.7‰，而神木、榆林和懷遠都在 2‰以下，葭州甚至基本沒有增長。府谷縣在嘉慶十年至道光十九年（1805～1839 年）30 多年的時間內，保持著 30‰，究其原因，極可能是山西河曲等縣因無地可耕，大量流民湧入。民國《府谷縣鄉土志》記載，民國十年（1922 年）左右，府谷縣客籍 1250 戶 9522 人，分別占全縣戶數和人口總數的 5.9%和 6.3%。顯然，這些人口不會僅是民國時期流散到府谷縣。而且在同治回民起義中，府谷縣殺戮嚴重，僅殘留十分之一、二，想必當時客籍府谷的山西民人更多。〔註 306〕

　　第五，同治回民起義後，榆林府及周邊人口迅速降低。同治七年（1868 年），除榆林縣城沒有被攻陷，「同治初年經延榆綏道常瀚新築土城一堵，厥後回匪擾境，生民賴此保全」〔註 307〕，「南自依克沙巴爾、北至固爾本柴達木，焚掠殆遍。要地如古城、哈拉寨、十里長灘諸處皆不守。蒙兵不能戰，屢請撤退」〔註 308〕。府谷縣：「準格爾兵甫至沙梁川，遇賊被圍於雌怪子梁，百數十人無一逃者，賊遂東蹂躪地方幾遍。……賊軍駐紮古城哈拉寨沙梁等處，常川搜掠鄉村，縣北一帶禁絕煙火者幾月餘。……十四年，官兵打敗賊於沙梁西七十里之新廟梁，賊從此絕跡遠遁而邊境宴然無事矣。」〔註 309〕神木縣，

〔註 305〕《秦邊紀略》。
〔註 306〕嚴用琛：《府谷鄉土志》卷 3《戶口》，共四卷存三（缺四），中華民國十二年二月，府谷縣圖書館藏書。
〔註 307〕民國《榆林鄉土志·道路》（不分卷）。
〔註 308〕《清史稿》卷 52《藩部三·鄂爾多斯部》。
〔註 309〕民國《府谷鄉土志》卷 1《兵事錄》。

「神木自同治七年回匪蹂躪縣城及高家堡兩處，屠戮居民十之八九，存者十之一二，其餘存者亦僅十之五六」，至民國初年，「元氣猶未盡復，較之道咸年間之戶口，尚遠不逮焉」，「生齒猶未見其繁，回匪之荼毒甚矣哉！」〔註310〕靖邊縣，回民起義後的三四十年中，長城外仍然是「人煙凋散，往往行一、二十里或三、四十里，崖臺澗谷中偶見一、二人家，多則三、五人家不成村落，並無市鎮，寥寥殘黎，十分可憫」〔註311〕。所以從同治七年後，榆林近邊人口遭受到較大損失，一直至民國初年元氣也未能恢復。

究其原因，地理條件限制了榆林地區村莊的規模，同時口外耕種受到嚴格的戶籍制度制約。所以，從整體上看，榆林府的人口不可能增長較快。

首先，看口外村落的發展情況。口外定居應該發生在光緒三年（1877年）。一是戶籍制度上，清代陝北民人外出耕種蒙地，春初冬歸，「暫聚夥盤者，均有內地住居，編入戶口冊」〔註312〕，所以，夥盤地外村莊實際上都納入口內統計。二是時間上，康熙五十八年（1719年）劃定了夥盤地的範圍，儘管私墾不斷，也屢次劃界，但是法律上夥盤地內定居行為是嚴禁的。《準格爾衙門檔案》有大量的檔案證明至光緒三年時，每年由蒙官巡察牌界地並由貝子向神木司員出具甘結，神木司員和盟長輪流巡察牌界地，所以定居的規模不大。大規模定居行為直到光緒三年後才發生。

以榆陽區金雞灘所轄 57 個村莊的建立情況為例，絕大多數都是在 1821年後建立的〔註313〕。靖邊縣夥盤地，「自前清康乾兩朝後，率以重價買得主權，所有世守不移」〔註314〕，榆林縣夥盤地「漸推漸遠，早已越界八九十里不等」〔註315〕，至貽谷放墾時，府谷縣夥盤地「民人互相售賣，相沿日久，私費不

〔註310〕民國《神木縣鄉土志》卷2《戶口》。
〔註311〕光緒《靖邊志稿》卷4《藝文志》。
〔註312〕道光《神木縣志》卷4《建制下》。
〔註313〕《金雞灘鄉志》（內部資料），榆陽區檔案館，1988年。秦艷等人對金雞灘村鄉的姓氏進行研究，王晗對金雞灘鄉村莊分佈的時空特徵進行了初步研究。參見：秦艷、胡紅安：《清代以來的陝北宗族與社會變遷》，西北工業大學出版社，2004年，第42～44頁；王晗：《1644年至1911年陝北長城外夥盤地墾殖時空特徵分析——以榆林金雞鄉為例》，《乾旱區農業研究》，2006年第3期，149～155頁。
〔註314〕《委員巫嵐峰代理靖邊縣知事崔銘新為呈報事》（中華民國九年二月十六日），《陝綏劃界紀要》。
〔註315〕《查界委員巫嵐峰 署理榆林縣知事張萃峰會呈事案》（民國九年三月四日），《陝綏劃界紀要》。

資」〔註316〕，而私墾的五段黑界地內劃入山西河曲縣管轄的「仁、義」兩段內，「共計二十餘小村，每村多則三四家，少則一二家不等，並無土著民人，其貧家小戶即攜家久住耕種，其餘均係各處客民，每年俟布種之時攜帶牛犋前來，秋後刈獲之後則又歸去」。〔註317〕定居的人數不僅少，村莊規模不大。直到民國初年放墾後，府谷縣哈拉寨等地「沿邊精華萃聚之所，內地民人領照承墾久成邑聚」〔註318〕，「靖邑邊外村戶之繁，已占全縣大半」〔註319〕。

其次，榆林地區口內村莊規模都不大，尤其是榆林、橫山、靖邊、定邊等縣。在雍正九年（1731年）撤榆林衛，各縣勉強編牌、編戶，當時靖邊縣分為三鄉一縣城，編為 1354 牌，至道光年間，懷遠縣，「五堡各村，大者五十六家，小者六七家，且有一家為村者。……而地廣人稀，村落星散，有視二三十里為近鄰者」。〔註320〕靖邊縣，光緒二十五年（1845年）仍是「村少丁稀，相地聯絡，或三村編為一牌，或五村編為一牌，其相距每在十里、八里或十餘里之遙，每牌頭管花戶十名」；共煙戶 3171 戶，男女大小人口共 18420 名。《靖邊縣志》的修撰者發出感慨：「嗟乎一縣之大寥廓周數百里，核厥民竟數竟不如南方一大村鎮也，良可慨也。」〔註321〕這種情況也存在於榆林府腹裏綏德、清澗、米脂等縣。從筆者所藏的榆林市 30 餘本家譜看，即使是現在，榆林市近長城六縣每村的戶口平均為 15 戶左右。

再次，清代榆林地區戶均人口不多。從總的看，清中期榆林府各州縣，無論長城沿邊、還是腹裏，每戶人口大約為 5～6 人，人口數量並不多。乾隆五十五年（1790年）修撰的《榆林葉氏族譜》記載：（今榆林榆陽區葉家站村）「統計現存戶族子依父居者，志其父兄弟同居者，志其兄。每戶或三四口，五六口，或十餘口，為戶雖百七十有奇，而計口則六百有奇焉。」〔註322〕

〔註316〕《墾務大臣批林毓杜稟議覆開放準旗牌界地事分別批示附稟》，光緒三十三年四月（日不詳），《清末內蒙古墾務檔案彙編》（綏遠、察哈爾部份），p537。
〔註317〕《山西巡撫諮護理墾務大臣據河曲縣稟稱所有墾地分清界址諮請查照核覆飭遵》，光緒三十四年五月十一日，《清末內蒙古墾務檔案彙編》（綏遠、察哈爾部份），P550。
〔註318〕《榆林道道尹致西安省長為陝綏劃界一事電文》（中華民國八年五月十五日），《陝綏劃界紀要》。
〔註319〕《委員巫嵐峰代理靖邊縣知事崔銘新為呈報事》（中華民國九年二月十六日），《陝綏劃界紀要》。
〔註320〕道光《懷遠縣志》卷1《鄉村》。
〔註321〕光緒《靖邊縣志》卷1《戶口志》。
〔註322〕《榆林葉氏族譜》，乾隆五十五年二月撰，政協榆林縣委員會文史資料研究組

　　秦豔等認為：陝北地區的村莊和宗族發展模式，「與現實的生態環境有直接的關係。村落規模的大小，在相當程度取決於村落擁有可耕土地的數量。陝北大部份地方土地貧瘠，移民到達最初的定居地時，生地墾荒變成熟地需要一定的時間，而且農作物產量很低，加之除了農業，並無其他手段增加收入，可以養活的人口必然有限，所以，當人口繁衍一旦超過自然資源所能夠提供的限度時，宗族中一部份人必須重新遷徙，去尋找新的資源。根據陝北現存族譜提供的資料，這種情況一般發生在第三代，最多在第六、七代。」〔註323〕這種論述是有道理的，後文詳述。

　　綜上，我們發現榆林府沿邊各縣及相鄰州縣，在清乾隆初年至道光二十年左右，人口自然增長率並不高，延綏鎮原有的屯地復墾率很低，民地的復墾率大略如此，所以「人多地少」不是陝北沿線民人外出夥盤地耕種的重要原因。

6.4.3　陝北沿線自然環境的惡化是出邊耕種的根本原因

1、氣候因素與榆林府農業的發展

　　陝北地區在順治至道光三十年（1850年）災害頻發，正常的年份在順治、乾隆年間僅超過50%，雍正至道光年間僅超過30%。（見表6-11）。

表6-11　清順治至道光三十年（1644～1850年）陝北旱澇災害統計

	順治、康熙年間		雍正、乾隆年間		嘉慶道光年間	
	年份%	%	年份	%	年份	%
澇年份	4	5.06	5	6.85	4	7.27
偏澇年份	12	15.19	16	21.92	8	14.55
偏旱年份	19	24.05	24	32.88	21	38.18
旱年份	4	5.06	6	8.22	3	5.45
正常年份	40	50.64	22	30.13	19	34.55

資料來源：中央氣象局氣象科學研究院：《中國近五百年旱澇分佈圖集》，第325～332頁

　　我們再以清代延綏鎮地方官員的奏摺中管窺清代前中期榆林地區農業發展的限制因素（見表6-12）。

複印，1982年3月。
〔註323〕秦豔、胡紅安：《清代以來的陝北宗族與社會變遷》，第44～49頁。

－420－

表 6-12　清前中期榆林地區農業發展整體情況

時　間	言　論	出　處
順治元年	榆林雖昔爲大鎮，然四面沙磧，一毛不產	《明清檔案》（下稱《明》）陝西三邊總督李化熙奏
順治 2 年	向以延鎮苦，罹凋殘城闊人稀	《明》陝西延綏巡撫趙兆麟奏
順治 5 年	延鎮設在邊陲，凋敝之餘，繼以蝗災，人民顛連十室九空	《明》延綏巡撫王正志揭
順治 11 年	邊地寒早霜先，即其早利之穀豆，常被霜殺之患，況布種愆期，益恐秋收無望，是以未種穀豆，而咸布糜蔎。	延綏巡撫董宗聖題報〔註324〕
順治 16 年	關鎮黃沙不毛，延鎮迭經殘破，民皆赤骨，一毛不產	《明》綏巡撫周召南揭
順治 16 年	延鎮地瘠沙漠，迭經凋殘，溪壑綿亙，隨坡耕種，荒蕪極多	《明》延綏巡撫張中弟揭報
乾隆 1 年	定邊被冰雹損傷田禾，府谷、神木二縣被雹田禾，葭州、榆林縣等處八月二十八、九兩日微雪寒冷，以致晚禾受傷，合計收成五六分	《清代奏摺彙編》（下稱《清》）陝西巡撫碩色
乾隆 2 年	今歲自夏徂秋，亢旱日久，雨澤愆期，惟延安、榆林二府，綏德一州民食以糜、穀、蔎（蕎）麥爲主	《清》署理陝西巡撫崔紀奏
乾隆 3 年	陝省秋田概以粟谷爲主，而榆林等有水灌溉之地亦間種稻穀，其餘旱地並雜種糜、蔎等項	《清》川陝總督查郎阿奏
乾隆 4 年	乾隆三月府谷神木安定等縣被水雹打傷禾苗，乾隆二年綏德州屬之靖、定、安定、葭、神、府、米、吳堡等八州縣，秋收歉薄	《明》陝西巡撫張楷揭報
乾隆 4 年	葭州屬府谷、神木以及懷遠等縣受災，榆林府屬葭州懷遠縣地處邊興，土性寒薄，且因夏秋兩澤愆期，秋禾間有焊旱	《明》陝西巡撫張楷揭報
乾隆 4 年	陝西多春以來得雪情形頗不及直隸、山東等省之透足，計至三月底止，除延、榆、綏、鄜四屬地地氣寒冷滋長稍次外，其餘西同、邠（彬）、乾、鳳、漢、興、商八州大麥吐穗，小麥含胎	《清》川陝總督鄂彌達等奏
乾隆 4 年	鄜等三州並延安府內地各縣情形大概相同，麥收有望。榆林、綏德及沿岸府沿邊各縣節氣較遲，民間俱種秋禾，種麥者僅十分之二，而麥收又遲於內地	《清》陝西巡撫張楷奏

〔註324〕《戶部抄檔：地丁題本一陝西（四）》。

乾隆5年	秦省開墾增額多係近山貧戶所有石土相兼之處，稍可耕種，貧民便為零星開墾，時值稍旱寸苗不生，輸納維艱，寔為貧民之累	《明》陝西巡撫張楷揭報
乾隆5年	陝省秋禾概以粟谷為主，而有水之區，間種稻穀，沿邊地土又多種糜穀	《清》陝西巡撫張楷奏
乾隆6年	榆林地處極邊，民間蓋倉鮮少，而嚴營布食指繁多，今歲夏秋雨收俱皆歉薄，惟安邊迤西稍有收成，而口外鄂爾多斯又皆亢旱	《明》陝西巡撫張楷揭報
乾隆6年	沿邊榆林、綏德二屬，並延安府之安定、靖邊二縣界在極邊，山多地少，氣候寒冷，收成最薄，民間糧食不敷，市價常昂，即有隙地，俱屬沙石磽瘠，應請無分等則，一概聽民自墾，永免查報升科	《清》川陝總督尹繼善、陝西巡撫張楷奏
乾隆6年	沿邊榆林、綏德等處，向年春夏之交，風日躁烈，雨澤難得。獨今歲甘霖時布，十分充足，不獨夏麥榮茂，即秋田亦可播種，農民咸稱十數年來未有如此之雨暘時若者。	《清》巡撫張楷奏
乾隆6年	榆林、延安等處刈穫稍遲，尚未查明分數。然節次據報，雨水充足，麥苗長茂，為十數年未有之事，豐收已屬可必。再各屬菀（豌）豆均有九分、菜子均有十分，各種夏禾並獲豐登，實屬大有之年	《清》川陝總督尹繼善 陝西巡撫張楷奏
乾隆6年	榆林、延、綏等屬沿邊地冷，氣候稍遲，據報雨澤沾足，豐收可卜。各屬豌豆、菜子所收均有九分、十分，實屬大有之年	《清》陝總督尹繼善奏
乾隆8年	榆林、延安二府，直隸綏德、鄜（富）州地寒候遲，土不宜麥	《清》西安布政使帥念祖
乾隆8年	查二十里三十里之界內，原係蒙古不得游牧，寔同內地，又墾種多年，已成瘠薄。	《明》署川陝總督馬爾泰揭
乾隆8年	沿邊之榆林一府，近之延安、綏德一府一州，向陳土沙瘠廣種薄收者，今與西安等處同慶豐登。即榆、延百姓出種口外鄂爾多斯地畝者，亦有十分、九分收成。榆、延二府，綏、鄜二州地寒候遲，土不宜麥，全以秋田粟谷為主，民間地畝播種粟谷、糜子者居十分之七八，今得豐收實有粒米狼戾之象。該處山路險窄，舟車不通，外販絕少，積粟難糶，反有穀賤傷農之慮	《清》陝西布政使帥念祖奏
乾隆9年	榆林之葭州（佳縣）、榆林、懷遠、府谷、神木、延安府屬之靖邊、定邊共七州縣地逼邊牆，土多沙磧，各屬貧民全賴出口種地以資生計，均苦牛犋、種籽無力備辦	《清》署理陝西巡撫陝西布政使帥念祖

乾隆 10 年	榆林、延安二府各屬近邊無業貧民，均賴出口種地以資生計，而苦於牛具、籽種無力措辦，不得不向富民借貸。自乾隆五年至乾隆九年共發銀六萬餘兩，共收糧約十餘萬石，造報戶部在案。此陝省接銀收糧已試之成效也。	《清》陝西道監察御史胡蛟齡
乾隆 10 年	榆林府屬之葭州（佳縣）、榆林、懷遠、府谷、神木五州縣，延安府屬之靖邊、定邊二縣，共七州縣地臨邊塞，沙磧難耕。各屬貧民每年俱出口外種地以資生計。所需牛、犋、種籽，民力艱難，每向晉省富民重利借貸，秋後償還米豆。小民受利債之苦，本地仍鮮蓋藏之儲。自乾隆五年至九年，借過窮民牛犋、銀兩共六萬二十餘兩，陸續共還過糧一十萬四千三百三十餘石	《清》川陝總督慶復　陝西巡撫陳弘謀奏
乾隆 11 年	除（陝西）沿邊寒冷之地實在難於舉行，其餘西、同、鳳、漢、邠、乾等府州盡可養蠶，民間桑樹不多，尚有存者	《清》陝西巡撫陳弘謀奏
乾隆 14 年	陝省沿邊之榆、延、綏、鄜（富）四府州屬山多田少，民人向赴口外鄂爾多斯地方租種夷地，以資食用。間有山坡溝側不成片段之地，原係欽奉上諭勸民認墾，又經題明五畝以下免其升科，五畝以上以二三畝折算一畝輸糧。凡有可以墾種者，現在陸續墾種	《清》陝甘總督尹繼善奏
乾隆 18 年	榆林、延安等府並所屬之各州縣屢得膏雨，均稱沾足	《清》固原提督齊大勇奏
乾隆 20 年	省北一隅於六月十四日天降雷雨，帶有冰雹。鄜州屬之洛川，綏德州屬之清澗等處之村莊，秋禾被傷輕重不等	《清》署陝西巡撫臺柱奏
乾隆 21 年	陝省延安府屬之靖邊、定邊二縣，榆林府屬之榆林、懷遠、葭州（佳縣）、神木、府谷五州縣上年收成歉薄。……將此七州縣……緩至丁丑年（1757 年）徵還	《清》陝西二月初四日（3 月 4 日）上諭
乾隆 21 年	榆林懷遠葭州神木府谷無州縣上年收成歉薄，邊地沙瘠之區，當此歉歲所借銀穀	《明》陝西巡撫盧焯題
乾隆 22 年	延、榆、漢、興、商、鄜、綏等府州亦陸續刈獲	《清》陝西巡撫陳弘謀
乾隆 22 年	鄜州、中部、宜君、洛川、葭州、米脂等十三州縣並於五月初九、初十、六月初六等日雨中帶雹，輕重不等	《清》陝西巡撫塔永寧奏
乾隆 23 年	延安、榆林二府並鄜、綏二州所屬地鄰邊界，節候稍遲，種麥者不過十之二三	《清》陝西布政使清馥奏
乾隆 24 年	延、榆二府，鄜、綏二州所屬各州縣自三月望後，據各稟報風多雨少，地土乾燥。……陝省現在望雨，若得有甘霖，播種粟谷、糜子、菽豆等項均未爲遲	《清》陝甘總督楊應琚奏
乾隆 24 年	延、榆、綏、鄜等四府州屬俱不種多麥，開歲春融方始布種，收成較遲	《清》陝西巡撫鍾音奏

乾隆 24 年	膚施、安塞、保安、安定、宜川、延川、延長、甘泉、榆林、葭州、神木、府谷、綏德州並米脂、吳堡共 15 州縣，因三四月內雨澤缺少，麥苗被旱受傷，收成均在五分以下。而定邊、靖邊、懷遠、清澗四縣約止一、二、三分收成，尤爲歉薄。但各該州縣地鄰邊境，氣候寒冷，歷來不種多麥，俱俟二三月內春融凍解，方始耕犁布種秋禾	《清》陝西巡撫鍾音奏
乾隆 24 年	榆林一縣兼有被雹村莊	《清》陝西巡撫鍾音奏
乾隆 24 年	定邊、安定、延川、宜川、榆林、葭州、神木、府谷八州縣得雨雖足，栽種稍遲，以致受旱。兼以七八月有被雹、被霜之處，收成歉薄，災象已成。又懷遠縣秋禾初報收成約在五分以上，續據稟報於九月初九、初十等日亦被嚴霜，南鄉收成較歉	《清》陝西布政使方世俊奏
乾隆 25 年	邊地延、榆二府綏德一州每歲全資秋禾。所種二麥雖不過十分之一二，然獲得稔收，亦可略資接濟。……綏德州並所屬清澗、米脂二縣據報於四月二十七日雨中帶雹。邊地遲收麥、豆暨新發秋禾不無一隅傷損	《清》陝西布政使方世俊奏
乾隆 26 年	陝省各屬地處高阜，惟藉山溪泉流築渠引水以資灌漑。內除水源微細僅敷澆灌園圃，或石澗沙灘只可民間汲飲，均得利無多	《清》陝西巡撫鍾音奏
乾隆 28 年	省向例全以夏麥收成爲重，秋禾即間有歉收，亦不以成災見告，且陋例相沿，一邑高下地畝均算收成在五分以上，即有二三四分收成之地亦不爲災。……定邊一縣受霜之處稍廣，然邊地栽種秋禾最早，八月初間業已成熟，無損收成分數，均不成災	《清》陝西巡撫鄂弼奏
乾隆 30 年	延、榆、綏三府州如七月半以前仍未得雨，必須早爲接濟。……是該省目下情形尚恐不免有偏災	《清》陝西七月十八日上諭
乾隆 31 年	延安、榆林、綏德三府州罕種多麥。……三月初可以普種秋糧	《清》陝西按察使秦勇均奏
乾隆 32 年	延安、榆林府屬、綏德州屬六月十二等日得雨，民間所種秋禾蒔插齊全，種植早者也已長髮	《清》陝西巡撫明山奏
乾隆 34 年	延安、榆林等六府，鄜、綏德等六州暨所屬州縣，所種多麥可獲豐收。至定邊、靖邊、榆林一帶不播種多麥	《清》署理陝西巡撫勒爾謹
乾隆 36 年	延安、榆林、綏德一帶係沿邊地方、山高氣冷，收穫較遲，夏麥、秋禾均須伏雨沾足。近省各屬得雨深透，早穀長三四尺不等，已經吐穗結實	《清》陝西布政使畢沅奏

乾隆 40 年	自乾隆三十六年以後，計五載以來，連獲豐登，實爲從來僅有之事	《清》陝西布政使畢沅奏
乾隆 41 年	今夏甘澤頻施，處處沾足，而又依旬而降，並不覺多，實爲數年來所僅有；榆林府屬之葭州七月初十、十五等日雨中帶有冰雹，穀、菽、麥等被傷輕重不等	《清》署理陝西巡撫布政富綱
乾隆 45 年	沿邊之延川等十三州縣向以秋收爲重，麥田最少，蓋因邊地寒涼，節候稍遲。此時收成分數尚難預計	《清》署理陝西巡撫尚安
乾隆 48 年	榆林、懷遠、葭州、神木、綏德、米脂、吳堡、府谷等八州縣秋禾播種失時，成災五、六、七、八、九分不等。……又清澗、靖邊二縣秋收俱止五分以上亦屬歉薄請予緩徵等語。榆林，綏德等八州縣秋禾成災。……所有應徵錢糧並著分別蠲緩。……撥銀四萬兩解往備用。……清澗、靖邊二縣雖例不成災，秋收究屬歉薄。八州縣得雨趕種晚禾，又因陰雨連綿，地氣寒冷，致秋禾受傷成災等語。榆林、懷遠八州縣四五月間缺少雨澤；定邊、膚施、延川、安塞、保安、安定等六縣本年秋禾被霜較早，收成實止五分，與清澗、靖邊二縣情形相同，請將應徵各項錢糧緩至來年徵收等語、定邊六縣秋收歉薄，民食不無拮据	《清》十月初四日、十月二十日、十一月初三日上諭
乾隆 49 年	榆林懷遠葭州神木府谷綏德米脂吳堡等八州縣秋禾被災五六七八九分不等，共地五千八百四十四頃八十五畝七分	《明》暫署戶部事務金簡題報
乾隆 50 年	陝省田畝依山傍水，向有旱田、水田之稱。其旱田留種二麥，先於六七月間一律翻犂，秋社之前布散麥籽，日暄雨潤已放新青。水田地利較厚，禾麥遞栽，刻下隨獲隨耕，野無曠土	《清》陝西巡撫何裕城奏
乾隆 51 年	延安、榆林、綏德三府因地氣較寒，向以秋收爲重，夏禾無多	《清》陝西巡撫永保
乾隆 53 年	榆林等八州乾隆四十八年秋禾被災	《明》署戶部尚書金簡題
嘉慶 10 年	陝省上年夏秋兩季雖未十分豐稔，而歲收尚非歉薄。陝省二麥收成尚在七八分之間。惟延安、榆林、綏德州三府州屬地處邊塞，節氣較遲，麥收須至六月初旬。且該處地土磽瘠，種麥本少，惟賴一季秋禾	《清》陝西巡撫方維甸題
嘉慶 17 年	延、榆所屬逼近邊牆，向於三月開凍，清明後始能耕種，本年雨水沾足，天氣融和。臣沿途察看麥、豆業已長髮青蔥，秋穀亦翻犂播種，詢之耆民皆稱數十年所未有	《清》陝西巡撫董教增奏

嘉慶21年	綏德六月十四日雷雨驟作，州城及附近一帶間被冰雹共33村受災。榆林縣稟報六月初十、十三四等日55村田禾被雹，輕重不等。米脂州屬之劉家渠、綏德縣屬之老塢零等各村莊均與閏六月十七日猝被雹傷。內惟州屬之曹家河等七村莊、縣屬之馬家峁等十九村莊被雹尚輕，尚有存留苗本。其劉家渠等十三村莊、老塢嶺等五十二村莊被雹較重，秋禾已全行折傷。並據榆林縣稟報，該縣南灘等村莊亦於閏六月十七、八、九等日被，王家莊等十村莊被雹較輕，存留苗本十之三四，南灘雷家莊六月十七日被包損傷禾苗	《清》陝西巡撫朱勳奏
嘉慶23年	靖邊等堡村莊八月初九、十一等日被雹。晚禾尚未收割，被雹打傷四五六七分不等，收成尚有五分有餘。十月初十日靖邊共計二十八村莊收成約在五分以上，內有靖邊、鎮羅、鎮靖等三堡計163於八月初九、十一等日兩次被雹，除早稻收穫外，晚穀被雹，尚有三四分收成，收成五分有餘，惟靖邊等三堡各村莊偶被冰雹	《清》靖邊知縣郭守倫等秉稱
嘉慶23年	榆林、綏德地方氣候較遲，三月間得有透雨，即可一律播種。延安、綏德、榆林三府州屬普慶有秋，該處以秋收為重，農民甚為欣悅	《清》陝西巡撫朱勳奏
道光5年	榆林、綏德等府州屬自五月初旬以後一律晴明，二麥先後登場，收成豐稔；吳堡等縣秋禾間被雹傷之處	《清》署理陝西巡撫布政使鄂山等奏
道光23年	延、榆、綏等屬之北山土磽霜早，較漢、商等屬之南山生計尤艱。幸連歲月秋，近復雨雪應時	《清》陝西巡撫李星沅奉朱批
道光24年	葭州五月初五日被雹打傷禾苗。文家山等34村二麥已就成熟，秋禾甫經出土，猝遭雹雨，均已損折無存，計地55.91頃，雖係一隅中之一隅，但邊地窮黎蓋藏素乏，補種無資	《清》陝西巡撫李星沅奏

資料來源：《清代奏摺彙編——農業，環境》，中國科學院地理科學與資源研究所、中國第一歷史檔案館編，商務印書館，2005年；《明清檔案》，張偉仁主編，中央研究院歷史語言研究所

從表6-12各奏摺呈現的內容看，我們可以得到以下認識：

第一，沙漠化嚴重，地力較薄，農業收穫較少。「一邑高下地畝均算收成在五分以上，即有二三四分收成之地亦不為災」，沙化現象在清代已經擴大，嚴重影響了農業的生產。

以定邊縣為例，民國初年，「全境農地面積乃有八百四十七頃五十二畝，而邊牆以外之農地，屬於灘地者上中地乃有二萬四千二百七十七畝，屬於沙

地者極下地乃有一千零六頃，惟沙地面積雖廣而地質磽薄，又不能連年耕種，每耕一次，必須歇荒十餘年，以待風吹之塵土日積月累，明沙遮蔽淨盡，百草能生之時，始能再耕因之」，在這次既有的土地情況下，出邊耕作草地也許是唯一的選擇。「屬縣農民總計三千八百二十七戶，口外住民竟有二千二百三十二戶，況口內之民，每年出口種地者，尤有千餘戶之多，就屬轄境面積墾熟農田徵收賦稅戶口數目等項言之口外平均計算，或占十分之五六，或占十分之三四。」〔註325〕

　　口外土地經過元、明、清初近 500 年的閒置，地力富集，所以在開墾早期，獲利較大，而耗時不長，地力耗盡，民人不得不選擇向更北的蒙旗土地上私墾。在乾隆八年（1743 年）劃界的重要原因是民人越邊私墾，而民人私墾的原因之一便是地力耗盡，尚書班第當時分析民人私墾的原因，「從前不無越界耕種者，皆由漢人覬覦沃壤，夷目勾引私肥以致該王札薩克等，有其地而不得其利，心不能平」，「至界外地畝與界內不同，其地肥墝而租銀反較界內減少」〔註326〕。顯然，民人私墾就是因康熙年劃定的「二三十里舊界」地力即將耗盡，而界外的土地尚未開墾地力聚集。

　　在這樣的地理條件下，無論是口內，還是口外的夥盤地，最先開始於這一區域河流的一級階地上，主要為皇甫川、清水川、孤山川、石馬川、窟野河、禿尾河、佳蘆河和無定河等較大河流兩岸。這些河流的一級階地普遍高出河床 5～15 米，既有灌溉之利，又能夠避開夏季的河流汛期的淹沒範圍。此外，一級階地分佈廣泛，地形平坦，土壤肥沃。除個別地段外，基本上是由河流沖積物組成的堆積階地，是為數不多的榆林地區水稻土分佈的地方。隨後，墾殖開始向黃土丘陵區擴展，而地勢較高、地形崎嶇山地則鮮有人問津，「數垧不能當川原一二畝之入」。

　　這一開發過程在清初懷遠縣表現的尤為明顯。圖 6-2 是康熙三十六年（1697）懷遠縣境內的聚落分佈密度圖。對照道光《懷遠縣志》中《懷遠縣志全圖》以及懷遠堡等五堡口外牛犋夥盤圖，我們發現：

　　一是清初懷遠縣口內，首先沿著大、小理河、黑木川等一級階地恢復生產，沿著這些大的河流，布置了眾多百戶和村莊。從圖6-2所示，懷遠縣東北部榆溪河、西南無定河流域是這一時期聚落最為密集的地區。王一林百戶、

〔註325〕《查界委員、橫山縣知事會呈文》(中華民國八年十二月四日)，《陝綏劃界紀要》。
〔註326〕《班第檔2》。

戴洪百戶、陳正百戶等就分佈在小理河流域；馮宣百戶、宋安百戶、湯全百戶等就分佈在大理河流域。而威武堡塘、武威堡東塘的村莊已經迅速突破「二邊」、逼近甚至越過「大邊」，緣於此處有海子溝、石窯川、蘆溝河等河流；同樣道理，糜糧百戶、王璽百戶、孫隆百戶以及波羅堡也正是依靠樊家河、黑木頭河、柿子河，迅速恢復生產，聚集人口，形成村莊。而中部的黃土丘陵區聚落相對稀疏，西部橫山山脈幾乎沒有得到開發。

二是清初懷遠縣響水堡口外能率先突出「大邊」，到口外耕種，也是基於無定河支流芹河、沙河、硬地梁河、三岔河、方家河等水利便利。

三是清中後期形成的口外夥盤地，都多沿著河流分佈。這一點可以從懷遠堡等五堡口外牛犋夥盤分佈圖裏易見。

到乾隆年間，墾殖區域已經全面北推至大邊一線以北，突破了黃土丘陵區，到達了長城以北的風沙化乾草原帶、灘地湖盤以及沙丘草灘帶這一生態敏感地帶，見圖 6-3；此後至清末的墾殖過程主要在這一區域進行。由於這一區域土壤肥力低下、自然條件不穩定，一遇災害或是土地肥力耗盡，人民立即流移，土地拋荒，隨後又在新的地方重新進行開墾，形成開墾——自然災害／肥力耗盡——流移——開墾的循環模式，對長城以北生態環境產生巨大影響。

第二，自然災害頻發是榆林府農業發展的重要影響因素。表 6-12 中統計的年份雖然不全，但是雨季愆期現象經常發生，嘉慶十七年（1812 年）的一次雨季正常年份，竟然是「數十年所未有」，頻繁的自然災害，致使農業生產靠天吃飯，這加劇了當地民人的生活負擔。

因災而限制村莊規模的。如，建於咸豐年的大河塔鄉花舍溝村，在解放前，全村共有 13 戶 78 人，還有 3 戶 9 人背井離鄉，到靖邊縣打工求生，有 2 人被賣，3 人被病魔奪去生命〔註327〕；1945 年和 1947 年兩年連續遭受旱澇凍災逃荒，今榆陽區麻黃梁鎮張虎溝村程家嶺自然村下降至 8 戶約 30 人，該村現今也僅 11 戶 60 口人；靖邊縣鎮靖鎮棗刺梁村程氏因災從榆林縣暖水溝村白龍廟小村遷徙而來，現有 9 戶 48 人〔註328〕；乾隆末年建村的榆陽區廟坪村，解放前約居十四五戶人家，人口不足六十〔註329〕。因當地生態惡化限制村莊

〔註327〕《榆林韓氏家譜》，2008 年，榆陽檔案館藏。
〔註328〕《陝西榆林程氏家譜》，2009 年，榆陽檔案館藏。
〔註329〕《葉氏族譜續編》，榆林市葉家站氏族譜續編委員會，1996 年 12 月，榆陽區圖書館。

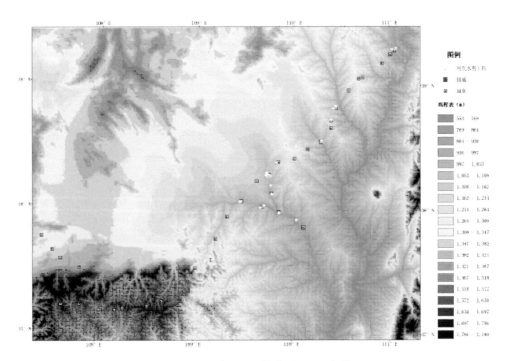

圖 6-4　明代延綏鎮水利工程分佈

資料來源：萬曆《延綏鎮志》卷 2《錢糧下‧水利》

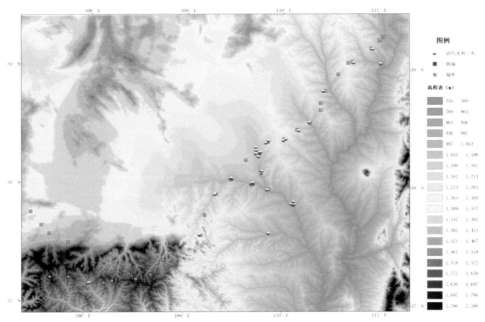

圖 6-5　清代榆林府水利工程分佈

資料來源：道光《榆林府志》

　　第四，戰亂對墾地的影響是巨大的。上文已經分析明代戰爭是制約近邊屯墾發展的重要原因，清代更是如此。明末清初的農民戰爭以及隨後的吳三桂叛亂，致使延綏鎮人口僅是最高峰的 10%。同治七年回民起義以及光緒三年的大災，人口損失巨大，至民國初年仍然沒有恢復。神木縣，「神木自同治七年回匪蹂躪縣城及高家堡兩處，屠戮居民十之八九，存者十之一二，其餘存者亦僅十之五六」，至民國初年，「元氣猶未盡復，較之道咸年間之戶口，尚遠不逮焉」，「生齒猶未見其繁，回匪之荼毒甚矣哉！」〔註335〕靖邊縣，回民起義後的三四十年中，長城外仍然是「人煙凋散，往往行一、二十里或三、四十里，崖臺澗谷中偶見一、二人家，多則三、五人家不成村落，並無市鎮，寥寥殘黎，十分可憫」〔註336〕。所以從同治七年（1868年）後，榆林近邊人口遭受到較大損失，一直至民國初年元氣也未能恢復。而道光二十一年（1841）懷遠縣全縣有 13731 戶，89031 人；而民國 18 年，共 13423 戶，74569 人〔註337〕。可見知道 1919 年，懷遠縣才恢復元氣，雖然人口數仍少 15000 多人，但是戶數已盡相同。

　　綜上所述，通過研究明清五百年來研究區域土地開墾過程，不難看出，氣候偏乾的時期，為防備游牧民族的入侵，政府對邊疆開墾極為重視，常在土地開墾中佔據主導地位。然而這種開墾具有很大的不穩定性，極易受戰爭、自然災害的影響而衰落。在氣候相對濕潤時期的開墾則有所不同，這種開墾更多的是一種自發的行為，受到經濟因素的驅動，開墾的主體也從政府變成了農民，開墾範圍更大，對生態環境的影響更加深遠。（見下圖 6-6）。

　　總體而言，明代的軍墾主要集中在二邊以內，對照榆林地區綜合自然區劃圖（圖 6-3）可以看出，開墾地在榆林綜合自然區劃中的 II 區和 III 區，從氣候上來看屬於暖溫帶，土壤主要為黑壚土，與之相對應的自然植被為森林草原或草原化森林草原，本身自然條件較好，對農業生產有一定的適應能力。而自然環境較差，生態敏感的 I 區，即風沙化乾草原帶、灘地湖盤以及沙丘草灘帶在明代幾乎沒有開墾。筆者又將明代土地利用圖與現代榆林地區土壤侵蝕方式分區圖進行了對比，發現即便是在今天，「二邊」以內今定邊和靖邊縣的土壤侵蝕仍以重力和流水侵蝕為主，府谷、神木、榆陽、橫山以流水的侵蝕作用為主，這更加說明明代「二邊」以內的開墾並不足以引起毛烏素沙地的南移。清代康熙以前，開墾範圍

〔註335〕民國《神木縣鄉土志》卷 2《戶口》。
〔註336〕光緒《靖邊志稿》卷 4《藝文志》。
〔註337〕民國《橫山縣志》卷 2《村莊》。道光中期的數據，道光《榆林府志》、道光《懷遠縣志》都有記載。

仍集中在長城以內，康熙末年及乾隆年間，墾殖區域已經全面北推至「大邊」一線以北，突破了黃土丘陵區，到達了長城以北的風沙化乾草原帶、灘地湖盤以及沙丘草灘帶這一生態敏感地帶，此後至清末的墾殖過程主要在這一區域進行。由於這一區域土壤肥力低下、自然條件不穩定，一遇災害或是土地肥力耗盡，人民立即流移，土地拋荒，隨後又在新的地方重新進行開墾，形成開墾——自然災害／肥力耗盡——流移——開墾的循環模式，對長城以北生態環境產生巨大影響，是這一區域環境惡化的主要原因。

第七章 結 論

7.1 「南田北草」土地利用時空格局的形成及發展

1、時空特徵

　　從整體上看，明清兩代陝蒙交界土地利用呈現一個「南田北草」格局。而其分界線有事實分界線和制度分界線之分。由於「二邊」位於黃土地帶，其南更利於農業生產，其北是沙土過渡地區，明清兩代陝蒙交界的農業的重心一直處於「二邊」以南，「二邊」是「南田北草」格局的事實分界線。從事實分界線而言，這種格局是極其穩定的。

　　（1）明代，「二邊」以內（以南）分佈著農田。「二邊」至「大邊」之間的夾道則存在以草場爲主體、極少部份農田、沙漠等共存的「插花狀」景觀分佈。「大邊」以外（以北）則完全以草場（或完全棄而不用，或由蒙古單獨使用）爲景觀。

　　其中，夾道內的農業生產是有選擇性的，主要分佈在地理條件較好的今府谷、神木地區。

　　具體從明代延綏鎮近邊軍墾的發展而言，在時間上存在以下發展過程：洪武時期緩慢恢復——永樂至宣德時期部份地段初步墾殖——正統至成化十年緩慢發展——成化中至弘治中興盛——正德至隆慶中荒廢——萬曆年間巨大發展——萬曆末至崇禎衰亡。儘管明代延綏鎮近邊屯墾在空間上存在一個由腹裏州縣——「界石」——「二邊」——「大邊」逐步北移的過程。但是，正統前主要集中在腹裏州縣，成化十年前嚴格限制在界石南，明亡前主要集中在「二邊」南。雖自正統年始，處於夾道的城堡糜穀地和夾道糜穀地逐步發展起來，至萬曆年間至頂峰，但僅是同處夾道內草場面積的 5%。

（2）清代，「二邊」以南分佈農田。儘管「二邊」以北從制度上逐步允許發展農業，但是這種農業生產仍是有選擇性的，從整體上看，主要沿著河谷地帶向北延伸和分佈，農田和沙漠仍處於「插花狀」形態。

明清兩代，由於特定地理環境決定和較原始的生產方式限制，無論是中央政府允許的官墾，還是漢、蒙私墾，農業生產的選擇始終存在一定的「理性墾殖」，主要是選擇地理環境相對較好的區域，這無疑決定了「二邊」以內的黃土地帶始終是墾殖的重心，致使「南田北草」格局相對穩定。

2、變化特點

從制度分界線而言，「南田北草」格局卻是「相對穩定」的。從整體上看，明清兩代陝蒙交界土地利用「南田北草」格局存在一個從確立到逐步模糊並北移的過程。

明正統年前（1368～1435），陝蒙交界地區存在「游牧河套」的狀態。在王朝更替過程中的戰亂平定後，今府谷、神木縣漢族可以不受制約地外出河套耕種，但整個墾殖的重心仍處於「界石」以內。此階段，在制度上仍未確定「南田北草」格局。

制度上的「南田北草」格局的形成和發展主要經歷了以下階段：

（1）「南田北草」格局自明朝正統年初（1436～1441 年）初步形成。以「瞭望墩——25 城堡——界石」軍事格局為標誌。明政府開始從制度上確立了農用地、緩衝地、軍事用地的分區，其中「界石」是「草」與「田」的分界線。

（2）「南田北草」格局自明成化年中（1470～1474 年）正式形成。以延綏鎮「二邊」長城的修築為標誌。明政府從制度上嚴格確保這種分區穩定，並開始以「二邊」長城作為新的「草」與「田」的分界線。

（3）「南田北草」格局自至隆慶議和（1571 年）後完全確定。以延綏鎮「大邊」長城的大規模重新修築為標誌。「二邊」長城始終是明代「草」與「田」的分界線。

（4）「南田北草」格局自至清初（1644～1696 年）完全固化。以陝蒙交界「禁留地」的設立為標誌。「大邊」長城開始成為新的「草」與「田」的分界線。

（5）「南田北草」格局自至康熙三十六年（1697 年）開始被打破。以「夥

盤地」與「黑界地」的出現爲標誌。隨著漢族進入蒙地開墾「夥盤地」、蒙古自墾蒙地的進展，夥盤地不斷北移、「黑界地」不斷重置，「草」與「田」的分界線逐步由光緒線——乾隆線——道光線（見圖 7-1）推移，但清末貽谷放墾（1902～1908 年）前，制度上的「草」與「田」的分界線爲乾隆線。

（6）貽谷放墾從制度上確立了新的「南田北草」分界線，但事實打破了「南田北草」格局。貽谷放墾是對自光緒初年（1875～1878 年）混亂的私墾的重新制度化，確立了「南田北草」新的界線，即以光緒線（今陝蒙兩省交界線）和民國初東勝縣（今東勝區與伊金霍洛旗東北、東南部份地區）。但是，貽谷放墾事實上從制度上開啓了蒙地大規模開墾的閘門，打破了陝蒙交界地區舊有的「南田北草」格局。

從總的看，明清兩代，陝蒙交界地區「南田北草」格局的分界線存在一個由「界石」——「二邊」——「大邊」——康熙線——乾隆線——光緒線逐步北移的過程，但仍是「相對穩定」、「相對清晰」的。

7.2　開墾主體「理性選擇」是時空特徵產生的原因

明清兩代，陝蒙交界地區「南田北草」格局分佈及農業生產的發展，始終存在一個「理性墾殖」選擇，這是由特有的地理環境決定並由受到當時的政治經濟形勢影響的。

（1）地理環境決定了格局的形成。無論從明代屯墾的分佈格局和各種軍墾地的分佈及其規模來看，還是從清代官墾和私墾蒙地沿河谷地帶向北推移的路徑來看，貽谷放墾的地域選擇來看，以及從不同時期農墾發展的具體情形來看，地理條件相對較好的黃土地帶以及河谷地帶，成爲農田分佈的主要區域。地理環境最終決定著水田、沙田、草場等景觀要素的空間分佈。

（2）在相當長時間內政府主導的開墾成爲陝蒙地區開墾的主體。明代正統年間，由於軍事鬥爭的需要，政府採取鼓勵開墾的政策，促使制度上開始形成了「南田北草」的格局。之後，隨著「二邊」、「大邊」的相繼修建，政府鼓勵開墾的力度不斷增大。清代康熙中後期，爲了籌集軍糧開墾蒙地，直至清乾隆年間陝蒙劃界，政府主導的開墾成爲陝蒙地區開墾的主體。而從明代初年開始出現的出於經濟原因的私墾，至乾隆中後期開始逐步成爲陝蒙地區開墾的動因，農民（包括農民化的蒙古族）也相繼成爲開墾的主體。

（3）政治原因尤其是戰爭是蒙地開墾的重要影響因素。明代蒙漢戰爭的進程直接影響了「南田北草」格局的形成，影響了開墾的實際效果。明清王朝更替過程中的戰亂，清初「禁留地」的設置、康熙至乾隆中期對準戰爭的準備，以及清同治回亂和清末「庚子賠款」後的貽谷放墾，政治因素尤其是戰爭因素直接影響了陝蒙交界的土地開墾的進程。

（4）在此過程中，開墾的主體都存在一個「理性選擇」的過程。從統治者而言，明朝統治者努力實現「保障軍事後勤供應」和「避免引發戰爭」的動態平衡，清朝統治者努力實現蒙漢隔絕和增加財政收入的動態平衡，爲此，兩代統治者都將農業生產限制在能夠掌控的範圍、限制在一定的區域內，本身這就是一種「理性選擇」過程。從農民（以及農民化的蒙古）而言，一直努力實現經濟利益最大化和政治風險最小化的動態平衡。當戰亂發生時，農民多採取流移和拋荒棄耕的方式躲避政治軍事風險；在相對和平時期，農民採取私墾的形式逃避賦稅、逃避地權固定的桎梏，以獲得經濟利益的最大化。而在此過程中，政府和農民都會選擇地理條件較好的地區安排和從事生產活動，以圖獲得穩定的經濟收入。

這種「理性選擇」以清代私墾的動因上表現最爲明顯。陝蒙交界地區從清初開始建立起「雙向隔絕」的政治制度尤其是夥盤地內的司法制度，成爲清中期私墾發展的重要原因。而開放禁留地緣於歸化城土默特地區農墾發展的牽引作用和康熙兩次親征臨幸歸化城土默特、延綏鎮的不同經歷，具有一定的偶然性。歸化城土默特地區農墾發展一直對延綏鎮（榆林府）施加著牽引作用。從明初到道光中後期，延綏鎮（榆林府）一直面臨著復墾的巨大壓力，清廷勸墾政策失敗。農民外出的原因有二：一是處於腹裏的民人由於地理條件較好的地段被屯民佔有，無法獲得地權；二是處於「大邊」長城的沿邊地區，儘管清初將屯丁改爲屯民，但是稅收方式未變、稅收徵稽嚴苛，地權固定。這都促成了民人、屯民外出耕種。但是夥盤地屬於蒙旗共有性質、徵稽制度和稅收制度也固定化，於是又促進了民人繼續外出，開始私墾。私墾的趨勢和突破口：蒙旗土地權屬複雜，私墾首先發生在權屬不明的地區（旗與旗之間，旗與驛站之間等），然後是旗的共有用地（黑界地，內倉地等），最後才是蒙古私有「戶口地」。地權固定是民人口外耕種並不斷向蒙旗私墾的重要原因。

總得來看，明清二代，陝蒙交界地區土地的開墾是一個官墾和私墾交織

的過程，是一個政府管控和農民突破的博弈過程，更是一個在既有自然環境下，政府和農民「理性選擇」的過程。

7.3 自然原因是明清時期毛烏素沙地南侵的決定性因素

從明清五百年來研究區域土地開墾過程不難看出，氣候偏乾的時期，為防備游牧民族的入侵，政府對邊疆開墾極為重視，常在土地開墾中佔據主導地位。然而這種開墾具有很大的不穩定性，極易受戰爭、自然災害的影響而衰落。在氣候相對濕潤時期的開墾則有所不同，這種開墾更多的是一種自發的行為，受到經濟因素的驅動，開墾的主體也從政府變成了農民，開墾範圍更大，對生態環境的影響更加深遠。

具體而言，明代陝蒙交界影響延綏鎮近邊軍墾的主要因素是：地理條件和戰爭破壞。其中，地理條件是根本原因，在惡劣的自然底本上，近邊軍屯注定無法獲得較大發展；戰爭則是重要影響因素，主要有三個方面：一是近邊地區軍事防禦體系的逐步強化，促進並保護了軍墾的出現和發展，近邊軍事防禦重心由腹裏——正統 23 城堡——「二邊」——「大邊」，伴隨的是軍墾在空間上由南到北的移動過程；二是軍事體系的布局又限制了軍墾的分佈範圍，只有在軍事防禦重心範圍以內才可能集中大規模的軍墾，軍事防禦重心裏則存在軍事緩衝區，這也是近邊軍墾的重心始終沒有越過「大邊」的重要原因。三是戰爭殺戮是限制近邊軍墾發展的重要原因，進而致使近邊軍墾在時空上存在以上特徵。

清代康熙以前，開墾範圍仍集中在長城以內，到乾隆年間，墾殖區域已經全面北推至「大邊」一線以北，突破了黃土丘陵區，到達了長城以北的風沙化乾草原帶、灘地湖盤以及沙丘草灘帶這一生態敏感地帶，此後至清末的墾殖過程主要在這一區域進行。由於這一區域土壤肥力低下、自然條件不穩定，一遇災害或是土地肥力耗盡，人民立即流移，土地拋荒，隨後又在新的地方重新進行開墾，形成開墾——自然災害／肥力耗盡——流移——開墾的循環模式，對長城以北生態環境產生巨大影響，可能是這一區域環境惡化的主要原因。但是從整體上看，近 500 年來，毛烏素沙地南緣流沙分佈的基本格局沒有多大變化。

參考文獻

史　料

檔案類

（一）漢文檔案

1. 蒙古聯合自治政府地政總署；《前綏遠墾務總局資料〔伊克昭盟‧準噶爾旗〕》，1940 年，內蒙古圖書館藏。

2. 中國第一歷史檔案館：《清代檔案史料叢編》，北京：中華書局，1978 年後陸續出版。

3. 中國第一歷史檔案館、中國社會科學院歷史研究所譯注：《滿文老檔》，北京：中華書局，1990 年。

4. 張文喜等整理：《蒙荒案卷》，李澍田主編《長白叢書》之第四集之一，吉林文史出版社出版，1990 年。

5. 馬玉良、王婉玉選編：《吉林農業經濟檔卷》，李澍田主編《長白叢書》之第四集之一，吉林文史出版社，1990 年。

6. 彭雨新編：《清代土地開墾史資料彙編》，武漢大學出版社，1992 年 12 月。

7. 《乾隆年間準格爾旗札薩克衙門檔案選譯》，《內蒙古檔案史料》，1993 年第 4 期。

8. 張偉仁主編：《明清檔案》，臺灣中央研究院歷史語言研究所出版，臺北聯經出版公司出版，1986 年，1995 年。

9. 中國第一歷史檔案館：《康熙朝滿文朱批奏摺全譯》，中國社會科學出版社，1996 年。

10. 《光緒朝朱批奏摺》（第 113～115 輯，民族・蒙古族），北京：中華書局，1996 年。

11. 中國第二歷史檔案館編：《中華民國史檔案資料彙編》，江蘇古籍出版社，1998 年。

12. 內蒙古檔案館編：《清末內蒙古墾務檔案彙編》（綏遠、察哈爾部份），內蒙古人民出版社，1999 年。

13. 伊克昭盟檔案館編：《綠色檔案・荒漠治理者的足跡》（內部發行），2001 年。

14. 第一檔案館、遼寧省檔案館編：《中國明朝檔案總匯・明代檔冊》，廣西師範大學出版社，2001 年。

15. 中國科學院地理科學與資源研究所，中國第一歷史檔案館編：《清代奏摺彙編：農業・環境》，北京商務印書館，2005 年。

16. 趙全兵、朝克主編：《內蒙古中西部墾務志》，內蒙古大學出版社，2008 年。

17. 金海等編譯：《準格爾旗札薩克衙門檔案譯編》第一輯（乾隆、嘉慶、道光），內蒙古人民出版社，2008 年。

18. 金海等編譯：《準格爾旗札薩克衙門檔案譯編》第二輯（咸豐、同治），內蒙古人民出版社，2008 年。

19. 《蒙藏院檔案》，原藏中國第二檔案館，內蒙古大學複印本。

20. 《蒙藏委員會檔案》，原藏中國第二檔案館，內蒙古大學複印本。

21. 《榆林市榆陽區土地（過接、典當、租種、徵用、兌換）文約》（未歸檔），榆林市榆陽區檔案館藏。

22. 《民國第六區（榆林、伊盟）賑濟檔案》（未歸檔），巴彥淖爾檔案館藏。

23. 《民國榆林縣政府檔案》，榆林市檔案局所藏檔案，全宗號 64。

24. 《督辦蒙旗墾務公所檔案》（1910～1915），內蒙古檔案館藏，全宗號 434。

25. 《綏遠墾務總局檔案》（1915～1937），內蒙古檔案館藏，全宗號 413。

蒙文檔案

1. 《鄂爾多斯左翼中旗（郡王旗）札薩克衙門檔案》（1649～1949），內蒙古檔案館藏，全宗號 513。

2. 《鄂爾多斯右翼中旗（鄂托克旗）札薩克衙門檔案》（1650～1949），內蒙古檔案館藏全宗號 514。

3. 《鄂爾多斯左翼前旗（準格爾旗）札薩克衙門檔案》（1649～1949）全宗號 511，內蒙古檔案館藏。

4. 《鄂爾多斯右翼後旗（杭錦旗）札薩克衙門檔案》（1650～1949）（分清朝、民國兩類），伊盟檔案館藏。

5. 伊克昭盟檔案館、伊克昭盟水利水保處:《伊克昭盟水利水土保持資料彙編》(蒙文) 1～8 冊 (內部發行)。

(二) 實錄、正史

1. 《明實錄》,臺灣中央研究院歷史語言研究所校印本,1962 年。

2. 《明史》,北京:中華書局,1974 年。

3. 《明經世文編》,北京:中華書局影印本,1962 年。

4. 《大明一統志》,全國圖書館文獻縮微中心,2001 年。

5. 《大明會典》,北京:中華書局,1989 年。

6. 《明通鑒》,北京:中華書局,2008 年。

7. 《明崇禎長編》,北京古籍出版社,2002 年。

8. 《明史紀事本末》,上海古籍出版社,1994 年。

9. 《明史紀事本末補編》,上海古籍出版社,1994 年。

10. 《續文獻通考》,全國圖書館文獻縮微中心,2005 年。

11. 《清實錄》,北京:中華書局影印本,2008 年。

12. 《清史稿》,北京:中華書局影印本,1986 年。

13. 中國歷史檔案館編:《雍正朝起居錄》,北京:中華書局,1993 年。

14. 《大清五朝會典》,北京:線裝書局影印,2006 年。

15. 乾隆朝內府抄本《理藩院則例》,趙雲田點校,中國藏學出版社,2006 年。

16. 《欽定理藩院則例》,光緒 17 年 (1891 年) 刊本。

17. 《欽定大清會典事例‧理藩院》,趙雲田點校,中國藏學出版社,2006 年。

18. 《光緒朝東華錄》,北京:中華書局,1984 年。

19. 乾隆朝官修:《清朝文獻通考》,浙江古籍出版社,2000 年。

20. 劉錦藻:《清朝續文獻通考》,浙江古籍出版社,2000 年。

21. 《大清一統志》,上海古籍出版社,2008 年。

22. 《大清律例》,海南出版社影印本,2000 年。

23. 《光緒欽定蒙古律例》,故宮博物院編,海南出版社,2000 年。

24. 《清代藩部要略稿本》,包文漢整理,黑龍江教育出版社,1997 年。

25. 《蒙古、回部王公表傳》,包文漢、奇‧朝克圖整理,內蒙古大學出版社,1998 年。

26. 齊木德‧道爾吉、巴根那編:《清朝太祖太宗世祖朝實錄蒙古史史料抄》,內蒙古大學出版社,2001 年。

27. 劉木德‧道爾吉編：《清朝聖祖朝實錄蒙古史史料抄》，2003 年。

（三）政書、奏議、文集類

1. 〔明〕雷禮：《皇明大政記》，萬曆三十年刻本，北京大學出版社，1993年。

2. 〔明〕陳仁錫：《皇明世法錄》，臺灣商務印書館，1965 年。

3. 〔明〕談謙：《國榷》，北京古籍出版社，1958 年。

4. 〔明〕嚴從簡：《殊域周諮錄》，北京：中華書局，2007 年。

5. 〔明〕王崇古：《散逆黨說》，萬曆刻本。

6. 〔明〕王鳴鶴：《登壇必究》，萬曆刻本。

7. 〔明〕瞿九思：《萬曆武功錄》，《明代蒙古漢籍史料彙編》，內蒙古大學出版社，2006 年。

8. 〔明〕蕭大亨：《北虜風俗》，《明代蒙古漢籍史料彙編》，內蒙古大學出版社，2006 年。

9. 〔明〕馮瑗：《開原圖說》，《明代蒙古漢籍史料彙編》，內蒙古大學出版社，2006 年。

10. 〔明〕吳震元：《三娘子》，《明代蒙古漢籍史料彙編》，內蒙古大學出版社，2006 年。

11. 〔明〕張雨：《邊政考》，全國圖書館文獻縮微中心，1993 年。

12. 〔明〕茅元儀：《武備志》，《故宮珍本叢刊》，故宮博物院、海南出版社，2000 年。

13. 〔明〕何喬遠：《名山藏》，明崇禎間刻本，北京大學出版社，1993 年。

14. 〔明〕張雨：《邊政考》，《續修四庫全書‧史部‧地理類》，臺灣商務印書館，2008 年。

15. 〔明〕魏煥：《皇明九邊考》，《明代蒙古漢籍史料彙編》第一輯，內蒙古大學出版社，1994 年。

16. 〔明〕嚴從簡：《殊域周諮錄》，北京：中華書局，2007 年。

17. 〔明〕兵部：《九邊圖說》，江蘇廣陵古籍刻印社，1986 年。

18. 〔明〕許論：《九邊圖論》，全國圖書館文獻縮微中心，1993 年。

19. 〔明〕張天復：《皇輿考》，全國圖書館文獻縮微中心，1986 年。

20. 〔明〕方孔炤：《全邊略紀》，國立北平圖書館鉛印本，民國十九年（1930年）。

21. 〔明〕塗山：《明正統宗》，萬曆四十三年刻本，成文出版社

22. 〔明〕彭孫貽：《平寇志》，上海古籍出版社，1984 年。

23. 〔明〕楊一清：《楊一清集》，北京：中華書局，2001 年。

24. 〔明〕余子俊：《余肅敏公奏議》，《天一閣藏明代政書珍本叢刊》第 17 冊，線裝書局，2010 年。

25. 〔明〕余子俊：《余肅敏公經略公牘》，《天一閣藏明代政書珍本叢刊》第 17 冊，線裝書局，2010 年。

26. 〔明〕戴金：《戴兵部奏疏》，《天一閣藏明代政書珍本叢刊》，第 17 冊，線裝書局，2010 年。

27. 〔明〕張敷華：《張簡肅公奏議》，《天一閣藏明代政書珍本叢刊》第 18 冊，線裝書局，2010 年。

28. 〔明〕許日久：《五邊典則》，《明代蒙古漢籍史料彙編》，內蒙古大學出版社，2009 年。

29. 〔明〕范欽：《嘉靖事例》，北京圖書館出版社，1997 年。

30. 〔明〕王瓊：《北虜事蹟》，北京：中國書店影印本，1959 年。

31. 〔明〕佚名：《明代陝西四鎮軍馬錢糧及會兵禦虜圖文》，明嘉靖本，北大圖書館藏。

32. 〔明〕張四維：《條麓堂集》，《續修四庫全書·集部·別集類》，臺灣商務印書館，2008 年。

33. 〔清〕顧祖禹：《讀史方輿紀要》，北京：中華書局，2005 年。

34. 〔清〕谷應泰：《明史紀事本末》，全國圖書館文獻縮微中心，2009 年。

35. 〔清〕席裕福：《皇朝政典類纂》，文海出版社有限公司，1982 年。

36. 〔清〕計六奇：《明紀北略》，北京：中華書局，1984 年。

37. 〔清〕張穆：《蒙古游牧記》，全國圖書館文獻縮微中心，2008 年。

38. 〔清〕姚明輝：《蒙古志》，臺灣成文出版社，1968 年。

39. 〔清〕吳偉業：《綏寇紀略》，上海古籍出版社，1992 年。

40. 〔清〕彭孫貽：《流寇志》，浙江人民出版社，1983 年。

41. 〔清〕彭孫貽：《平寇志》，上海古籍出版社，1984 年。

42. 〔清〕張鵬翮：《漠北日記》（又名《奉使俄羅斯行程錄》）同治四年（1865 年）京都龍威閣刻本。

43. 〔清〕溫達：《親征平定朔漠方略》，中國書店油印本，1997 年。

44. 〔清〕范昭逵：《從西紀略》，呼和浩特市民族事務委員會編《民族古籍與蒙古文化》，2001 年。

45. 〔清〕汪景琪：《讀書堂西征隨筆》，上海書店，1984 年。

46. 〔清〕海寧輯：《晉政輯要》，乾隆五十四年（1798 年）刊本。

47. 〔清〕魏源：《聖武記》，嶽麓書社，2004 年。

48. 〔清〕何秋濤輯:《北徼彙編北徼彙編》,同治四年(1865年)京都龍威閣刊本。

49. 〔清〕錢良擇:《出塞紀略》,光緒二年(1876年)世揩堂藏板重印本。

50. 〔清〕方承觀:《從軍雜記》,《明代蒙古漢籍史料彙編》,內蒙古大學出版社,2003年。

51. 〔清〕貽谷:《蒙墾奏議》,臺灣文海出版社,1974年。

52. 〔清〕巴延三:《查明歸化城稅務情形》,中國第一歷史檔案館藏。

53. 〔清〕貽谷;《綏遠奏議》,《近代中國史料叢刊續編》,臺北文海出版社,1966年。

54. 〔清〕貽谷;《蒙墾奏議》,《中國少數民族古籍集成》28 冊,四川民族出版社,2002年。

55. 〔民國〕《陝綏劃界紀要》,民國 21 年靜修齋印刷,榆林市圖書館藏。

(四) 地方志、家譜

1. 〔明〕李宗仁:《延安府志》,弘治十七年(1504年)刻本影印本,陝西省圖書館、西安古舊書店,1962年。

2. 〔明〕趙拜瑞修,馬理等:《陝西通志》,嘉靖二十一年(1542年)刻本點校本,董健橋總校點,西安:三秦出版社,2006年。

3. 〔明〕鄭汝璧、劉餘澤等:《延綏鎮志》,萬曆三十五年(1608)刻本,國家圖書館、北大圖書館、上海圖書館分藏。

4. 〔明〕汪道亨等:《陝西通志》,萬曆三十九年(1612)刻本,北大圖書館藏。

5. 〔清〕譚吉璁等:《延綏鎮志》,康熙十二年(1673)抄本,臺北學生書局,1968年。

6. 〔清〕寧養氣:《米脂縣志》一冊,康熙二十年抄本(1681年),上海圖書館藏。

7. 〔清〕佚名:《神木縣志》四卷,雍正年撰,抄本,臺灣成文出版社影印本,1970年。

8. 〔清〕查郎阿、沈青崖:《敕修陝西通志》,雍正十三年(1735年)刻本,上海圖書館藏。

9. 〔清〕蘇其炤:《懷遠縣志》,乾隆十四年(1749年)刻本,《故宮珍本叢刊》本,故宮博物院、海南出版社,2000年。

10. 〔清〕吳其琰:乾隆《清澗縣續志》,乾隆十七年(1752年)刻本。

11. 〔清〕張宗商:《葭州志》(不分卷),乾隆三十年(1765)稿本,上海圖書館藏。

12. 〔清〕鄭居中：《府谷縣志》，乾隆四十八年（1783 年）刻本，上海圖書館藏。

13. 〔清〕鄭居中：《府谷縣志》，乾隆四十八年（1783 年）刻本，上海圖書館藏。

14. 〔清〕梁份：《秦邊紀略》，乾隆年間成書，民國陝西通志館《關中叢書》鉛印本。

15. 〔清〕吳忠浩、李繼嶠：《綏德直隸州志》，乾隆四十九年（1784 年）刻本，故宮博物院、海南出版社，2000 年。

16. 〔清〕佚名：《靖邊縣志》，乾隆抄本，上海圖書館藏。

17. 〔清〕金志章：《口北三廳志》，乾隆年間，臺北成文出版社，1968 年。

18. 〔清〕黃沛、宋謙：《定邊縣志》，嘉慶二年（1797 年）刻本，上海圖書館藏。

19. 〔清〕洪蕙：《延安府志》，嘉慶七年（1802 年）刊本，上海圖書館藏。

20. 〔清〕高珣、龔玉麟：《葭州志》，嘉慶十四年（1809 年）刻本，上海圖書館藏。

21. 〔清〕鍾章元、陳頌第：《清澗縣志》，道光八年（1828）刻本，臺灣成文出版社影印本，1970 年。

22. 〔清〕李熙齡：《榆林府志》，道光二十一年（1841 年）刻本，國家圖書館藏。

23. 〔清〕王致雲、朱塤：《神木縣志》，道光二十一年（1841 年）刻本，北京大學圖書館藏。

24. 〔清〕蘇其炤、何丙勳：《增修懷遠縣志》，道光二十二年（1842）刻本，國家圖書館藏。

25. 〔清〕譚瑀：道光《吳堡縣志》，道光二十七年（1847 年）刻本，臺灣成文出版社影印，1970 年。

26. 〔清〕盧坤：《陝西省秦疆治略》，道光刊本，臺灣成文出版社有限公司影印本，1970 年。

27. 〔清〕楊江：《榆林府志辯訛》一卷，咸豐七年（1857 年）刻本，榆林市榆陽區檔案館藏。

28. 〔清〕楊江：《河套圖考》，咸豐七年刊本，民國 23 年（1934 年）陝西通志館排印

29. 〔清〕劉厚基：《圖開勝蹟》，光緒元年（1875 年）刻本，榆林市榆陽區檔案館藏。

30. 〔清〕李壽昌、任佺：《葭州志》一卷，光緒二十年（1894）刻本，上海圖書館藏。

31. 〔清〕張穆：《蒙古游牧記》，上海復古書局石印本，光緒二十年（1894）刻本，北大圖書館藏。

32. 〔清〕丁錫奎、白翰章：《靖邊志稿》，光緒二十五年（1899）刻本，臺灣成文出版社影印本，1970 年。

33. 〔清〕孔繁樸、高維岳：《綏德直隸州志》清光緒三十一年（1905）刻本，臺灣成文出版社影印本，1970 年。

34. 〔清〕高照煦、高增融：《米脂縣志》，光緒三十三年（1970）鉛印本，臺灣成文出版社影印本，1970 年。

35. 高賡恩：《土默特旗志》，光緒三十四年（1908 年）刻本，戒莫勒點校，載雙寶主編《民族古籍與蒙古文化》總第 1 — 2 期，呼和浩特市民族事務委員會編輯出版，2001 年。

36. 〔民國〕佚名：《榆林縣鄉土志》，民國六年（1917 年）抄本，國家圖書館藏。

37. 〔民國〕張鼎彝輯：《綏乘》，上海泰東圖書局印行，1920 年。

38. 〔民國〕金天翮等輯：《河套新編》，民國十年刻本，天津古籍出版社點校本，1987 年。

39. 〔民國〕嚴用琛、高岣：《府谷鄉土志》，民國十三年（1924）稿本，榆林市府谷縣圖書館藏。

40. 〔民國〕裘世廉、賈路云：《榆林縣志》，民國十八年（1929）稿本，榆林市圖書館藏。

41. 〔民國〕曹子正、曹思聰：《橫山縣志》，民國十八年（1929 年）石印本，上海圖書館藏。

42. 〔民國〕嚴建章 高仲謙：《米脂縣志》，民國三十三年（1944）榆林松濤齊鉛印本，臺灣成文出版社影印本，1969 年。

43. 〔民國〕佚名：《神木縣鄉土志》，民國二十六年（1937）鉛印本，《鄉土志叢編第一集》，燕京大學圖書館鉛印

44. 〔民國〕宋伯魯、吳廷錫：《續修陝西省志稿》，民國二十三年（1934 年）年刻本。

45. 〔民國〕曹穎：《延綏攬勝》，史學書局，1945 年，榆林市榆陽區檔案館藏。

46. 〔民國〕廖兆駿：《綏遠志略》，正中書局，民國 26 年 6 月。

47. 〔民國〕黃奮生編，《蒙藏新志》，北京：中華書局，民國二十七年（1938 年）。

48. 榮祥、榮賡麟：《土默特沿革》，內蒙古土默特左旗文化局編，1981 年。

49. 陝西師範大學地理系：《陝西省榆林地區地理志》，陝西人民出版社，1987 年。

50. 內蒙古公路交通史志編委會：《內蒙古古代道路交通史》，人民交通出版社，1997 年。

51. 查漢東撰，艾吉姆譯：《烏審旗史初稿》，載《伊克昭文史資料》第 11 輯，2001 年。

52. 楊海英：《國外刊行的鄂爾多斯蒙古族文史資料》，內蒙古人民出版社，2001 年。

53. 曹永年：《內蒙古通史》，內蒙古大學出版社，2007 年。

54. 曉克、于永發：《土默特史》，內蒙古教育出版社，2008 年。

55. 梁冰：《鄂爾多斯通史稿》，內蒙古大學出版社，2009 年。

56. 榆林市志編纂委員會編，《榆林市志》，三秦出版社，1996 年。

57. 榆林《韓氏家譜》，2008 年，榆林市榆陽區檔案館藏。

58. 榆林《白氏族譜》，2002 年，榆林市榆陽區檔案館藏。

59. 榆林《程氏家譜》，2009 年，榆林市榆陽區檔案館藏。

60. 榆陽柳河梁《張氏族譜》，2000 年，榆林市榆陽區檔案館藏。

61. 榆林市葉家站氏族譜續編委員會《葉氏族譜續編》，1996 年，榆林市圖書館藏。

62. 榆林縣城關《段氏家譜》，2007 年，榆林市圖書館藏。

63. 米脂縣楊家溝村《馬氏家譜》，2003，榆林市圖書館藏。

64. 榆林縣鎮川鎮葛家圪㙉村《葛氏總譜》，2006 年，榆林市圖書館藏。

65. 米脂縣《馮氏族譜續修本》，1998 年，榆林市圖書館藏。

（五）調查報告、行紀、文史資料類

1. 王華隆：《內蒙古人民生活狀況》，《蒙古調查記》，東方雜誌社編，1924 年。

2. 唐啓宇等：《農業經濟調查報告》、吳國棟《綏遠遊記》載《農學雜誌》1925 年。

3. 龐善守：《伊克昭盟達拉特蒙民的鄉村生活》，《東方雜誌》32 卷 12 號。

4. 鄔煥宇：《伊克昭盟視察報告》，中國第二歷史檔案館藏。

5. 《伊克昭盟七旗社會調查》，民國三十二年（1943 年），中央民族大學圖書館藏。

6. 潘復：《調查河套報告書》，民國十二年（1923 年），伊克昭盟檔案館藏。

7. 郭頌堯：《綏災視察記》，綏遠賑務會印，1929 年。

8. 《陝綏劃界紀要》，民國二十一年（1932 年）靜修齋鉛印本。

9. 綏遠省政府編印：《綏遠概況》，民國二十二年（1933 年）。

10. 《綏遠放墾經過》,《蒙藏月報》,1934 年。

11. 《綏遠省各縣調查概要》,民國二十三年(1934 年)鉛印本。

12. 《綏蒙土地問題研究提綱》,1949 年油印本。

13. 常非:《天主教綏遠教區傳教簡史》,內蒙古大學圖書館藏。

14. 張佐華:《蒙古旅行散記》,內蒙古圖書館藏。

15. 內蒙古敕勒川文化研究會編:《敕勒川》,2010 年 10 月。

16. 內蒙古政協文史資料研究委員會編:《內蒙古文史資料》

17. 榆林市政協文史資料科教文衛體委員會編:《榆林文史資料》

18. 府谷縣政協文史資料科教文衛體委員會編:《府谷文史資料》

19. 〔日〕濱田純一、柏原孝久:《蒙古地志》(上中下),富山房,大正八年(1919 年)。

20. 〔日〕滿鐵包頭公所:《鄂爾多斯概說》,《滿鐵調查月報》第 19 卷第 3號。

21. 〔日〕《北支蒙疆大觀》,大同印刷株式會社,昭和十六年(1941 年)。

22. 〔日〕東亞所:《內蒙古農牧業(中間報告)——內蒙古一般調查》,昭和十六年(1941 年)。

23. 〔日〕安齋庫吉:《蒙疆における土地分割所有制の一類型——伊克昭盟準噶爾旗河套地における土地関係の特質》,南滿洲鐵道株式會社調查部,昭和十七年(1942)。

24. 〔日〕安齋庫吉:《清末における綏遠の開墾》,《滿鐵調查月報》第十八卷 12 號及十九卷 1、2、12 號,昭和十四年(1939 年);內蒙古大學歷史系蒙古史研究室編印,1963 年。

25. 〔日〕蒙古善鄰協會:《內陸亞細亞》第一輯、第二輯,昭和十七年(1942年)。

26. 〔日〕多田禮吉:《蒙古特殊資源科學調查報告》,《蒙古》第十一卷第 10 號。

27. 〔日〕南滿洲鐵道株式會社調查局:《蒙疆牧野調查報告》,昭和十八年(1943 年)。

28. 〔日〕南滿洲鐵道株式會社調查局:《蒙古站及其土地關係——伊克昭盟準噶爾旗棟海素站》,昭和十八年(1943 年)。

29. 東亞所:《內蒙古の農牧業(中間報告)——內蒙古一般調查》,1941 年。

30. 〔俄〕普爾熱瓦爾斯基著,王嘎、張友華譯:《荒原的召喚》,新疆人民出版社,2001 年。

31. 〔英〕德·萊斯頓著,王啓龍、馮玲譯《從北京到錫金—穿越鄂爾多斯、戈壁灘和西藏之旅》,西藏人民出版社,2003 年。

近人著述與論文

（一）著作

1. 中國人民大學清史研究所：《清史編年》，中國人民大學出版社，2000 年。

2. 沈雲龍主編《近代中國史料叢刊續編》，文海出版社

3. 西北大學歷史系：《舊民主主義革命時期陝西大事記述》，陝西人民出版社，1984 年。

4. 徐麗華編：《中國少數民族古籍集成》（漢文版），四川人民出版社

5. 孟森：《明清史講義》，北京：中華書局，1981 年。

6. 顧誠：《明末農民戰爭史》，中國社會科學院出版社，1984 年。

7. 高文德：《蒙古奴隸制研究》，內蒙古人民出版社，1980 年。

8. 色音：《蒙古游牧社會的變遷》，內蒙古人民出版社，1998 年。

9. 陳獻國：《蒙古族經濟思想史研究》，遼寧民族出版社，2004 年。

10. 達力札布：《蒙古史綱要》，中央民族大學出版社，2006 年。

11. 王建革：《農牧生態與傳統蒙古社會》，山東人民出版社，2006 年。

12. 馬汝珩、馬大正：《清代邊疆開發研究》，中國社會科學出版社，1990 年。

13. 馬汝珩：《清代西部歷史論衡》，陝西人民出版社，2001 年。

14. 馬大正：《中國邊疆研究論稿》，黑龍江教育出版社，2002 年。

15. 韓昭慶：《荒漠、水系、三角洲：中國環境史的區域研究》，上海科學技術文獻出版社，2010 年。

16. 肖瑞玲：《明清內蒙古西部地區開發與土地沙化》，北京：中華書局，2006 年。

17. 田山茂著、潘世憲譯：《清代蒙古社會制度》，商務印書館，1987 年。

18. 趙雲田：《清代蒙古政教制度》，北京：中華書局，1989 年。

19. 蘆明輝：《清代蒙古史》，天津古籍出版社，1990 年。

20. 張永江：《清代藩部研究——以政治變遷為中心》，黑龍江教育出版社，2001 年。

21. 楊強：《清代蒙古族蒙旗制度》，民族出版社，2004 年。

22. 楊強：《清代蒙古法制變遷研究》，中國政法大學出版社，2010 年。

23. 楊強：《論清代前期蒙古族行政組織制度的變遷》，中國政法大學出版社，2010 年。

24. 彭雨新編：《清代土地開墾史資料彙編》，武漢大學出版社，1992 年。

25. 梁冰：《伊克昭盟的土地開墾》，內蒙古大學出版社，1991 年。

26. 葛劍雄：《中國移民史》，福建人民出版社，1997 年。

27. 閆天靈：《漢族移民與近代內蒙古社會變遷研究》，民族出版社，2004 年。

28. 侯仁之：《歷史地理學的視野》，北京：三聯書店，2009 年。

29. 鄧輝：《從自然景觀到人文景觀——燕山以北農牧交錯帶人地關係演變的歷史地理學透視》，商務印書館，2005 年。

30. 黃宗智：《清代的法律、社會與文化：民法的表達與實踐》，上海書店出版社，2001 年。

31. 王國維：《觀堂集林》卷 13《鬼方、昆夷、獫狁考》，北京：中華書局，1959 年。

32. 郭沫若：《中國史稿》，人民出版社，1976 年。

33. 費孝通：《社會學概論》，天津人民出版社，1984 年。

34. 費孝通：《鄉土中國》，河北教育出版社，1999 年。

35. 蘇力：《法治及其本土資源》，中國政法大學出版社，1996 年。

36. 〔蘇〕符拉基米爾佐夫著、劉榮焌譯：《蒙古社會制度史》，中國社會科學院，1980 年。

37. 〔蘇〕茲拉特金著，馬曼麗譯：《準噶爾汗國史》，商務印書館，1980 年。

38. 〔日〕田山茂：《清朝的對蒙古政策》，《蒙古史研究參考資料》第 36 輯（總第 61 輯），內蒙古大學蒙古史研究所，1984 年。

39. 〔日〕和田清著，潘世憲譯：《俺答汗的霸業》，《明代蒙古史論集》，商務印書館，1984 年。

40. 〔日〕森川哲雄著，葉新民譯：《十七世紀前半葉的歸化城》，《蒙古學資料與情報》，1985.3～4。

41. 〔日〕後藤十三雄著，瑪·巴特爾譯《蒙古游牧社會》，內蒙古人民出版社，1988 年。

42. 〔日〕森川哲雄：《鄂爾多斯十二·鄂托克考》，《蒙古學資料與情報》，1988.3。

43. 〔日〕田村實造：《清朝統治蒙古政策》，《中國邊政》第 47 期，《民國邊政史料彙編》，國家圖書館出版社，2009 年。

44. 〔日〕安齋庫治著，那木雲譯：《清末綏遠的開墾》，《蒙古史研究參考資料》第六、七輯。

45. 〔日〕安齋庫治著，那木雲譯：《清末土默特的土地整理——附土默特關係的發展》，《蒙古史研究》第七輯。

46. 〔日〕楠木賢道著，包國慶譯：《天聰年間愛新國對蒙古諸部的法律支配進程》，《蒙古史研究》第七緝

47. 〔日〕田清波著，米濟生譯：《關於鄂爾多斯蒙古七旗地圖》，《鄂爾多斯研究文集》第二輯，伊克昭盟檔案館編。

48. 〔日〕多田文男：《內蒙古における農業地帶と游牧地帶の境界線とその移動》，京城帝大大陸文化研究會，昭和十五年（1940 年）。

49. 〔日〕山根順太郎、村岡重夫：《主農從牧社會における蒙古部落の農業性格》，滿洲民族學會，康德十一年（1944 年）。

50. 〔日〕岡田英弘：《ダヤンハーン六萬戶起源》，《博士還曆記念東洋史論》，山川出版社，1975 年。

51. 〔日〕今堀誠二：《中國封建社會の構造——その歷史と革命前夜の現實》，日本學術振興會刊，1978 年。

52. 〔日〕二木博史：《ホショー內における平民の貢租賦役負擔——清代ハルハモンゴルの場合》，《內陸アジア史研究》創刊號，1984 年。

53. 〔日〕ボルジギン・ブレンサイン：《近現代におけるモンゴル人農耕村落社會の形成》，風間書房，2003 年。

54. 〔英〕H・C Darby：*An Historical Geography of England BeforeA. D. 1800*, Cambridge University Press, 1936.

55. 〔英〕H・C Darby: *A New Historical Geography of England*, Cambridge University Press, 1973.

56. 〔美〕C.O.SAUER: *The morphologyof landscape*, University of California Publications in Geography, 1925.

57. 〔美〕Karl Llewellyn：*The Bramble Bush On Our Law and Its Study*, Oceana Publications, 1930.

58. 〔美〕Richard Hartshorne: *The Nature of Geography*, University of California Publications in Geography, 1989.

59. 〔美〕Arthur Waldrom: *The Great wall of China From History to Myth*, Cambridge University Press, 1992.

（二）論文

1. 艾沖：《論毛烏素沙漠的形成與唐代六胡州土地利用的關係》，《陝西師範大學學報》（哲社版），2004 年第 3 期，第 99～105 頁。

2. 奧登：《喀爾喀五部考述》，《蒙古史研究》第二輯，1986 年。

3. 白初一：《清代歸化城土默特兩旗職官及戶口初探》，《昭烏達蒙族師專學報》，1992 年第 1 期。

4. 包玉山：《蒙古族古代草牧場產權制度研究》，《內蒙古師範大學學報》，2001 年第 2 期。

5. 寶音朝克圖：《清代蒙古地區卡倫設置時間考——以漠北爲中心》，《河北師範大學學報》，2007 年第 3 期。

6. 曹紅霞、張雲翔：《毛烏素沙地全新世粒度組成特徵及古氣候意義》，《沉

積學報》，2003 年第 3 期，第 482～486 頁。

7. 曹永年：《明萬曆間延綏中路邊牆的沙壅問題——兼談生態環境研究中的史料運用》，《內蒙古師範大學學報》（哲社版），2004 年第 1 期，第 5～9 頁。

8. 陳渭南、高尚玉：《毛烏素沙地全新世孢粉組合與氣候變遷》，《中國歷史地理論叢》，1993 年第 1 期，第 39～54 頁。

9. 陳渭南、高尚玉：《毛烏素沙地全新世地層化學元素特點及其古氣候意義》，《中國沙漠》，1994 年第 1 期，第 22～30 頁。

10. 陳渭南：《從沉積重礦物與土壤養分特點看毛烏素沙地全新世環境變遷》，《中國沙漠》，1994 年第 3 期，第 1～9 頁。

11. 陳喜波、顏廷眞、韓光輝：《論清代長城沿線外側城鎮的興起》，《北京大學學報》（哲社版），2001 年第 3 期，第 12～18 頁。

12. 陳育寧：《鄂爾多斯地區沙漠化的形成和發展述論》，《中國社會科學》，1986 年第 2 期，第 69～73 頁。

13. 成崇德：《清代前期蒙古地區的農牧業發展及清朝的政策》，《清代邊疆開發研究》，社會科學出版社，1990 年。

14. 成崇德：《清代前期對蒙古的封禁政策與人口、開發及生態環境的關係》，《清史研究》，1991 年第 2 期。

15. 達力札布：《清初察哈爾設旗問題考略》，《內蒙古大學學報》，1999 年第 1 期。

16. 達力札布：《清初察哈爾設旗問題續考》，《明清檔案與蒙古史研究》第一輯，內蒙古人民出版社，2001 年。

17. 達力札布：《明代蒙古社會組織新探》，《明清蒙古史論稿》，民族出版社，2003 年。

18. 鄧輝：《區域歷史地理研究的理論和方法——兼論北方農牧交錯地帶歷史地理的綜合研究》，北京大學學報（哲社版），2001 年第 1 期，第 117～123 頁。

19. 鄧輝、夏正楷：《從統萬城的興廢看人類活動對生態環境脆弱地區的影響》，《中國歷史地理論叢》，2001 年第 2 期，第 104～113 頁。

20. 鄧輝：《論侯仁之歷史地理學的「環境變遷」思想》，《北京大學學報》（哲社版），2002 年第 3 期，第 136～142 頁。

21. 鄧輝、夏正楷：《利用彩紅外航空影像對統萬城的再研究》，《考古》，2003 年第 1 期，第 70～77 頁。

22. 鄧輝：《論克利福德·達比的區域歷史地理學理論與實踐》，《中國歷史地理論叢》，2003 年第 3 期，第 145～152 頁。

23. 鄧輝：《統萬城與毛烏素沙地歷史時期環境變遷研究評述》，《中國歷史地

理論叢》，2003 年第 6 期。

24. 鄧輝：《區域歷史地理學的經和緯》，《史學月刊》，2004 年第 4 期，第 5
～7 頁。

25. 鄧輝等：《明代以來毛烏素沙地流沙分佈南界的變化》，《科學通報》，2007
年第 21 期，第 2556～2563 頁。

26. 董光榮、靳鶴齡：《中國北方半乾旱和半濕潤地區沙漠化的成因》，《第四
紀研究》，1998 年第 2 期，第 136～144 頁。

27. 董光榮、李保生：《由薩拉烏蘇和地層看晚更新世以來毛烏素沙漠的變
遷》，《中國沙漠》，1983 年第 2 期，第 9～14 頁。

28. 董光榮、李保生：《鄂爾多斯高原的第四紀古風成沙》，《地理學報》，1983
年第 4 期，第 341～347 頁。

29. 董光榮、李保生：《鄂爾多斯高原第四紀古風成沙的發現及其意義》，《科
學通報》1983 年第 16 期，第 998～1000 頁。

30. 董光榮、申建友：《氣候變化與沙漠化關係的研究》，《乾旱區資源與環
境》，1988 年第 4 期，第 41～48 頁。

31. 董光榮、高尚玉：《毛烏素沙漠的形成、演變和成因問題》，《中國科學》
（B 輯），1989 年第 7 期，第 634～642 頁。

32. 董光榮、王貴勇：《末次間冰期以來我國東部沙區的古季風變遷》，《中國
科學（D 輯）1996 年第 5 期，第 437～444 頁。

33. 董光榮、靳鶴齡：《末次間冰期以來沙漠——黃土邊界帶移動與氣候變
化》，《第四紀研究》，1997 年第 4 期，第 158～167 頁。

34. 董玉祥、劉毅華：《我國沙漠化研究的回顧與展望》，《地理研究》，1993
年第 2 期，第 94～102 頁。

35. 杜曉黎：《恪靖公主品級、封號、金冊考釋》，《內蒙古文物考古》，2002
年第 2 期。

36. 高尚玉：《薩拉烏蘇河第四紀地層中化學元素的遷移和聚集與古氣候的關
係》，《地球化學》，1985 年第 3 期，第 269～276 頁。

37. 高尚玉、董光榮：《薩拉烏蘇河地區地層中 $CaCO_3$ 和易溶鹽含量變化與
氣候環境》，《乾旱區資源與環境》，1988 年第 4 期。

38. 高尚玉：《陝西榆林地區古風成沙地層中化學元素含量的變化與氣候環
境》，《中國沙漠》，1985 年第 3 期，第 25～30 頁。

39. 高尚玉、陳渭南等：《全新世中國季風區西北緣沙漠演化初步研究》，《中
國科學（B 輯）》，1993 年第 2 期。

40. 高尚玉、王貴勇等：《末次冰期以來中國季風區西北邊緣沙漠化研究》，《第
四紀研究》，2001 年第 1 期，第 66～71 頁。

41. 龔高法：《近兩千年來我國黃土高原濕潤狀況的變遷》，《太原師範學院學報》1991 年第 1 期，第 85～87 頁。

42. 顧琳：《明清時期榆林城遭受流沙侵襲的歷史記錄及其原因的初步分析》，《中國歷史地理論叢》，2003 年第 4 期，第 52～56 頁。

43. 哈斯巴根：《18～20 世紀前期鄂爾多斯農牧交錯區研究——以伊克昭盟準格爾旗爲中心》，內蒙古大學博士論文，2005 年。

44. 哈斯巴根：《鄂爾多斯地區農耕的開端和地域社會變動》，《清史研究》，2006 年第 4 期。

45. 哈斯巴根：《準格爾旗札薩克衙門檔案與蒙古區域史研究》，《蒙古史研究》第 8 輯，內蒙古大學出版社，2005 年。

46. 韓昭慶：《明代毛烏素沙地的變遷及其與周邊地區墾殖的關係》，《中國社會科學》，2003 年第 5 期，第 191～204 頁。

47. 韓昭慶：《清末西墾對毛烏素沙漠的影響》，《地理科學》，2006 年第 6 期，第 191～204 頁。

48. 郝成元：《毛烏素地區沙漠化驅動機制研究》，山東師範大學碩士論文，2003 年。

49. 郝志成：《也論清代鄂爾多斯七旗的劃界問題》，《內蒙古師範大學學報》（哲社版），2006 年第 3 期。

50. 郝志成：《也論清代鄂爾多斯七旗的劃界問題》，《內蒙古師範大學學報》，2006 年第 5 期。

51. 何彤慧：《毛烏素沙地歷史時期環境變化研究》，蘭州大學博士論文，2008 年。

52. 何彤慧、王乃昂：《毛烏素沙地古城反演的地表水環境變化》，《中國沙漠》，2010 年第 3 期，第 471～476 頁。

53. 侯仁之：《從紅柳河上的古城廢墟看毛烏素沙漠的變遷》，《文物》，1973 年第 1 期。

54. 侯仁之：《從人類活動的遺跡探索寧夏河東沙區的變遷》，《科學通報》1964 年第 3 期，第 226～231 頁。

55. 侯仁之：《歷史地理學芻議》，《北京大學學報》1962 年第 1 期，第 73～80 頁。

56. 侯仁之：《歷史地理學的理論與實踐》，《北京大學學報》（自然科學版），1979 年第 1 期。

57. 侯仁之：《歷史地理學的視野》，北京：三聯書店，2009 年。

58. 侯仁之：《歷史地理學在沙漠考察中的任務》，《地理》，1965 年第 1 期。

59. 侯仁之：《烏蘭布和沙漠北部的漢代墾區》，《治沙研究》，1965 年第 7 期。

60. 侯仁之：《風沙威脅不可怕，「榆林三遷」是謠傳》，《文物》1976 年第 2 期。

61. 侯仁之：《烏蘭布和沙漠的考古發現和地理環境的變遷》，《考古》，1973 年第 2 期。

62. 侯甫堅：《鄂爾多斯高原自然背景和明清時期的土地利用》，《中國歷史地理論叢》，2007 年第 4 期，第 28～39 頁。

63. 呼格吉勒：《論清朝前期呼和浩特、土默特地區土地的使用狀況》，《內蒙古師範大學學報》，1992 年第 2 期。

64. 呼林貴：《由榆林長城沿線文物考古資料看毛烏素沙漠的變遷》，《中國歷史地理論叢》增刊，2001 年。

65. 胡珂、莫多聞等：《薩拉烏蘇河兩岸宋（西夏）元前後的環境變化與人類活動》，《北京大學學報》（自然科學版），2011 年第 3 期，第 466～474 頁。

66. 黃賜璿：《毛烏素沙地南緣全新世自然環境》，《地理研究》，1991 年第 2 期，第 482～486 頁。

67. 黃銀洲：《鄂爾多斯高原近 2000 年沙漠化過程與成因研究》，蘭州大學博士論文，2009 年。

68. 黃銀州、王乃昂：《毛烏素沙地歷史沙漠化過程與人地關係》，《地理科學》，2009 年第 2 期，第 206～211 頁。

69. 黃銀洲、王乃昂：《明代邊牆修築時毛烏素沙地範圍探討》，《乾旱區研究》，2009 年第 2 期，第 261～266 頁。

70. 黃治國：《清代綏遠城駐防研究》，中央民族大學博士論文，2009 年

71. 賈科利、常慶瑞：《陝北農牧交錯帶土地利用變化環境效應》，《乾旱區研究》，2009 年第 2 期，第 181～186 頁。

72. 金峰：《清代內蒙古五路驛站》，《蒙古史論文選輯》第 3 輯，1983 年。

73. 靳鶴齡、董光榮：《全新世沙漠——黃土邊界帶空間格局的重建》，《科學通報》，2001 年第 7 期，第 538～543 頁。

74. 靳鶴齡、董光榮：《滴哨溝灣地層沉積特徵記錄的毛烏素沙漠變遷》，《中國沙漠》，2008 年第 6 期，第 1064～1072 頁。

75. 況浩林：《評說清代內蒙古地區墾殖的得失》，《民族研究》，1985 年第 1 期，第 46～53 頁。

76. 李保生：《陝西北部榆林第四紀地層剖面的粒度分析與討論》，《地理學報》，1988 年第 2 期，第 127～133 頁。

77. 李懷順：《明萬曆「深溝兒墩碑」考釋》，《華夏考古》2005 年第 2 期。

78. 李勤璞：《法庫》，《蒙古史研究》第 8 輯，內蒙古大學出版社，2005 年。

79. 李智佩、岳樂平：《全新世氣候變化與中國北方沙漠化》，《西北地質》，
2003 年第 3 期，第 1～29 頁。

80. 李智佩、岳樂平：《中國北方沙漠地區全新世氣候變化的週期性探討》，《乾旱區地理》，2007 年第 2 期，第 170～176 頁。

81. 李智佩、岳樂平等：《毛烏素沙地東南部邊緣不同成因類型土地沙漠化的特徵》，《地質通報》，2006 年第 5 期，第 590～596 頁。

82. 梁衛東：《清末鄂爾多斯基層社會控制研究》，中央民族大學博士論文，2007 年。

83. 淩純聲：《中國邊政之盟旗制度》《邊政公論》第 9～10 合刊（1939 年 10 月），《民國邊政史料彙編》，國家圖書館出版社，2009 年。

84. 劉龍雨、呂卓民：《清代鄂爾多斯地區的墾殖活動》，《中國歷史地理論叢》，2006 年第 7 期。

85. 劉龍雨：《清代到民國時期鄂爾多斯的墾殖與環境變遷》，西北大學碩士論文，2003 年。

86. 魯瑞潔、王亞軍：《毛烏素沙地 15ka 以來氣候變化及沙漠演化研究》，《中國沙漠》，2010 年第 2 期，第 273～277 頁。

87. 羅凱、安介生：《清代鄂爾多斯地區水文系統初探》，《鄂爾多斯高原及其鄰近區歷史地理研究》，三秦出版社，2008 年，第 274～297 頁。

88. 馬長泉：《卡倫的起源及其類型問題》，《新鄉師範高等專科學校學報》，2003 年第 1 期。

89. 馬正林：《人類活動與中國沙漠地區的擴大》，《陝西師範大學學報》（哲社版）1984 年第 3 期，第 38～47 頁。

90. 那平山：《毛烏素沙地生態環境失調的研究》，《中國沙漠》，1997 年第 4 期，第 410～414 頁。

91. 那日蘇：《清代歸化城土默特旗制的演替》，《蒙古史研究》第 8 輯，內蒙古大學出版社，2005 年。

92. 牛俊傑、趙淑貞：《關於歷史時期鄂爾多斯高原沙漠化問題》，《中國沙漠》，2000 年第 1 期。

93. 彭超：《毛烏素沙地西南緣古城址與環境變遷初步研究》，蘭州大學碩士論文，2007 年。

94. 彭勇：《歸化城的莊頭與莊頭地》，《呼和浩特文史資料》（第九輯），1994 年。

95. 史念海：《歷史時期黃河中游的森林》，《河山集（第二集）》，三聯書店 1981 年。

96. 史念海：《兩千三百年來鄂爾多斯高原和河套平原農林牧地區的分佈及其變遷》，《北京師範大學學報》（哲社版）1986 年第 6 期，第 1～14 頁。

97. 史培軍：《南毛烏素沙帶的形成與利用》，《内蒙古師院學報》（自然科學版）1981 年第 2 期，第 107～111 頁。

98. 宋超：《明人眼中的漢匈戰爭——以河套之議爲中心的討論》，《河套文化論文集三》，内蒙古人民出版社，2008 年。

99. 宋乃平、張鳳榮：《鄂爾多斯農牧交錯土地利用格局的演變與機理》，《地理學報》，2007 年第 12 期，第 1299～1308 頁。

100. 孫繼敏：《2000aB.P.毛烏素地區的沙漠化問題》，《乾旱區地理》，1995 年第 1 期，第 36～42 頁。

101. 孫繼敏、丁仲禮：《50 萬年以來沙漠——黃土邊界帶的環境演變》，《乾旱區地理》，1995 年第 4 期，第 1～9 頁。

102. 孫繼敏、丁仲禮：《末次間冰期以來沙漠——黃土邊界帶的環境演變》，《第四紀研究》，1995 年第 2 期，第 117～122 頁。

103. 孫繼敏、丁仲禮：《中國東部沙區的荒漠化過程與起因》，《第四紀研究》，1998 年第 2 期，第 156～164 頁。

104. 孫繼敏、劉東生：《五十萬年來毛烏素沙漠的變遷》，《第四紀研究》，1996 年第 4 期，第 359～367 頁。

105. 孫同興、王宇飛：《陝北統萬城地區歷史自然景觀及毛烏素沙漠遷移速率》，《古地理學報》，2004 年第 3 期，第 363～364 頁。

106. 舒時光：《明朝成化中期余子俊督修延綏鎮「二邊」進程考》，《延安大學學報》（社科版），2012 年 6 月，第 102～109 頁。

107. 舒時光：《明代萬曆年間延綏鎮近邊城堡駐軍規模及其分佈——兼論延綏鎮軍屯分佈和數量計算問題》，《軍事歷史研究》，2012 年第 3 期，第 31～40 頁。

108. 舒時光：《明前中期延綏鎮長城沿線屯墾的興衰》，《安徽農業科學》，2012 年 7 月，第 10739～10745，10748 頁。

109. 舒時光：《文貴修築延綏鎮「大邊」長城及其地理意義》，《歷史地理》，2012 年第 1 期，第 384～396 頁。

110. 舒時光、劉德英：《明代延綏鎮、榆林衛轄境考述——兼論河套南部邊界的變化》，《延安大學學報》（社科版），2012 年 2 月，第 83～88 頁。

111. 舒時光、鄧輝：《明代延綏鎮長城的修築及其地理意義》，《中國歷史地理論叢》，2012 年 10 月，第 122～134 頁。

112. 舒時光、鄧輝、吳承忠：《明後期延綏鎮長城沿線屯墾的時空分佈特徵》，《地理研究》，2016 年 4 月，第 790～802 頁。

113. 舒時光：《明代陝北長城沿線土地利用的空間分佈與變化特點》，北京大學碩士論文，2006 年。

114. 譚其驤：《何以黃河在東漢以後會出現一個長期安流的局面》，《學術月

刊》，1962 年第 2 期，第 23～35 頁。

115. 唐克麗等：《黃土高原全新世黃土——古土壤演替及氣候演變的再討論》，《第四紀研究》2004 年第 2 期。

116. 佟佳江：《清代同治蒙古的體制——八旗蒙古、外藩蒙古、內屬蒙古》，內蒙古社會科學，1998 年第 6 期。

117. 王北辰：《毛烏素沙地南沿的歷史演化》，《中國沙漠》，1983 年第 4 期，第 11～21 頁。

118. 王北辰：《歷史時期我國沙漠變遷研究與歷史地理學》，《中國歷史地理論叢》，1985 年第 2 期，第 54～65 頁。

119. 王北辰：《近年我國沙漠變遷研究簡述》，《地理研究》，1985 年第 3 期，第 104～105 頁。

120. 王北辰：《公元六世紀鄂爾多斯沙漠圖圖說》，《中國沙漠》，1986 年第 3 期，第 29～36 頁。

121. 王北辰：《公元九世紀鄂爾多斯沙漠圖圖說》，《中國沙漠》，1986 年第 4 期，第 34～38 頁。

122. 王恩俊：《論後金與漠南蒙古的關係》，長春師範學院學報，2001 年第 3 期。

123. 王晗：《清代墾殖政策與陝北長城外的生態環境》，《史學月刊》，2004 年第 4 期，第 86～93 頁。

124. 王晗：《1644 至 1911 年陝北長城外夥盤地墾殖時空特徵分析——以榆林金雞灘鄉為例》，《乾旱區農業研究》，2006 年第 3 期，第 149～155 頁。

125. 王晗：《清代陝北夥盤地的漸次擴展》，《西北大學學報》，2006 年第 3 期，第 89～93 頁，第 86～93 頁。

126. 王建革：《農業滲透與近代蒙古草原游牧業的變化》，《中國經濟史研究》，2002 年第 2 期，第 76～86 頁。

127. 王建革：《清代蒙地的佔有權、耕種權與蒙漢關係》，《中國社會經濟史》，2003 年第 3 期，第 81～91 頁。

128. 王乃昂：《鄂爾多斯高原古城夯層沙的環境解釋》，《地理學報》，2006 年第 9 期。

129. 王尚義：《歷史時期鄂爾多斯高原農牧業的交替及其對自然環境的影響》，《歷史地理》，1987 年第 5 期。

130. 王尚義、董靖寶：《統萬城的興廢與毛烏素沙地之變遷》，《地理研究》，2001 年第 3 期。

131. 王書祖：《論後金綏服漠南蒙古的法律措施》，《遼寧師範大學學報》，2008 年第 5 期。

132. 王煒林：《毛烏素沙漠化年代問題之考古學觀察》，《考古與文物》，2002 年第 5 期，第 80～85 頁。

133. 王衛東：《鄂爾多斯地區近代移民研究》，《中國邊疆史地研究》2000 年第 4 期。

134. 王衛東：《融會與建構：1648～1937 年綏遠地區移民與社會變遷研究》，華東師範大學出版社，2007 年。

135. 王雪峰：《從歸化城、綏遠城的比較看呼和浩特發展的特點與軌跡》，內蒙古大學碩士論文，2010 年。

136. 王訓明、李吉均：《近 50a 來中國北方沙區風沙氣候演變與沙漠化響應》，《科學通報》，2007 年第 2 期 4，第 2882～2888 頁。

137. 王玉海：《歸化城土默特二旗的內屬問題》，《蒙古史研究》第五輯，1997 年。

138. 王玉海：《發展與變革——清代內蒙古東部由牧向農的轉型》，內蒙古大學出版社，2000 年。

139. 溫浩堅：《清代蒙古的封禁隔離政策》，臺灣國立大學歷史系研究所碩士論文，2004 年。

140. 烏力吉陶格套：《清代對蒙古的立法概述》，《蒙古史研究》第 7 輯，2003 年。

141. 烏雲畢力格：《康熙皇帝第二次親征噶爾丹的滿文文書及其流傳》，《明清檔案與蒙古史研究》第一冊，內蒙古人民出版社，2001 年。

142. 吳春梅：《貽谷與內蒙古墾務》，《民族研究》2000 年第 4 期，第 64～69 頁。

143. 吳緝華：《明代西北邊患與榆林發展》，《第二屆國際漢學會議論文集：明清與近代史組》上冊，（臺北）「中央研究院」，1989 年。

144. 吳正、董光榮：《從晚更新世以來我國沙漠的變遷看乾旱區沙漠化問題》，《華南師範大學學報》（自然科學版），1987 年第 2 期，第 72～77 頁。

145. 吳承忠、韓光輝、舒時光：《清陝西內蒙「黑界地」的由來與發展研究》，《西南民族大學學報》（人社版），2014 年第 5 期，第 201～206 頁；

146. 吳承忠、韓光輝、舒時光：《清陝蒙黑界地的範圍研究》，《中國農史》，2014 年第 5 期，第 77～87 頁。

147. 吳承忠、鄧輝、舒時光：《清代陝蒙交界地區的土地開墾過程》，《地理研究》，2014 年 8 月，第 1579～1592 頁。

148. 肖瑞玲：《清末放墾與鄂爾多斯東南緣土地沙化問題》，《內蒙古師範大學學報》（哲社版），2004 年第 1 期，第 10～15 頁。

149. 邢亦塵：《關於蒙墾分期問題的思考》，《內蒙古社會科學》，1989 年第 3 期，第 57～62 頁。

150. 徐冉：《清代後期伊克昭盟傳統游牧業的衰落和放墾政策的提出》，《鄂爾多斯高原及其鄰近區歷史地理研究》，三秦出版社，2008 年，298～306頁。

151. 徐象平：《試析歷史地理學在人地關係研究中的時間特徵》，《人文地理》，2005 年第 6 期。

152. 徐勇：《爲民主尋根——鄉村政治及其路徑》，《中國農村觀察》，2001 年第 5 期。

153. 許清海、孔昭宸等：《鄂爾多斯東部 4000 餘年來的環境與人地關係的初步探討》，《第四紀研究》，2002 年第 2 期，第 105～112 頁。

154. 楊林海 周傑：《歷史時期氣候變化和人類活動對毛烏素地區沙漠化的影響》，《乾旱區資源與環境》，2008 年第 1 期 2，第 128～133 頁。

155. 楊強：《論清代蒙古社會的土地所有制》，《天水師範學院學報》，2004 年第 6 期。

156. 楊強：《論蒙古土地所有制》，《西北民族研究》，2010 年第 2 期。

157. 楊強：《論清代前期蒙古族行政組織制度的變遷》，陳煜主編《青藍集（續編）——張晉藩先生指導的法學博士論文粹編（2002～2010 年）》，法律出版社，2010 年。

158. 楊永梅：《毛烏素沙地沙漠化驅動因素的研究》，西北農林科技大學博士論文，2007 年。

159. 楊志榮、張海青：《鄂爾多斯泊江海子地區 800 餘年來的氣候與環境變化》，《湖南師範大學學報》（自然科學版），1997 年第 4 期，第 74～81頁。

160. 於春雷：《陝西榆林明長城新發現「陽塊墩石碑」考》，《文博》，2008 年第 3 期。

161. 余梓東：《論後金政權民族政策的形成》，《滿族研究》，2002 年第 3 期。

162. 張波：《陝北高原農牧業消長的歷史過程及有關問題的初步探討》，《中國農業科學》，1982 年第 6 期，第 87～93 頁。

163. 張蕾：《試論清前期對歸化城土默特的統治政策》，內蒙古師範大學碩士論文，2006 年。

164. 張萍：《邊疆內地化背景下地域經濟整合與社會變遷——清代陝北長城內外的個案考察》，《民族研究》，2009 年第 5 期，第 91～110 頁。

165. 張淑利：《「禁留地」初探》，《陰山學刊》，2004 年第 1 期。

166. 張秀華：《清末放墾蒙地的實質及其對蒙古經濟社會發展的影響》，《吉林大學學報》，2007 年第 3 期，第 81～86 頁。

167. 張永江：《論清代漠南蒙古的二元管理體制》，《清史研究》，1998 年第 2 期。

168. 張永江：《試論清代內蒙古蒙旗財政的類型與特點》，《清史研究》，2008 年第 2 期。

169. 張植華：《清代蒙漢民族關係小議——讀史札記》，《內蒙古師範大學學報》，1992 年第 3 期。

170. 趙江：《榆林縣土地沙化的歷史演變》，《中國水土保持》，1987 年第 7 期，第 50～64 頁。

171. 趙永復：《歷史上毛烏素沙地的變遷問題》歷史地理創刊號，1981 年。

172. 趙之恒：《清末內蒙古西部地區的放墾及其對生態環境的影響》，《內蒙古師範大學學報》（哲社版），2004 年第 4 期，第 5～10 頁。

173. 趙之恒：《清中葉的人口增長與內蒙古西部的違禁開發》，《內蒙古師範大學學報》（哲社版），2006 年第 3 期，第 5～9 頁。

174. 中國科學院中國自然地理編輯委員會：《中國自然地理·歷史自然地理》，科學出版社，1982 年。

175. 中科院西安黃土與第四紀地質研究室：《黃土高原全新世自然環境與氣候變化的初步研究》（未刊）。

176. 周清澍：《試論清代內蒙古農業的發展》，《元蒙史札》，內蒙古大學出版社，2001 年。

177. 周亞利、鹿化煜：《高精度光釋光測年揭示的晚第四紀毛烏素和渾善達克沙地沙丘的固定與活化過程》，《中國沙漠》，2005 年第 3 期，第 342～350 頁。

178. 周之良：《清代鄂爾多斯高原東部地區經濟開發與環境變遷研究》，陝西師範大學碩士論文，2005 年。

179. 朱士光：《關於毛烏素沙地形成與變遷問題的學術討論》，《西北史地》1986 年第 4 期。

180. 朱士光：《歷史時期農業生態環境變遷初探——以陝蒙晉大三角地區為例》，《地理學與國土研究》1990 年第 2 期，第 46～51 頁。

181. 卓正大、胡雙熙：《祁連山地區樹木年輪與我國近千年（1059～1975 年）的氣候變化》，《蘭州大學學報》，1978 年第 2 期，第 145～157 頁。

182. Deng Hui, Shu Shiguang, etc. Distribution of sand dunes and sand shifts along the southern fringe of the Mu Us Desert since the Ming Dynasty, Chinese Science Bulletin Nov. 2007, vol.52.no.22, P3128-3138.

183. 〔美〕Nicola Di Cosmo：Ancient Inner Asian Nomads：Their Economic Basis and Its Significance in Chinese History, The Journal of Asian Studies, Volume53 Number4, Nov, 1994.

184. 〔英〕H·C Darby: On the Relations of Geography and History, Transations and Paper Institute of British Geographers, 1953, P3-6.

185. 〔美〕C.O.SAUER：Forword to Historical Geography, Landand Life edit John Leighly 5th printing, 1974, P351-379.

186. 〔美〕Garrett Hardin: The Tragedy of the Commons, Science, New Series, Vol. 162, No. 3859. (Dec.13, 1968), P1243-12.

後　記

　　一直不想寫後記，因爲總感覺現有的研究遠遠沒有達到導師的要求，還需要深入，從自己慵懶的個性和未來的工作性質而言，似乎此生注定已無法深入了。而未選擇常用的「致謝」爲題，緣於苟活的三十二年中，一直學不會那種用幾個「感謝」試圖一次性償還所有接納的恩惠的高超技能；更緣於內心堅信：感恩應在心中、更重在將來！對於我的恩師、我的父母、我的親友而言，我的苟活也許是對他們最好的報答。但畢業在即，論文似乎非要這個形式來顯得完整，又「好句被唐人寫沒了」，無奈之下，只能勉爲其難了！

　　想起北大文科教授吳梅（瞿安）所作的北大 20 週年紀念歌《正宮錦纏道·寄北雍諸生》中的幾句：「珍重讀書身，莫白了青青雙鬢。男兒自有眞，誰不是良時豪俊。待培養出，文章氣節少年人。」每每誦讀，淚流滿面。從 2003 年進入北大歷史地理研究所以來，我親見導師韓光輝教授頭頂落雪，導師鄧輝教授雙鬢染白，兩代學人誰不曾有「青春良時」？誰又不曾是「氣節少年人」？而他們的學生，青絲中也添了些許白髮。「每個北大的博士都有一段煉獄史」，我的兩位恩師、兩位老學長正是在自己煉獄中以及竭力幫助學生們的煉獄中白了雙鬢、添了皺紋、毀了身體，我想這就是北大的學術傳承，這就是我們應該擁有的學術氣節。

　　心理學家說過：師生關係就像父子關係。除了比農民父親多讀了幾年書外，我儼然是他的「翻版」。我遺傳了父親所有的壞毛病：暴躁、倔強、固執、慵懶……。於是父子之間少不了戰爭，直到前幾年我們先後經歷了一場大病。那年，我住院兩個月後才告訴父親，而父親來京後親見我整夜躲在病房裏的洗漱間裏複習考研，他回去逢人便說：「光光讀點書不容易啊！」而次年父親

又從四樓窗口不慎墜落而生命垂危，父親是喊著我的名字熬過了大小手術二十多場的。每當疼痛難忍時，母親就對父親說，「你要堅強啊，光光還沒有結婚，過年回來他要看到爸爸。要給他一個完整的家啊！」每當聽完這句話，父親就能立刻平靜下來。可歎的是，讀博的這四年，我三年除夕沒有返家，倒不是學術如何繁忙，實在是當時找到了無數「恐歸」的「正當」理由。每次與父親電話時，我總能不耐煩地吼上幾句，不知是何時，我突然發現父親不再和我對吼了，電話那頭的他學會傾聽了。是啊，爸爸已經耳順了，已經沒有脾氣了，已經老了！而我也必將為人父，把從父親那遺傳到的所有缺點繼續遺傳給我的孩子，然後和我的新「冤家」鬥上幾十年，直到他也慢慢長大。我想，這就是我們普通人的生活，普通的父親對孩子最最深沉的愛吧！

但是，我的兩位恩師給我的愛是我父親想給卻給不了的。我暴躁，我固執，我倔強，但是總會有一個老者，他能夠傾聽，能夠和顏悅色地安慰我、指導我，這就是韓老師。我能夠在韓老師那裡找到心理的依靠，能夠解決成長過程中的迷茫。我甚至覺得，有一天我把天給捅破了，韓老師也會幫助我補上。本科法學，碩士投奔鄧老師門下，是鄧老師一步步教我進行學術研究，辛辛苦苦帶了我 10 年。10 年中，他沒有讓我替他辦過一件私事、沒有讓我做過一天橫向課題，他是在用心帶學生；10 年中，無論多忙，他都要求自己必須每天在辦公室裏至少看 10 個小時的書，他是在用心做學術；10 年中，他教會了我查資料，帶我野外考察，教我行文造句，幫我逐字逐句批改論文，他是在用心教學生。可惜，學生真的不是做學術的料，學生總是讓鄧老師失望！曾經在碩士論文後記中寫過：「我注定不是他最優秀的弟子，但我立志做他最勤奮的學生」，今天仍對鄧老師這樣說。記起北大法學院的一個教授說過：「人一輩子碰到一個好老師，他是幸運的！」我是幸運的，的確！感謝上蒼，我遇到了兩位人品、學品頂尖的好導師！遺憾的是，在讀時，我「擁著金山不自知」，沒有從他們身上學習更多做人做事做學問的方法，但是我深信他們已給我的一切，足夠讓我受用終生、感恩終生，能夠讓我有尊嚴、有氣節、有體面地度過一生。

行文至此，北京雷陣雨將至，雖有涼風，但寄居的暢春新園頂樓宿舍仍有一種說不出的燥熱，曾戲謔道：「每個北大博士都是被熱得斷翅的天使」；書桌前仍掛著自己塗鴉的一幅所謂對聯：「暢春論文，柳絮垢面殤昨日村氓未名弑鴨，素顏丹心愁今朝老博河套流沙」；而窗外我的同類們正光著膀子在燈

下忙著學術，我總是納悶，康熙帝的「與吾心相宜」的暢春園何時竟成爲圈禁癡男怨女老博士的學術庵堂？我總是奇怪，爲何我們這些被稱爲繼男人、女人之後的人種雖然整天嘆著「科研窮三代，讀博毀一生」，卻仍每天執著於燈下？也許，這就是那種熱愛學術又煩透了做學術，卻不得不靜心學術的癡迷狀態吧！也許，這就是在校期間罵母校，畢業後又天天念著母校，還始終不讓別人罵母校的眞實情感吧！也許，這就是我們一天天內心堅強、身體衰老的正常心理、生理反應吧！

　　下面，不想再說感謝了，只想記載他們四年來他們對我的指導和幫助，以便促使我在未來的日子裏永保感恩之心，好好地生活下去吧！

　　北大歷史地理研究所的唐曉峰、武弘麟、岳升陽等老師對我多年的教導；中科院地質所周昆叔研究員對我像孫子一樣呵護，很想再次攙扶先生在具茨山攀岩下壑，實地考察；中科院地理所王守春研究員、北京社科院尹鈞科研究員對我的關愛；北大環科宋豫秦教授給了我攻讀博士學位的機會，北大環科張世秋教授、胡建信教授、要茂盛研究員、內蒙古師範大學曹永年教授對我學習的幫助，對外經貿大學吳承忠副教授、陝西師大張莉副教授、北京聯合大學朱永傑副教授、中央民族大學黃義軍副教授、人民大學丁超老師、北大環科劉卉書記、北大生科劉德英書記等師兄師姐對我學術上和生活上的關心和幫助。

　　國家清史館謝軍老師、內蒙古圖書館忒莫勒研究員、內蒙古檔案館王廣新處長、內蒙古大學蒙學院圖書館額爾德尼老師、內蒙古檔案館巴音研究員、榆林市榆陽區檔案館王美麗副館長、西部地方志與長城研究所蔡向升研究員、烏審旗政協郝繼忠副主任、巴彥淖爾市檔案館王豔紅科長、天一閣博物館賀宇紅副館長、上海圖書館建偉兄對我查閱資料提供了極大的便利。北京社科院的Ｎ・哈斯巴根無私給我提供了大量蒙漢文資料並給我校正蒙文漢譯文。

　　北大軟微學院碩士、好友康欣繪製了論文絕大部份地圖，勤勤懇懇、踏踏實實，辛苦萬分！師弟張翼飛無私繪製並提供了部份地圖；好友仁舉幫我潤色文字，接濟生活；師弟洪波替我整理資料；師妹龍鳳夫婦在出差查閱資料中的盛情接待和平時生活中無微不至的照顧；內蒙古大學旅管院孟克蘇、梅花等同學近兩年幫我搜集了大量蒙文資料並初譯；考古文博學院博士生賈昌明、陳殿、北京聯合大學黃可佳、深圳環科院劉磊等仁兄在學術上與我進

行探討；師弟義勇、師妹羅瀟、師弟永鋒、室友張塾、好友朱洵博士、天鵬律師、素芬律師、同學王強、平堅、吳丹等給我平淡的博士生活帶來了生活的氣息！

北大崔志平老師、信科劉紅豔老師、譚雯今老師、我的前同事東城司法局欽成銀局長、姜鐵良副局長、北京英島律師事務所馬維國大律師、市委宣傳部謝玉科長、市勞教局柏猛兄、中國銀行天津分行陳偉兄給我生活的接濟！尤其是崑山人社局的建橋兄，經常託人捎來營養品，而每次來京定把賓館附近的商店席捲一空，全搬至我宿舍。

「前輩子欠個博士學位」，今天還了！而四年中，我的下一代相繼或即將出生，也許他們此生也欠一個北大博士學位。外甥顯謨三歲了，侄子湛然也快一歲了，小袞袞還有兩個月也快出生了……孩子們，你們是我生命的延續，是我一輩子的驕傲！

實在不想寫這麼多，但是終究還是寫了！三十二年中，尤其是這四年，需要刻骨銘心記住的人和事太多太多！

要走了，朋友們也要走了。「此去與師誰共到？一船明月一帆風」，祝福自己吧，祝福所有愛我的人和我愛的人吧！

時光謹識於北大暢新 2 樓 632 室

壬辰年閏四月廿日子時